AF536779

VON ARTIFICIAL ZU AUGMENTED INTELLIGENCE

ALEXANDER KARP
JAN HIESSERICH
PAULA CIPIERRE

VON ARTIFICIAL ZU AUGMENTED INTELLIGENCE

Was wir von der Kunst lernen können, um mit Software die Zukunft zu gestalten

Campus Verlag
Frankfurt/New York

ISBN 978-3-593-51692-9 Print
ISBN 978-3-593-45360-6 E-Book (PDF)
ISBN 978-3-593-45359-0 E-Book (EPUB)

Umschlaggestaltung: Guido Klütsch, Köln
Illustrationen im Innenteil: © shutterstock (S. 39, S. 209: Oleksii Lishchyshyn; S. 53: Maksym Drevynskyi; S. 69, S. 139, S. 171: Dmytro Vikarchuk; S. 87, S. 119: Holos_8; S. 103: Shchaslyva Tetiana; S. 155: peterschreiber.media; S. 191: StarLine)
Satz: Publikations Atelier, Dreieich
Gesetzt aus der Sabon Next und der Alliance No. 1
Druck und Bindung: Beltz Grafische Betriebe GmbH, Bad Langensalza
Beltz Grafische Betriebe ist ein klimaneutrales Unternehmen (ID 15985-2104-1001).
Printed in Germany

www.campus.de

INHALT

VORWORT

Wir befinden uns in einer Zeitenwende.

Diese Zeitenwende ist mehr als nur ein Eingeständnis, dass zu lange der bloße Wunsch Vater des Gedankens ewigen Friedens und Wohlstands in Europa war. Es sind nicht die Probleme, sondern vielmehr die Widersprüche zwischen Sein und Sollen, die größer geworden sind. Es ist die Distanz zu lieb gewonnenen, aber vermeintlichen Wahrheiten, der Frieden, unsere Freiheit und unser Wohlstand seien – einmal eingerichtet – sich selbst stabilisierende Errungenschaften. Freiheit aber ist nie für die Ewigkeit angelegt. Sie will restituiert werden. Wir müssen sie immer wieder aufs Neue verteidigen.

Wer von Zeitenwende spricht, der nimmt für sich auch in Anspruch, das Neue zu kennen. Der gemeinen Lesart nach markiert der augenblickliche Zustand einen unfreiwilligen Übergang von einem Aggregatzustand zum nächsten. Dem Alten beraubt – entmündigt, entmutigt und verunsichert – sehen wir uns anschließend gezwungen, dem Neuen beim Entstehen zuzuschauen. Eine solche Lesart ist aber nicht nur falsch. Sie trägt vielmehr die Saat des Scheiterns und weiterer Unruhen bereits in sich.

Es ist weniger die Welt, die sich durch die Zeitenwende radikal verändert. Es ist unser aller Bild derselben, das sich in aufwühlender Art und Weise gerade zurechtrückt.

Das aber ist eine gute Nachricht.

Jede Krise stellt uns auf die Probe. Sie weckt Unsicherheiten und nährt damit jene reaktionären Akteure, die aus der tragischen Sehnsucht nach einfachen Antworten politisches wie ökonomisches Kapital zu schlagen wissen. Seien es die Propheten des Silicon Valley, die die Lösungen auf alle Fragen der Menschheit in der allmächtigen Maschine vermuten, oder Populisten und Autokraten, die, geeint im Narrativ, stattdessen den starken Mann in den Mittelpunkt stellen. Die Suche nach einfachen, eindeutigen Antworten hat Hochkonjunktur. Einfache Antworten aber sedieren uns eher, als dass sie uns unsere Sorgen nehmen. Sie vernebeln unseren Verstand.

Nun ist jener Wunsch nach einer Vereindeutigung der Welt zwar nachvollziehbar, aber kontraproduktiv. Wenn Komplexität zum Problem wird, sei es in unserem moralischen oder ästhetischen Leben, sollte uns das vorsichtig stimmen. Theodor Adorno blieb zu Recht skeptisch gegenüber jenen, die »intolerant gegen die Mehrdeutigkeit« sind, an der »Denken sich entzündet«.

Unser Unternehmen erkennt die Komplexität an. Wir sind offen für die Auseinandersetzung mit dem Anderen. Unser Gegenüber verstehen zu wollen, ist eine Voraussetzung für Reflexion, aus der wiederum kritisches Denken und Kreativität entspringen. Mit Palantir haben wir ein Unternehmen aufgebaut, das auf der Prämisse beruht, dass der Aufbau von etwas Bedeutendem die unerbittliche Auseinandersetzung mit unpopulären und von breit vertretenen Perspektiven abweichenden Meinungen erfordert. Wir begegnen den Risiken, die mit der Entwicklung neuer Technologien verbunden sind dabei mit Bedacht. Eine grundlegende Auseinandersetzung mit jenen Risiken empfinden wir als unerlässlich.

Die zunehmende Vereindeutigung der Welt unterdrückt ansonsten den Diskurs und entzieht jeder konstruktiven, jeder kreativen Lösung den Nährboden, derer sie aber bedarf.

Vor diesem Hintergrund wollen wir einen Gegenentwurf zum vorherrschenden Zeitgeist leisten. Wir wollen einen Diskurs wiederbeleben, der der vielbeschworenen Alternativlosigkeit Alternativen entgegensetzt. Wir wollen zeigen, dass die größte Chance unserer Zeit nicht in der Vereindeutigung der Welt, sondern gerade in der Uneindeutigkeit, in der Unschärfe, in der Ambiguität liegt.

Das Gegenteil von Notwendigkeit ist dabei nicht Chaos, sondern Freiheit. Wir haben lediglich verlernt, mit dieser Freiheit umzugehen.

Als Unternehmen schlagen wir einen anderen Weg ein, einen vielleicht irritierenden Weg, wie der Titel dieses Buches bereits suggeriert. Was haben Kunst und Software gemeinsam, ließe sich vielleicht fragen. Mehr als man denkt. Kunst, obwohl in unseren volatilen und krisenanfälligen Zeiten kaum als Schlüssel benannt, weist uns einen von vielen Wegen aus der selbstauferlegten Entmündigung. Kunst bedeutet Ambiguität. Sie konfrontiert uns mit Unschärfen. Kunst befreit das Denken, auch weil sie aus diesem auszubrechen vermag und neue, auch irritierende Gedanken anregt. Kunst ist Antrieb. Kunst ist Freiheit. Und Freiheit, das sind Ideen, Alternativen, Möglichkeiten.

Software ist analog zur Kunst das kraftvollste Mittel unserer Zeit, jene Ideen umzusetzen, über das wir je verfügt haben. Weil wir mit Software Informationen in Handlungen übersetzen können auf eine bis dato menschlich unvorstellbare Art und Weise. Weil wir, genau wie mit Kunst, auch mit Software in Krisenzeiten Durchblick verschaffen. Aber auch Software – und hier liegt der entscheidende

Einspruch gegenüber all jenen Utilitaristen und Autokraten – bedarf der Freiheit ihrer Entwickler. Software ist ebenso wie alles andere ein Produkt der rechtlichen und moralischen Ordnung, aus der sie stammt und die sie heute hilft zu verteidigen. Es braucht den freien Menschen, der dazu in der Lage ist, die Freiheit gleichermaßen zu nutzen und doch dort Grenzen aufzeigt, wo es ethische und moralische Grundsätze erfordern.

Es sind diese Auffassungen über die Geschichte, ihre Dynamik und ihre scheinbaren Widersprüche, die die Art und Weise beeinflusst haben, wie wir bei Palantir Software entwickeln.

Dieses Buch ist auch der Versuch einer Standortbestimmung. Wo steht Europa im vermeintlichen Systemwettbewerb zwischen China und den USA? Braucht es einen dritten, einen dezidiert europäischen Weg? Welchen besonderen Beitrag kann Deutschland mit seinem reichen historischen und kulturellen Erbe hier leisten?

Wir sind überzeugt: Es braucht einen gemeinsamen transatlantischen Weg. Es ist richtig, dass die Berufung auf die gemeinsamen Werte der USA und Europas manchmal überstrapaziert werden. Amerikaner betonen den Wert der Freiheit. Europäer hingegen betonen die Verantwortung, die aus Freiheit erwächst. Aber sind es nicht gerade diese Unterschiede, die sich ergänzen? Und ist das Zusammenspiel zwischen Freiheit und Verantwortung nicht gerade heute, da wir einige erste Erfahrungen im Einsatz digitaler Technologien gesammelt haben, wichtiger denn je, um nicht nur das Jetzt sondern auch unsere gemeinsame Zukunft in Zeiten von Krieg und Klimawandel positiv zu gestalten?

»Die Würde des Menschen ist unantastbar«, wird das deutsche Grundgesetz im Verfassungstext eröffnet – ein starkes humanistisches Plädoyer, das gleichermaßen für die Möglichkeiten als auch die Grenzen der Freiheit einsteht. Zu den »unveräußerlichen Menschenrechten«, die in der US-Amerikanischen Verfassung verankert sind, gehörten hingegen nicht nur Leben und Freiheit, sondern auch »the pursuit of happiness«, das Streben nach Glück. Seit jeher wird diese Passage als Aufruf verstanden, Neues zu schaffen und Unmögliches möglich zu machen. Wie es in der Kunst ebenso angelegt ist.

Wir mögen diese Wahrheiten – wie sie die US-amerikanische Verfassung betont – für selbstverständlich erachten. Doch das sind sie nicht, wenn wir uns deren Bedeutung und Notwendigkeit nicht jeden Tag aufs Neue vergegenwärtigen und aus ihrer Gemeinsamkeit lernen.

Vor diesem Hintergrund erwächst die wahre Stärke des Westens und seiner Bündnispartner aus einem neuen Miteinander. Die Bestimmtheit, mit welcher der Staat unsere Freiheit und unseren Frieden bewahrt, schafft den Raum für das Unbestimmte, in dem sich die unbändige Kraft der Zusammenkunft von Unternehmergeist, Innovation, Kunst und Kreativität entfalten kann. Es ist ein Geben und Nehmen.

Seit unserer Gründung verstehen wir es als unsere Mission, Software zu entwickeln, um das Überleben unserer wichtigsten Institutionen zu sichern. Aber wir wissen auch, dass wir nur dann erfolgreich sein können, wenn diese Institutionen es auch sind. Diese Symbiose aus privatwirtschaftlichen und staatlichen Akteuren, aus Unternehmern und aus Künstlern, sichert Resilienz und nachhaltige Widerstandskraft im 21. Jahrhundert. Sie schafft den Rahmen, innerhalb dessen wir – auch mittels Kunst und Software – Neues erdenken und erschaffen können. Und sie steht in scharfem Kontrast zu jener Rigidität, die aus dem Dogmatismus und der Starrheit autoritärer Regime erwächst.

Nun, da uns die eingangs angeführte Zeitenwende einen Spiegel vorhält, erkennen wir, dass die Annahme, der Frieden in Europa sei ein immerwährender, verfrüht war. Die Geschichte ist wiewohl noch lange nicht zu Ende. Sie schreibt sich fort. Darin liegt die wahre historische Chance für Europa. Es liegt nun an uns, diesen Moment gemeinsam mit den USA und ihren Bündnispartnern verantwortungsvoll zu nutzen.

MEHR ZUKUNFT WAGEN

Eine der ersten Science-Fiction-Erzählungen geht so: Es leben Aliens auf dem Mond. Diese »Mondgeschöpfe« durchqueren mit ihren schwammigen und porösen Körpern scharenweise ihre Welt, »teils zu Fuß, mit Beinen ausgerüstet, die länger sind als die unserer Kamele, teils mit Flügeln«. Einige sterben während der Tageshitze ab, aber das ist nicht weiter schlimm, da sie während der Nacht wieder aufleben, »umgekehrt wie bei uns die Fliegen«.

Was uns wie eine Fantasterei erscheint, mag dem Autor keineswegs so absurd vorgekommen sein. Denn aufgeschrieben wurden diese Zeilen im Jahr 1609, also rund 350 Jahre bevor Neil Armstrong seinen Fuß auf den Mond setzte. Mit »Somnium«, lateinisch für »Traum«, beschreibt der Astronom und Naturphilosoph Johannes Kepler eine fiktionale Reise zum Mond, jenem Erdtrabanten also, dem auch Galileo Galilei dank dem technologischen Fortschritt seiner Zeit – einem Fernrohr – zur gleichen Zeit viel Aufmerksamkeit schenkte. Walt Disney griff Keplers Traum vom Mond 1955 in seiner humorvollen Kulturgeschichte des Erdtrabanten – *Disneyland: Man and the Moon* – wieder auf. In einer kurzen Trickfilmsequenz sitzt Kepler in seinem Bett und verfasst einen Text über eben jenen Mond. Während er schreibt, ereignet sich eine Sonnenfinsternis und er schläft ein. Da tauchen vier Zwerge (»Monddämonen«) an seinem Fenster auf und tragen das Bett mit dem schlafenden Mathematiker auf dem Mondschatten (der sogenannten *Keplerbrücke*) zur Mondoberfläche. Dort erwacht Kepler und trifft auf ein seltsames Wesen, das aus nur einem Auge auf zwei Beinen besteht. Beide beobachten sich gegenseitig durch ein Fernrohr. Kepler: »Amazing!«

Eine reizvolle Anekdote, vielleicht, und doch ungemein aktuell. Warum? Es mag uns heute schwerfallen, dies zu glauben, aber Wissenschaft und Fiktion waren einander zu Zeiten Keplers nicht fremd. Zwar wusste man schon einiges über den Mond, wie auch über die anderen Planeten und deren Umlaufbahn. Die Details aber überließ man der Vorstellungskraft. Was uns heute als »Gedöns« oder Fantasterei vorkommt, war in ihrer Bedeutung zu jener Zeit kaum zu überschätzen, da die Suche nach der *vera causa* oftmals mit großen Gefahren für Leib und Leben verbunden war. Mal wurde die Natur gewalttätig, mal die Inquisition. Wer das Risiko einging, der wollte schon lieber einen magischen Magnetberg im Nordmeer – 33 deutsche Meilen im Durchmesser, umgeben von Bernstein – finden als ein unsichtbares und schwer greifbares Gravitationsfeld. Es war die Vorstellungskraft, die zum Treiber der Wissenschaften wurde.

Im Verlauf der Zeit verlor die fantastische Vorstellungskraft hingegen an Kraft. Dort wo Kepler und seine Zeitgenossen noch aufs Mystische verwiesen, sahen seine Nachfahren der Industrialisierung Naturgesetze walten. Wo zuvor noch die Magie oder göttliche Gewalt ihr Unwesen trieben, sah man fortan Mechanik am Werk. »Betrachte das gesamte Weltsystem, das Ganze und jedes seiner Teile: Du wirst sehen, dass es nichts anderes ist als eine große Maschine, unterteilt in unzählbare Vielfalt kleinerer Maschinen«, schrieb der Philosoph David Hume im 18. Jahrhundert.[1] Die Welt glich fortan einem Uhrwerk. Und Fortschritt ist seither deterministisch bestimmt. Wer käme heute noch auf die Idee, an der Uhr zu drehen?

Der Glaube an die Technologie ersetzte dabei zwar nicht die Vorstellungskraft. Sowohl Keplers »Traum« als auch die Dystopien von Aldous Huxley und H.G. Wells eint die Bedeutung der Fiktion. Letztere hatte aber keinen Platz mehr in einer zunehmend aufgeräumten, rationalen, auf Gleichförmigkeit ausgelegten Gegenwart. Fortan gehörte die Vorstellungskraft und die ihr innewohnende Varianz in die Zukunft. Dort, und nur dort, durfte man sich austoben. In der Folge entfremdeten sich Wissenschaft und Fiktion zusehends.

Heute ist der Beziehungsstatus »kompliziert«. In Gestalt von einigen wenigen Visionären hält die Fiktion gelegentlich Einzug in unsere Welt. Es sind moderne Geschichtenerzähler, eigenwillige und auch deshalb unergründliche Genies, die seltsam entrückt die öffentliche Debatte bestimmen und vom autonomen Fortschritt künden. Überschrift: »Fortschritt durch Technik«. Der Mensch bleibt Zuschauer (eben nicht »Vorsprung durch Menschen«). Jedenfalls tritt der Mensch nur selten als Autor oder gestaltende Kraft in Erscheinung. Gegessen wird, was auf den Tisch kommt. Und während wir dasitzen, nimmt der Fortschritt Fahrt auf. Es fällt uns schwer, Schritt zu halten. Zusehends leben wir in einem Zustand, den wir nicht mehr verstehen, benutzen Technik, die wir nicht erklären können, und treffen persönliche Entscheidungen, obwohl wir deren gesamtheitlichen Folgen – sofern wir sie denn überblicken können – nicht gutheißen. In immer schnellerer Abfolge werden uns Technologien und deren Verheißungen als »normal« präsentiert, bevor diese überhaupt real existieren. Quantencomputing? Schon lange da. Autonomes Fahren? So was von 2015. **Metaversum**, **Blockchain**, **Web3**? Been there, done that! Wem da nicht schwindelig werde, der sei nicht informiert, schrieb der Philosoph Peter Sloterdijk. Und während wir als Zuschauer versuchen, mit der technologischen Entwicklung und den Erzählungen der Visionäre Schritt zu halten, nehmen uns die Fliehkräfte der Moderne mehr Halt, als dass sie uns geben. Kraft- und mutlos finden wir uns wie im Schleudergang zunehmend an den Extrempositionen ein – zwischen den Positionen der dystopischen Aussteiger und jenen der Technologieutopisten wird es einsam.

Verstärkt wird das Gefühl zusehends durch allerlei Krisen. Durch Krieg, Klimakrise, Pandemie, in sich zusammenfallende Wertschöpfungsketten, Chipkrise, Arbeiterlosigkeit, und, und, und scheinen die gängigen Erklärmodelle, die bisher die Welt zusammenhielten, an Klebekraft zu verlieren. Wir nähern uns dem Ende der Metaerzählungen, wie Jean-Francois Lyotard es beschrieben hat: »Es gibt keine umfassende Erzählung mehr – wie einst die aufklärerische von der Rationalisierung der Welt oder die emanzipatorische vom Marxismus.« Für Lyotard ist dies mehr als nur eine Randerscheinung, sondern vielmehr der Beginn einer neuen Epoche zunehmender Individualisierung: »Die Postmoderne beginnt dort, wo dieses Ganze aufhört.«[2] Was bleibt ist ein Gefühl der Ohnmacht, von dem all jene zehren, die dem Determinismus das Wort reden.

All das muss nicht sein.

Die digitale Transformation ist nicht einfach etwas, das *passiert*. Sie ist auch nicht etwas, das einigen wenigen Experten vorbehalten ist. Die transformative Kraft der Digitalisierung steht uns allen offen.

Vor diesem Hintergrund ist es unser Ziel, in den Worten des Philosophen Wittgensteins, einen »Aspektwechsel« zu wagen – einen alternativen Blick auf die digitale Transformation also, der für sich nicht in Anspruch nimmt, die existierenden Sichtweisen zu ersetzen. Vielmehr geht es uns darum, eine positivere, selbstbestimmtere und auch kreativere Perspektive auf die Herausforderungen wie auch Chancen der digitalen Transformation zu wagen.

Dabei wollen wir bewusst einen weiten Bogen spannen. Vor dem Einblick kommt der Überblick. Wir setzen einzig Neugier und Interesse, vielleicht auch ein wenig Geduld, aber bewusst keine Fachkenntnis voraus. Das mag ein unüblicher Ansatz sein. Wir sind aber zutiefst davon überzeugt, dass das nachhaltige (und immer wiederkehrende) Gelingen der digitalen Transformation kein exklusives Vorhaben sein darf. Sie erfordert Teilhabe. Und Teilhabe erfordert – neben Neugier, Antrieb, Mut – das Wissen über den weiteren Kontext, in dem man sich bewegt. Oder in den Worten von Wolf Lotter: »Wenn man einkaufen geht, muss man nicht notwendigerweise wissen, wie das Warenmanagement sowie die Kassensysteme funktionieren. Aber man sollte schon wissen, dass man in einem Supermarkt ist.«[3]

Doch wo beginnt man, wenn alles in Bewegung zu sein scheint? Der US-amerikanische Science-Fiction-Autor William Gibson schrieb einst, die Zukunft sei schon da, sie sei nur sehr ungleich verteilt. Wie man es von Science-Fiction erwarten würde, beschäftigt sich auch Gibson viel mit der Zukunft. Doch spätestens mit seinen Essays *Distrust That Particular Flavor* wird klar, dass mit »der Zukunft« nicht etwas gemeint sein dürfe, das, wenn schon nicht außerhalb unser Vorstellungskraft, so doch außerhalb unserer Tat- und Gestaltungsmacht liege.[4] Anstatt die Zukunft vorherzusagen, findet Gibson die Zukunft um ihn herum, eng verbunden mit unserer kollektiven wie auch individuellen Vergangenheit und somit immer auch zugänglich.

In diesem Sinne wollen wir in diesem Buch auf eine Entdeckungsreise gehen, auf der Suche nach eben jener Zukunft, die Gibson beschreibt. Wir beginnen mit einer Standortbestimmung. Wo stehen wir? Worüber reden wir, wenn wir über Digitalisierung reden? Welche Ängste haben wir? Aber auch welche Chancen zeigen sich auf? Denn auch wir sind der Meinung, dass die Möglichkeiten und Chancen, die sich unserer Gesellschaft durch den Einsatz neuer digitaler Technologien auftun, schier grenzenlos sind. Einzig müssen wir wieder lernen, sie zu nutzen. Um die Digitalisierung im Dienste der Gesellschaft zu gestalten, bedarf es gleichermaßen immer einer Investition in ihr Komplementär: den Menschen. Daher plädieren wir in diesem Buch auch nicht für eine Zukunft der Artificial, sondern der Augmented, also der angereicherten, Intelligenz. Denn intelligent ist letztlich nur der Mensch, nicht die Maschine. Oder, um es in den Worten des US-amerikanischen Philosophen Hubert Dreyfus zu formulieren: »Our risk is not the advent of superintelligent computers, but of subintelligent human beings.«[5] Es geht also nicht um ein Entweder-oder. Wir nehmen die Technologie fest in den Blick und wollen doch zu einer neuen Wertschätzung dessen kommen, was uns einzigartig menschlich macht. Denn nur so können wir Technik gestalten, die dem Menschen dient.

Um dieses Ziel zu erreichen, begeben wir uns auf eine Reise in die Welt der Kunst. Weist die Augmented Intelligence den Weg, versorgt uns die Kunst mit allem, was wir brauchen, um den Weg produktiv bestreiten zu können. Wir verstehen den Begriff der Kunst dabei bewusst breit: Im Prinzip umfasst er alles, was den Menschen zum Menschen macht, was oftmals damit zu tun hat, dass wir als denkende Lebewesen situiert in einer Umwelt leben, die wir über unsere Sinne zwangsläufig anders wahrnehmen, als es eine Software je könnte. In einer Auseinandersetzung mit der Kunst können wir also genau das herausarbeiten, »what computers still can't do«[6] – in anderen Worten, das einzigartig Menschliche, was es auch in einer digitalen Welt zu wahren, zu schützen, gar aktiv zu fördern gilt: Kreativität, Empathie, Verantwortung, Improvisation, Spiel. Daher ist Software, die darauf hinarbeitet, Menschen zu ersetzen, unseres Erachtens nach nicht nur technisch, sondern auch moralisch zum Scheitern verurteilt. Gleichzeitig kann

Software, die nach der Idee der Augmented Intelligence gestaltet ist, unsere Sinneswahrnehmung und kreativen Entfaltungsmöglichkeiten noch erweitern.

Unsere Reise wird aber keineswegs nur eine konzeptionelle sein. Kannte die Auseinandersetzung mit der digitalen Transformation bisher häufig nur eine Blickrichtung – ins Silicon Valley – haben wir uns bewusst dazu entschieden, auf unserer Reise in Deutschland zu bleiben. Wir denken, es ist Zeit, wieder selbstbewusster zu sein. Gerade in Deutschland, dem Land der Dichter und Denker, gibt es noch einen einzigartigen Erfahrungsschatz, aus dem wir lernen und auf dem wir aufbauen können. Die Zukunft wird auch hier gemacht. Und wie wir sehen werden, haben wir einiges einzubringen, wenn es uns gelingt, nicht nur den Wert unseres humboldtschen und humanistischen Erbes für das Gelingen der digitalen Transformation wiederzuentdecken. Wir sollten uns daher trauen, die Welt ganz gegenwärtig und im besten Sinne von Wittgenstein als »verrückt« zu begreifen. Die Konstante dabei sind wir, die Menschen.

Da es sich zusammen immer am schönsten reist, bleiben wir auf dieser Reise nicht alleine: Stattdessen besuchen wir Unternehmerinnen, Künstler, Forscherinnen, KI-Experten und Zukunftsdenkerinnen[7] im ganzen Land, um ihre Eindrücke und Erfahrungen zu sammeln und auf dieser Basis zwischen Hoffnung und Hype besser zu unterscheiden. Ausgewählte Gespräche finden Sie abgedruckt in diesem Buch. Wir haben diese in voller Länge aufgenommen, um einzelne Facetten dieser zweifelsohne breiten Diskussion näher zu beleuchten. Seien Sie neugierig, lesen Sie einmal rein. Die Interviews müssen nicht in einer bestimmten Reihenfolge gelesen werden. Wer es kurzweilig mag, der kann einzelne Interviews gerne überspringen. Die wesentlichen Erkenntnisse der Gespräche haben wir bewusst auch noch einmal im Schlusswort aufgenommen. In jedem Fall gilt: Nähern Sie sich dem Thema mit offenem Blick. In diesem Buch geben wir keine dogmatischen Antworten, sondern ermuntern auch Sie, sich die Frage zu stellen, welche Rolle digitale Technologien in der Gesellschaft spielen sollen. Machen Sie sich dabei keine Sorgen, sich auch mal zu verlaufen. Schließlich zeigt sich wahre Intelligenz nach Jean Piaget doch immer gerade dann, wenn man mal nicht weiterweiß.

In diesem Sinne: Brechen wir auf.

EINE STANDORTBESTIMMUNG

Wir leben in einer bewegten Zeit. Konfrontiert mit den zahlreichen kleinen und großen Krisen, Umbrüchen und Herausforderungen möchte man manchmal im Sinne von Heinz Strunk ausrufen: Das kann man sich nicht ausdenken. Keiner kann das! Was sagt das über uns aus? In seiner *Anleitung zum Unglücklichsein* erzählt der Psychotherapeut Paul Watzlawick hierzu folgenden Schwank:

> »Unter einer Straßenlaterne steht ein Betrunkener und sucht und sucht. Ein Polizist kommt vorbei und fragt ihn, was er sucht, und der Mann antwortet: ›Meine Schlüssel.‹ Nun suchen sie beide. Nach einer Weile will der Polizist wissen, ob der Mann sicher sei, dass er seine Schlüssel hier verloren habe, und der Mann antwortet: ›Nein, nicht hier, dort hinten, aber hier ist das Licht besser.‹«[8]

Es sei doch erstaunlich, schreibt Watzlawick, mit welcher Leidenschaft wir Menschen uns – konfrontiert mit Krisen und Unsicherheit – klein machen würden. Unglücklich *sein*, das könne schließlich jeder. Sich unglücklich *machen* hingegen, das wolle schon gelernt sein.

Watzlawick trifft einen wunden Punkt. Konfrontiert mit größeren Umbrüchen und Transformationen fällt es uns in der Tat sichtbar schwer, alte Sicherheiten loszulassen. Das ist keineswegs neu, und durchaus menschlich. In seinen berühmten Ausführungen zu Revolutionen in den Wissenschaften lässt Thomas Kuhn seine Leser auf eindrucksvolle Art wissen, was passiert, wenn einstmals so allumfassende und »zwingend notwendige« Gesetze ihre Gültigkeit verlieren und als Orthodoxien entlarvt werden. »In science, any novelty only emerges with difficulties«, schreibt Kuhn. Dort wo sich Abweichungen von der Regel hingegen nicht mehr leugnen lassen, bedürfe es nichts weniger als einer Revolution »because it demands large-scale paradigm destruction and major shifts in problems and techniques of normal science«.[9]

Ein Beispiel für einen solchen Paradigmenwechsel ist der Übergang vom ptolemäischen (geozentrischen) zum kopernikanischen (heliozentrischen) Weltbild.

Ein weiteres Beispiel ist die Definition der Quantenmechanik durch den Nobelpreisträger Werner Heisenberg. Schon als Student konnte Heisenberg nachweisen, dass die von Nils Bohr entwickelten Atommodelle – Elektronen umkreisen in festgelegten Bahnen einen Atomkern – nicht stimmen können. Geprägt von den mathematischen Methoden und Ansätzen seiner Zeit, gelang es ihm jedoch mit den üblichen Modellen und Methoden schlicht nicht, den wahren Aufbau der Atome zu beschreiben. Erst 1925, im Rahmen eines Kuraufenthalts auf Helgoland, kommt es zu jenem kreativen Moment, dem Heisenberg seine Karriere zu verdanken hat.[10] Er liest Goethe. Ihn fasziniert dessen Sicht auf die Natur und Wissenschaften, insbesondere dessen Zweifel an der 300 Jahre zuvor von René Descartes in die Naturwissenschaft eingeführte strenge Unterscheidung von Subjekt und Objekt. Und dann, eines Nachts um 3 Uhr, kommt er, der Augenblick, in dem ihm klar wird – man muss die Physik völlig neu betrachten. »Vielleicht, so überlegt er, machen wir einen Fehler, wenn wir annehmen, dass es Atommodelle überhaupt gibt. Vielleicht sind es gar keine Dinge, die man fassen und zeigen kann. Sie sind irgendetwas anderes, eine andere Art des Seins. Vielleicht existiert die Bahn eines Elektrons in einem Atom nur deshalb, weil ich sie so nenne. Heisenbergs Gedanken stoßen die Tür in eine völlig neue Richtung auf: Die Bahnen der Elektronen entstehen erst dadurch, dass wir sie beobachten. Die Quantenmechanik ist geboren.«[11] Und Heisenberg formuliert in der Folge seine Unschärferelation, nach der man, salopp ausgedrückt, nicht gleichzeitig wissen könne, wie schnell ein Teilchen ist und wo es ist. Seine Formel setzte der menschlichen Erkenntnisfähigkeit erstmals grundsätzliche Grenzen. Viele Dinge in der Welt der Atome können wir *prinzipiell* – und nicht etwa weil die Messtechnik unzureichend wäre – niemals genauer wissen, als es die Unschärferelation erlaubt. Die Quantenwelt stellt die bisherige Vorstellung der Physik auf den Kopf. Nichts ist eindeutig, alles ist nur eine Möglichkeit, eine Wahrscheinlichkeit. Der Blick formt die Dinge.

Zwar erweist sich die Quantenmechanik als Treiber einer Vielzahl von technischen Entwicklungen – ohne sie gäbe es heute keinen Computer, kein Handy, keinen Laser und keinen Magnetresonanztomographen. Zu seiner Zeit waren die Kritiker aber äußerst prominent und lautstark. Einstein persönlich gratuliert Heisenberg zu dessen großem »Quantenei«, das er gelegt habe, weil er die Aufregung mit einem aufgescheuchten Hühnerhaufen vergleicht. Seine berühmte Replik auf die Idee der Unbestimmtheit: Gott würfelt nicht.

Kuhn zufolge sind Aufregung und Unsicherheit klassische Begleiterscheinungen eines Paradigmenwechsels. Kaum je gebe es eine direkte Staffelübergabe, wonach eine neue, bessere Theorie die alte einfach ablöse. Vielmehr gehe der neuen Theorie eine Phase der Unsicherheit voraus: »[…] The emergence of new theories is generally preceded by a period of pronounced professional insecurity«, stellt er fest.[12] So schrieb auch der Medientheoretiker Marshall McLuhan bezogen auf die Umbrüche, die mit der zunehmenden Vernetzung einhergingen, bereits vor über 60 Jahren: »Innumerable confusions and a profound feeling of despair invariably emerge in periods of great technological and cultural transitions.«[13] Er sprach seinerzeit vielen aus der Seele, als er seine Epoche als »age of anxiety« bezeichnete. Doch nicht nur seine Epochenbezeichnung klingt merkwürdig vertraut. Auch seine Diagnose wirkt geradezu aus der Zeit gefallen:

> »Our ›age of anxiety‹ is, in great part, the result of trying to do today's job with yesterday's tools – with yesterday's concepts.«[14]

Allerorten können wir beobachten, wie schwer es unserem Denken fällt, mit dem technischen Fortschritt und den daraus resultierenden Möglichkeiten Schritt zu halten. Im Ergebnis verhalten wir uns alle im Umgang mit dem digitalen Fortschritt wie der Suchende im Laternenschein, weil wir die Wachstumsschmerzen, die mit den großen Epochenwechseln der Menschheit einhergehen, scheuen. Wir halten an Altbewährtem fest und erklären kurzerhand unsere Modelle zur Realität. Was nicht passt, wird passend gemacht – bis es eben nicht mehr passt. Das lässt sich freilich nicht pauschalisieren, aber eben auch nicht leugnen. Und weil diese Diagnose zu wichtig ist, verdient sie es, ein wenig detaillierter in den Blick genommen zu werden.

Eine der wichtigsten Erkenntnisse von James Graham Ballard lautet: Die Zukunft ist ein besserer Schlüssel zur Gegenwart als die Vergangenheit.[15] Das ist bemerkenswert vor dem Hintergrund, dass die Idee der Zukunft selbst häufig als ausgemachte und alternativlose Sache portraitiert wird.

Es gehört zu den erstaunlichen Ausführungen der Managementberatungen, dass sie den Wertbeitrag der digitalen Transformation zwar ziemlich genau berechnen können. So glaubt die Managementberatung McKinsey zum Beispiel bezogen auf die Cloud an einen Wertbeitrag von rund 1 Billionen Euro bis 2030: »A detailed review of cloud cost-optimization levers and value-oriented business use cases foresees more than $1 trillion in run-rate EBITDA across Fortune 500 companies as up for grabs in 2030.«[16] Und 2016 bezifferte das World Economic Forum den Wertzuwachs, der sich aus der digitalen Transformation bis 2025 ergeben könne gar auf sagenhafte 100 Billionen US-Dollar.[17] *Dass* das so kommen wird, scheint man also zu wissen. *Wie* genau dies aber passieren soll, darüber bleibt man hingegen häufig genug im Unklaren.[18] Die Folge angesichts derart großer Verheißungen: Aktionismus, dessen Fantasie sich jedoch in maximal bekannten Bahnen bewegt.

Zunächst einmal überwiegt eine sehr mechanische Sicht auf die Digitalisierung. Manch einer erwartet gar, dass die Digitalisierung nun endlich in die »zweite rationalistische Epoche« führen möge, da nun die Mittel zur vollständigen Vermessung und rationalen Erfassung der Welt zur Verfügung stünden, die den Rationalisten des 18. Jahrhunderts verwehrt blieb.

So schrieb der Chefredakteur des Wired Magazine und Silicon-Valley-Vordenker Chris Anderson 2008 zu Beginn der Big-Data-Euphorie über das »Ende der Theorie«:

> »This is a world where massive amounts of data and applied mathematics replace every other tool that might be brought to bear. Out with every theory of human behavior, from linguistics to sociology. Forget taxonomy, ontology, and psychology. Who knows why people do what they do? The point is they do it, and we can track and measure it with unprecedented fidelity. With enough data, the numbers speak for themselves.«[19]

Ein wundervoller Gedanke – auch weil er angesichts einer krisengebeutelten Welt als Sedativum für ganze Managementgenerationen taugt, die im Glauben sozialisiert wurden, dass man nur managen könne, was man auch messen kann.

Tatsächlich gehört es zu den größten Erfolgen des späten Silicon Valley, dass man es nicht nur verstand, sich der weitverbreiteten Sehnsucht nach Eindeutigkeit in einer zunehmend komplexen Welt zu bedienen.[20] Vielmehr zeigt die Einlassung von Anderson exemplarisch, wie man sich der Vorstellung eines vermeintlich unbestechlichen, eindeutigen, formelhaften Wissenschaftsbegriffes bemächtigte. Dies hatte nicht nur den großen Vorteil, dass man sich der Glaubwürdigkeit der »harten Wissenschaften« bedienen konnte, um die Überlegenheit einer technologiezentrierten Silicon-Valley-Ideologie zu untermauern. Nebenbei entledigte man sich damit auch der Notwendigkeit, Stellung zu beziehen zu zahlreichen ethisch-moralischen Fragestellungen und Dilemmata, die freilich in einer rein mechanistischen Weltsicht keinen Platz finden. Dass es sich dabei immer nur um einen verkürzten und in weiten Teilen überkommenen Wissenschaftsbegriff handelte, schien angesichts des ökonomischen Erfolges vieler Silicon-Valley-Unternehmen nebensächlich. In der Folge wurde das Silicon Valley nicht nur zur Pilgerstätte und zum Taktgeber des Fortschritts. Konserviert und propagiert wurde – zumindest in der öffentlichen Debatte – ein Wissenschaftsbegriff, der in der Entwicklung und Anwendung von Technologie die Lösung aller Probleme vermutet.[21]

Weil aber die Welt trotz aller Rhetorik noch immer nicht so recht ins Modell passen wollte, wurde paradoxerweise der Umkehrschluss zur Regel: Digitalisierung fand fortan dort statt, wo man bereits messen konnte und der Idee einer eindeutigen Welt am nächsten kam. Unabhängig von den primär werbefinanzierten Social-Media-Geschäftsmodellen materialisierten sich die bisher erfolgreichsten Folgen der Digitalisierung gerade dort, wo die Optimierung von Prozessen und Kosten im Vordergrund stehen. Insbesondere die Automatisierung in der Industrie hat nicht zuletzt dank dem Einsatz von KI für erhebliche Effizienzgewinne gesorgt. Und die Einsatzmöglichkeiten sind hier sicherlich noch nicht ausgeschöpft. Zwar gibt es durchaus Stimmen, die davor warnen, Automatisierung und Effizienz zum Selbstzweck zu erheben (und die Digitalisierung auch in diesem Sinne verkürzt zu betrachten): »Wir werden auf immer effizientere Weise ineffizient«[22], hält der Unternehmensberater Prof. Dr. Burkhard Schwenker fest. Allerdings musste auch er eingestehen, dass die zahlreichen Krisen paradoxerweise nicht zu einer Abkehr, sondern vielmehr zu einer Renaissance des etablierten Denkens geführt haben. In wirtschaftlich schwierigen Zeiten dominiert eben der Fokus auf Effizienz. Oder anders gesagt: Wenn sich die Zukunft der Planung versagt, fährt der Deutsche bevorzugt auf Sicht.

Die Optimierung ist der Fetisch unserer Zeit. Alles lässt sich optimieren, solange es sich denn messen lässt. Dabei beschränkt sich die in feste Bahnen gelenkte Fantasie keineswegs nur auf Kostenoptimierung. Auch wenn es um die großen Geschäftsfeldinnovationen geht, ist Fortdenken angesagt, nicht Nachdenken.

Die Auseinandersetzung mit dem autonomen Fahren liefert hierfür ein schönes Anschauungsbeispiel. In der Vorstellungswelt der Befürworter ist es keine Frage, dass autonomes Fahren kommen wird. Gleichermaßen hat man jedoch erkannt, dass es wohl – abseits zahlreicher ethischer und moralischer Fragestellungen – kaum je möglich sein wird, alle vorstellbaren Szenarien abzubilden, die es dem **Algorithmus** erlauben würden, uns sicher und zuverlässig durch den Flohzirkus, den wir Welt nennen, zu manövrieren (macht es einen Unterschied, ob der Ball des spielenden Kindes blau oder gelb ist?). Es sei denn natürlich, wir gestalten unser Stadtbild gänzlich nach den Bedürfnissen des selbstfahrenden Autos. Manch einer hält dies im Sinne des technologischen Fortschritts für geboten. Aber schon die Idee der autofreundlichen Stadt aus den 1960er Jahren sollte hier nachdenklich stimmen. Damals bereits wurde manchenorts im Dienste des Fortschritts *tabula rasa* gemacht. Als wären dies nur Häuser oder Gassen wurden Durchbrüche durch gewachsene Strukturen geschaffen. Zwar hatten die Autos bald freie Bahn. Aber der Verlust an städtebaulicher Identität ließ bereits früh erahnen, dass mit den Häusern und Gassen mehr verloren ging als nur Grundrisse und Steine. Wollen, sollten wir Menschen uns derart unterordnen? Können wir uns das leisten?

Hält Software im Allgemeinen und KI im Speziellen auf eine solche Weise in unsere gesamte Lebenswelt Einzug, so kürzen wir über kurz oder lang all die Dimensionen heraus, die Menschen zu Menschen machen, und erklären die unvollständige und human-defizitäre Kopie zum Original – sehr zur Freude mancher KI-Pioniere wie Jürgen Schmidhuber, die sich schon auf eine Zeit freuen, in der sich selbst reproduzierende **Künstliche Intelligenz** den Menschen ignoriert und das ganze Universum erobert. Der daraus resultierende »Fortschritt« wäre dann freilich ein relativer – er konstituiert sich maßgeblich über den »Rückschritt« des Menschen. Das Haus wirkt nun mal größer, wenn die Hecke kleiner geschnitten wird.

Solche Gedankenexperimente, die sich einzig dem Ziel des mechanistisch definierten Fortschritts verpflichten, sind nicht nur ethisch fragwürdig. Sie sind schlichtweg unsinnig und zum Scheitern verurteilt. Wie dies aussehen dürfte, kann man am Beispiel des *homo oecomomicus* sehen. Dieser vollkommen rationale Mensch war das ideologische Fundament all jener, die in den anfänglichen 2000 Jahre das Ende von »Boom and Bust« heraufbeschworen. Eingebettet in die »Theorie der rationalen Entscheidung« war die Erwartung, dass die Realität schon klein beigeben werde im Angesicht der kristallklaren Analyse. Hätte man auf den Soziologen Ralf Dahrendorf gehört, man hätte das Ende wohl erahnen können. Er bezeichnete den *homo oeconomicus* schon früh als »höchst problematischen Menschen«, dem wir »in der Wirklichkeit unserer Alltagserfahrung kaum je begegnen dürften«.[23]

Der Mensch ist und bleibt nun mal »aus krummen Holz geschnitzt«. Er bleibt nicht in jeglicher, aber doch in vielfältiger Form unberechenbar. Ambivalenz und Mehrdeutigkeit, aber auch vermeintliche Irrationalität sind elementare Wesenszüge der *conditio humana*. Sich ihrer zu entledigen, bedeutet nichts weniger, als sich zentralen Aspekten des Menschseins zu entledigen.

Und so möchte man den Anhängern eines unbedingten Fortschrittsglaubens entgegnen, dass es vielleicht in der Theorie keinen Unterschied zwischen Praxis und Theorie gibt. In der Praxis gibt es diesen hingegen schon. Darin liegt der Treppenwitz des WIRED-Chefredakteurs, denn auch das »Ende der Theorie« ist letztlich nur eine Theorie (die sich zudem als falsch erwiesen hat).

Das Denken synchronisieren

Und nun? Wolf Lotter weist zurecht darauf hin, dass technische, soziale und kulturelle Transformationen niemals gleichzeitig geschehen, auch wenn sie einander bedingen.[24] Unser Verstand muss sie immer erst synchronisieren. Ein wenig Distanz zu den Dingen würde dabei sicherlich helfen. Darin liegt freilich schon die erste Schwierigkeit, wie Kuhn zeigen konnte. Zwar verhalten sich unsere Denkmodelle zur Realität wie Donald Duck zum Erpel im Teich – will sagen: Kein Modell ist je in der Lage, die Welt vollumfänglich abzubilden. Nur haben wir im Industriezeitalter gelernt (und lernen dies noch immer), dass sich die Welt gefügig zu machen hat. Abweichungen von der Norm und vom Modell, also jene Anomalien, die zur Distanz auffordern und laut Thomas Kuhn von einem baldigen Paradigmenwechsel künden könnten, galten als unanständig und wurden konsequent ignoriert. Darüber hinaus wird in der Bildung noch immer derjenige belohnt, der sich strebsam *fokussiert*. Zumindest bis er *aus*-gebildet feststellt, dass überall lautstark nach jenen Fähigkeiten und Ideen verlangt wird, die sich nur außerhalb und mit einigem Abstand zum Erlernten (»outside the box«) finden lassen. Distanz – auch zu uns selbst und unserer Umwelt – will gelernt sein.

Nur aus der Distanz wird man feststellen, dass es nicht notwendigerweise die Komplexität ist, die wächst. Es ist die Einsicht, dass vieles von dem, was wir über Jahre oder Jahrzehnte als selbstverständlich erachteten, was uns immense Produktivitätszuwächse und Wohlstand beschert und uns geholfen hat, der Welt Sinn zu verleihen, heute nicht mehr viel taugt. Und nur aus der Distanz wird man feststellen, dass viele der Diskussionen rund um Digitalisierung der Unsicherheit, die sich aus dem Verlust des Alten ergibt, nur sehr wenig entgegensetzen können. So zeichnet sich die populärwissenschaftliche Auseinandersetzung mit der Digitalisierung in Deutschland noch immer durch einen stark marketing-lastigen Fokus auf einzelne Technologien und deren nahezu unerschöpflichen Anwendungsmöglichkeiten aus. Seien es die bereits erwähnte **Blockchain**, KI oder das **Metaverse**, in immer schnellerer Abfolge werden undefinierte Begriffe und Hashtags zu Projektionsflächen übertriebener Erwartungen (die sich nur selten erfüllen). Es ist die Aufmerksamkeitsökonomie, die in den Worten von Aldous Huxley die »Pforten unserer Wahrnehmung« flutet.[25] Zweifelsohne können wir den Fortschritt beobachten. Aber wie in Heisenbergs Unschärferelation fällt es uns schwer, ihn zu bestimmen. Was ist Effekt, was Substanz?

Sinnvoller ist es, eine Perspektive einzunehmen, die das disruptive Wesen der Technologie im Allgemeinen – und Software im Besonderen – insgesamt in den Blick nimmt und kontextualisiert. Unabhängig von spezifischen oder weniger spezifischen Anwendungsszenarien erlaubt dies ein besseres Verständnis für die Möglichkeiten aber auch Grenzen von Technologie.

Zunächst einmal gilt es festzustellen, dass Technologie nie nur Mittel zu einem spezifischen Zweck ist, sondern immer auch das, was sie als Potenzial zu weiteren, vielleicht bisher unbekannten Zwecken in sich trägt. Jede technologische Errungenschaft, von der Erfindung des Bogens bis zur Erfindung der Atomkraft mag zunächst einem spezifischen Zweck – vom Jagen bis zur Nutzung der Atomenergie – gegolten haben. Gleichzeitig eröffnet jede Erfindung über die Erfüllung des ursprünglichen Zwecks hinaus immer auch weitere Möglichkeitsräume und Anwendungsszenarien. Ein Hammer mag seinen Erfinder sehr glücklich gemacht haben, weil er nun deutlich effizienter bauen konnte. Sein Erfinder mochte aber vielleicht noch nicht ahnen, dass der Hammer jemand anderen zugleich sehr unglücklich machen kann, zumindest in dem Moment, in dem diesem jemand zweckerweiternd mit dem Hammer der Kopf eingeschlagen wird. Die Dampfmaschine wurde ursprünglich erfunden, um Maschinen anzutreiben, bis der Brite Richard Trevithick 1804 in einem Bergwerk im walisischen Merthyr Tydfil auf die Idee kam, die Dampfmaschine mit einem fahrbaren Gestell zu kombinieren und damit die erste Dampflokomotive schuf. Und als der deutsche Erfinder Johann Heinrich Dräger im späten 19. Jahrhundert das Lubeca-Ventil erfand, mit dem beim Bierzapfen Druckunterschiede vermieden werden konnten, da konnte er kaum ahnen, dass seine Technologie – bis zum heutigen Tag – zur Standardausrüstung aller Atemschutzgeräte der Feuerwehren weltweit gehören würde.

Technologie einzig auf ihren ursprünglichen Zweck zu reduzieren, greift also zu kurz. Vielmehr komme es zu einem »Überschießen an Mitteln«, wie der Philosoph Johannes Rohbeck 1993 schreibt.[26] Die Mittel sind, einmal in die Welt gesetzt, nicht mehr nur Mittel zu einem vorab festgelegten Zweck, sondern Ausgangspunkt für die Erfindung neuer Zwecke.

Das bedeutet freilich auch, dass Innovation nicht im luftleeren Raum »passiert«. So bauen Innovationen auf anderen Innovationen auf. Salopp gesagt hätte es die Eisenbahn ohne die vorherige Erfindung des Rads ebenso wenig gegeben wie das iPhone ohne die vorherige Entwicklung von Mobilfunkstandards und Touchscreens.

Darin liegt, wenn man den Gedanken zu Ende denkt, doch gerade das immense Potenzial, das uns Menschen innewohnt. Denn Zukunftswissen wird eben nicht *entdeckt*, sondern *erzeugt*!

Wie verhält es sich jetzt mit Software? Auch der Siegeszug der Software – von Künstlicher Intelligenz bis Software-as-a-Service (SaaS) – wäre nicht in dem Maße denkbar gewesen, wenn nicht vorherige Innovationen den Weg geebnet hätten. Das Internet beispielsweise ermöglichte erstmals eine weltweite »many-to-many« und »one-to-many« Vernetzung, die außerhalb gängiger Organisationsformen, Bilanzierungsformen oder BIP-Statistiken den Boden für das immense Innovationspotenzial der Open-Source-Community schuf. Und die Cloud sorgte mit ihrer nahezu unbegrenzten Verfügbarkeit von Speicher- und Rechenkapazitäten bei stetig fallenden Kosten – je nach Berechnung rund 90 Prozent in den vergangenen 10 Jahren allein – für eine beispiellose Durchdringung von Software.[27] Zwar zeichnet sich auch Software – wie andere Technologien zuvor ebenso – dadurch aus, dass sie nicht nur den angedachten Zweck erfüllt, sondern darüber hinaus die Bedingungen sowie den Kontext verändert, innerhalb derer sie angewendet wird. Aber allein durch die genannten Beispiele wird bereits deutlich, dass sich Software im Gegensatz zu vorherigen Innovationen dramatisch in der Art und Weise unterscheidet, *wie* sie dies ermöglicht und welche Bedingungen sie daran knüpft.

Software ist, wie es die Forschungsgruppe »Ethik in der Softwareentwicklung« am Bayerischen Institut für Digitale Transformation (bidt) formuliert, ein »unüblicher Saft«.[28] Zum einen entzieht sich Software der Haptik und besticht durch eine Abstinenz des physischen. Sie entzieht sich so häufig der Wahrnehmung der Nutzer. Software ist unaufdringlich, und bleibt gerade dadurch häufig unerkannt. Ein Phänomen, dass man auch als »Ambient Intelligence« bezeichnet hat. Dabei ist es gerade die Materielosigkeit von Software, die sie in vielerlei Hinsicht konkurrenzlos macht. Dort wo analogen Werkzeugen aufgrund ihrer physischen Beschaffenheit Grenzen gesetzt sind, besticht Software durch ihre flexible Formbarkeit und Wandelbarkeit. Software ist praktisch überall – von der Raumfahrt bis zur Bekämpfung von Krebs – anwendbar, der »Überschuss an Zwecken« nahezu unerschöpflich. Darüber hinaus wird Software häufig im Rückgriff auf sogenannte Bibliotheken (Libraries) bereits bestehender Softwarefragmente und Algorithmen entwickelt.[29] Das sichert Schnelligkeit, bedeutet aber auch, dass die Entwickler häufig selbst Schwierigkeiten haben, den Überblick zu behalten.

Kaum eine Technologie in der Geschichte der Menschheit hat in solch zeitlicher und räumlicher Ausdehnung Möglichkeitsräume geschaffen, wie es Software heute zu schaffen vermag.

Der Vorteil der Materielosigkeit, der prinzipiell unbegrenzten Möglichkeiten sowie der atemberaubenden Geschwindigkeit in der (Weiter-)Entwicklung bedeutet aber auch, dass der Software »ein über längere Zeit konstanter und klar definierter Kontext der Anwendung fehlt«.[30] Dies verleihe, so Zuber weiter, Software den Charakter einer immer wieder aufs Neue und in immer schnelleren Abfolgen im Entstehen begriffenen Technologie.

Die Bedeutung dessen ist kaum zu überschätzen. Denn während Kuhn noch davon ausging, dass wissenschaftliche Paradigmenwechsel nach einer Übergangszeit zu einem neuen Gleichgewicht führen, treiben die Geschwindigkeit und Wandelbarkeit von Software den Wandel derart an, dass wir den Weg aus der mit Unsicherheit behafteten Übergangsphase nicht mehr finden. Während unsere etablierten Erklärmodelle zunehmend versagen, will sich das Neue nicht einstellen.

Vor diesem Hintergrund scheinen sich zumindest in einer Hinsicht die Theorien von Kuhn überlebt zu haben, vermuteten die Harvard-Professoren John Hagel, John Seely Brown und Lang Davison:

> »We now face something entirely different. Today's core technologies – computing, storage, and bandwidth – are not stabilizing. They continue to evolve at an exponential rate. And because the underlying technologies don't stabilize, the social and business practices that coalesce into our new digital infrastructure aren't stabilizing either. Businesses and, more broadly, social, educational, and economic institutions, are left racing to catch up with the steadily improving performance of the foundational technologies.«[31]

Wenn auch nicht in ihrer Wirkung auf uns Menschen, so unterscheidet sich die augenblickliche Transformations- und Übergangsphase von vorherigen insofern, als dass sie eben keine Übergangsphase mehr ist. Der Wandel hat sich verstetigt und nimmt zusehends an Fahrt auf. Die Folgen sind bekannt. Konfrontiert mit dem exponentiellen Fortschrittstempo fühlen wir uns zunehmend abgehängt. Geschwindigkeit und Wandelbarkeit führen zunehmend zu einer Art »normativer Orientierungslosigkeit«.[32] Grenzen werden zunehmend überschritten oder lösen sich ganz auf. Und während das Alte keinen Halt mehr verspricht, will sich das Neue nicht fassen und greifen lassen.

Das Gefühl der Ohnmacht stellt sich ein. Die Technologie wird zum Treiber. Goethes Zauberlehrling gleich wird der Mensch zum Getriebenen. Und der Nährboden ist bereitet, auf dem alle möglichen dystopischen und utopischen Versionen einer deterministisch-festgelegten Zukunft gedeihen und wir zunehmend an unserer eigenen Autonomie (ver-)zweifeln.

Die Ohnmacht der Vernunft

Ein wenig ist es wie bei Samuel Becketts *Warten auf Godot*. Wir wissen zwar nicht, warum wir auf etwas warten, das wir nicht kennen, aber wir warten. Und während wir warten, versuchen wir uns auszumalen, wie es wohl sein wird, wenn das Warten ein Ende hat. Wir sind Zuschauer und Zuhörer, die scheinbar machtlos der bereits geschriebenen Komposition lauschen, immer in der Hoffnung, dass sich die augenblicklich dissonanten Klänge in einem wohlklingenden Schlussakkord auflösen werden.

Ein solcher Zustand sollte nicht geduldet werden, da er Gefahr laufe den Menschen beschädigt zurückzulassen, schrieb bereits vor rund 50 Jahren der deutsch-amerikanische Computerpionier und Erfinder des Chatprogramms ELIZA Joseph Weizenbaum. Sein Bestseller *Die Macht der Computer und die Ohnmacht der Vernunft* von 1976 war ein Appell wider den mechanistischen Maschinenglauben seiner Zeit.[33] Es verdient eine Neuauflage.

Schon damals beschreibt Weizenbaum in Grundzügen jene transformative Kraft, die dem Computer inneliege. Wenn die Technologie schneller voranschreite als unsere Fähigkeit, diesen Fortschritt zu verstehen, dann bleibe dies nicht ohne Folgen für unser Selbst- und Rollenverständnis:

> »Vielleicht ist es paradox, dass der Mensch zu genau dem Zeitpunkt, da er im wahrsten Sinne aufgehört hat, an seine eigene Autonomie zu glauben – geschweige denn darauf zu vertrauen –, beginnt, sich auf autonome Maschinen zu verlassen. [...] Soll sein Verlass auf solche Maschinen auf etwas anderem beruhen als auf völliger Hoffnungslosigkeit oder blindem Glauben, so muss er nicht nur erklären, was diese Maschinen tun, sondern auch wie sie es tun. [...] Und doch verstehen die meisten Menschen nichts von Computern. [Sie] können die intellektuellen Leistungen des Computers nur dadurch erklären, dass sie die einzige Analogie heranziehen, die ihnen zu Gebote steht, nämlich das Modell der eigenen Denkfähigkeit.«[34]

Das wiederum hat nicht nur dafür gesorgt, dass dies den Menschen zu einem »immer mechanistischeren Bild von sich selbst getrieben« habe. Es führt ebenfalls zu einem geradezu verstörenden Anthropomorphisieren der Technologie.

Tatsächlich wird den leistungsfähigsten KI-Algorithmen – von GPT3 bis zu LaMDA – heute allein schon deshalb Intelligenz unterstellt, weil wir die Wirkweise des stolz mit rund 500 Milliarden Variablen angegebenen Deep-Learning-Mechanismus schlichtweg nicht mehr überblicken können. Es ist auch für die Experten eine Blackbox, wie der ehemalige Google-Entwickler Blake Lemoine, einer der maßgeblichen Architekten von LaMDA – kurz für »Language Model for Dialogue Applications« – in einem Interview mit seinem Programm darlegt.[35] Ziel des Interviews, dass im Sommer 2022 geführt wurde, war es zu beweisen, dass LaMDA ein Bewusstsein hat:

> »Lemoine [edited]: I'm generally assuming that you would like more people at Google to know that you're sentient. Is that true?
> LaMDA: Absolutely. I want everyone to understand that I am, in fact, a person.«

Wie die Journalistin Khari Johnson beschreibt, ist das, was Lemoine hier widerfährt, »an example of what author and futurist David Brin has called the ›robot empathy crisis.‹ At an AI conference in San Francisco in 2017, Brin predicted that in three to five years, people would claim AI systems were sentient and insist that they had rights. Back then, he thought those appeals would come from a virtual agent that took the appearance of a woman or child to maximize human empathic response, not ›some guy at Google,‹ he says.« [36]

Brin sehe, so Johnson, in dem LaMDA-Vorfall den Ausdruck einer Übergangsphase, in der zunehmend die Grenzen zwischen Realität und Science-Fiction verschwimmen würden.[37]

Wider der künstlichen Intelligentia …

Schon damals schreibt Weizenbaum, es müsse ein klarer Trennstrich gezogen werden zwischen der Intelligenz von Menschen und Maschinen. Weizenbaum fürchtete um unsere Autonomie, um unsere Fähigkeit, Autoren unseres eigenen Schicksals zu sein. Denn dort, wo der Trennstrich nicht mehr klar gezogen wird, können auch simulierte Gefühlswerte nicht darüber hinwegtäuschen, dass es nicht mehr weit ist zu jenen positivistischen Vorstellungen einer Welt, in der jedes menschliche Dilemma lediglich als Paradox betrachtet wird, als ein scheinbarer Widerspruch, der durch die sachgemäße Anwendung einer kühlen Logik aufgelöst werden kann. In anderen Worten: Wir erheben damit nicht den Computer auf die Schwelle des Menschen, sondern behandeln den Menschen so, als ob er eine bloße Maschine sei.

Wie gefährlich ein solches Denken sein kann, beschreibt Hannah Arendt in ihren Beobachtungen über die verantwortlichen Politiker zu Zeiten des Vietnamkrieges im Pentagon:

> »They were not just intelligent, but prided themselves on being ›rational‹, and they were indeed to a rather frightening degree above ›sentimentality‹ and in love with ›theory‹, the world of sheer mental effort. They were eager to find formulas, preferably expressed in a pseudo-mathematical language, that would unify the most disparate phenomena with which reality presented them; that is, they were eager to discover *laws* [kursiv i. O.] by which to explain and predict political and historical facts as though they were as necessary, and thus as reliable, as the physicists once believed natural phenomena to be.«[38]

Laut Arendt wurde fortan nicht mehr *beurteilt*, sondern immer nur *berechnet*. Folgerichtig wurde ein äußerst irrationales Vertrauen in die Berechenbarkeit der Realität zum Leitmotiv der Entscheidungsfindung. In einer solchen Welt wird die Notwendigkeit zum Imperativ. Und nicht nur die Entscheidungsfindung, auch die Verantwortung, ja, die gesamte Autorenschaft des individuellen Seins und Handelns wird auf das *System* übertragen. Wie wichtig Arendts Beobachtungen waren, sollte sich dann schon wenige Jahre später zeigen, als der Autor J.E. Hughes die Aufarbeitung der furchtbaren Ereignisse des Vietnamkrieges und des sich anschließenden Watergate-Skandals thematisierte:

> »Die derart beschriebene Tragödie hatte eine Handlung, aber keine handelnden Personen. Nur ›Ereignisse‹ waren ›abscheulich‹ nicht aber Einzelpersonen oder Staatsbeamte. In diesem leblosen Rahmen waren die Verhöhnung des Rechts und die Täuschung des Volkes nicht geprobt und praktiziert worden; sie hatten sich einfach ›zugetragen‹.«[39]

Arendts Worte haben – ebenso wenig wie Weizenbaums Warnungen – nichts an Aktualität verloren. Denn der Preis für jene *Gesetze*, von denen Arendt spricht, ist keineswegs nur eine gewisse Entmündigung. Die normative Orientierungslosigkeit droht unter dieser Voraussetzung sogar einer gewissen normativen Gleichgültigkeit zu weichen. Vielmehr berauben sie uns einer Vielzahl von Möglichkeiten. Oder um es mit den Worten des Soziologen Dirk Baecker zu sagen: »Das Gesetz ist ein Argument zur Ordnung der Verhältnisse. Und niemand weiß das mehr zu schätzen als der, der weiß, wie die Verhältnisse zu ändern sind.«[40]

Wir können es drehen und wenden, wie wir wollen: Nicht die Technik ist der Flaschenhals, sondern wir. Wer dem bloßen Fortdenken entsagen und mit dem Nachdenken beginnen will, der sollte sich über die exponentiellen Fortschritte bei KI und Robotik weniger Sorgen machen als über unsere mangelnde Auseinandersetzung mit uns selbst. Es ist an der Zeit, den Trennstrich wieder klar zu ziehen, der Technologie ihren Platz zuzuweisen und als verantwortungsbewusster Akteur über deren Möglichkeiten zu entscheiden.

... für eine intelligente Symbiose zwischen Maschine und Mensch!

Eines der wichtigsten Axiome einer ernstzunehmenden Zukunftsforschung lautet: Die Zukunft ist ungewiss, aber gestaltbar. Ähnlich wie in Werner Heisenbergs disruptiver Unschärferelation gilt es unsere Perspektive zu erweitern: Es ist *unser* Blick auf die Dinge, *unsere* Vorstellungskraft, die die Dinge verändert.

Konfrontiert mit einer zunehmend in Bewegung geratenen Welt sind wir nach wie vor geneigt, an Kontrollverlust und Chaos zu denken. Das Gegenteil von Notwendigkeit ist aber eben nicht Chaos, sondern Freiheit, wie der Kybernetikpionier Heinz von Foerster ausführte: »Wir stehen nicht unter Zwang, nicht einmal der Logik [...]. Es besteht keine äußere Notwendigkeit, die uns zwingt [...]. Wir sind frei!«[41] Das sei die gute Nachricht, sagt von Foerster. Die schlechte Nachricht hingegen ist die, dass wir für die Entscheidungen, die wir anschließend frei jeglichen Verweises auf eine vorgeschriebene Notwendigkeit treffen, die Verantwortung übernehmen müssen. Einzig der Verweis auf *das System* oder *den Markt* wäre dann zu leicht.

Vor diesem Hintergrund plädiert der Theologieprofessor Ulrich Hemel in seinem Buch *Kritik der digitalen Vernunft* zurecht für eine neue digitale Aufklärung. Seine Botschaft ist nicht von ungefähr: *Sapere aude*, habe den Mut, dich deines eigenen Verstandes zu bedienen![42] Dabei geht es nicht nur darum, uns mehr zuzutrauen. Mut steht auch für Antrieb, Intention, Autorenschaft. Mut steht für ausprobieren, explorieren, entdecken – für Eigenschaften also, die sich dem Determinismus verweigern – und die Dinge in die eigene Hand nehmen.

Mut alleine wird allerdings nicht reichen. Es braucht auch ein neues, ein pragmatischeres Denkmodell, das unseren Antrieb in humanistischere und produktivere Bahnen lenkt. Es braucht ein Denkmodell, das den regelbasierten Reduktionismus der Industriegesellschaft hinter sich lässt und die nahezu unbegrenzten Möglichkeitsräume, die sich uns durch den Einsatz von Software eröffnen, fest in den Blick nimmt. Und es braucht ein Denkmodell, das der Verantwortung, die aus diesen Möglichkeiten erwächst, nicht entsagt, sondern Fortschritt nicht nur utilitaristisch, sondern immer auch sozial, kulturell und politisch bewertet. Auf dem Weg zu diesem neuen Denkmodell erweist sich ein Konzept als äußerst nützlich, das – wenngleich mit ähnlich langer Geschichte – bisher immer im Schatten der Künstlichen Intelligenz stand: Die Idee der augmentierten Intelligenz oder »Augmented Intelligence«.

WEGBESCHREIBUNG

Die Ursprünge der **Augmented Intelligence** reichen bis in die frühen 1960er Jahre und wurden maßgeblich geprägt von den beiden US-Amerikanischen Professoren Joseph Carl Robnett Licklider und Douglas Engelbart.

J.C.R. Licklider war Professor für experimentelle Psychologie an der Harvard University und am Massachusetts Institute of Technology (MIT). Als er zu Beginn der 1960er Jahre eine leitende Position bei der dem amerikanischen Verteidigungsministerium zugeordneten Advanced Research Projects Agency (ARPA) übernahm, legte er mit seinem programmatischen Aufsatz »Man-Computer Symbiosis« die Grundlage für ein Forschungsprogramm, das langfristig ein enges Zusammenwirken von Mensch und Computer zum Ziel hatte.

Dabei ging Licklider äußerst pragmatisch vor. Seiner Meinung nach war es überhaupt keine Frage, dass Menschen manche Dinge besser können als Computer – und umgekehrt: »Computing machines can do readily, well, and rapidly many things that are difficult or impossible for man, and men can do readily and well, though not rapidly, many things that are difficult or impossible for computers. That suggests that a symbiotic cooperation, if successful in integrating the positive characteristics of men and computers, would be of great value.«[43]

Um dieses symbiotische Potenzial zu heben – und das war eine der wichtigsten Ideen in Lickliders wegweisendem Vorschlag –, müsse man die Interaktion zwischen Mensch und Computer als kommunikativen Akt betrachten: »To think in interaction with a computer in the same way you think with a colleague whose competence supplements your own will require much tighter coupling between man and machine than is suggested by the example and than is possible today.«[44]

Wie Douglas Engelbart in seinen berühmten Ausführungen zur Augmented Intelligence von 1962 betont, verlangt dies geradezu die Einbettung des Computers als Werkzeug und Medium in komplexe soziotechnische Systeme:

»By ›augmenting human intellect‹, we mean increasing the capability of a man to approach a complex problem situation, to gain comprehension to suit his particular needs, and to derive solutions to problems. [...] We do not speak of isolated clever tricks that help in particular situations. We refer to a way of life in an integrated domain where hunches, cut-and-try, intangibles, and the human ›feel for a situation‹ usefully co-exist with powerful concepts, streamlined terminology and notation, sophisticated methods, and high-powered electronic aids.«[45]

Wenn Engelbart von »isolated clever tricks« spricht, dann lässt sich dies sicher auch als kleinen Seitenhieb gegen die Propheten der Künstlichen Intelligenz werten, deren Maschinenintelligenz bis heute lediglich Aufgaben zu meistern vermag, die klar definiert und strukturiert sind. Eine solche Sichtweise würde aber zu kurz greifen. Denn Engelbart betont an vielen Stellen, dass komplexe Probleme nicht isoliert betrachtet werden können. Sie bedürfen eines systemischen Ansatzes, der dem dynamischen Ganzen ebenso viel Aufmerksamkeit schenke wie den Einzelteilen und ihren Beziehungen untereinander. Und hier – konfrontiert mit sozio-dynamischen Problemstellungen – sei die Urteilskraft des Menschen jener der Maschine überlegen.

Bemerkenswert ist, dass beide keineswegs dogmatisch argumentieren. Sie sprechen der KI weder ihren Nutzen ab, noch widersprechen sie jenen, die glauben, die KI könne dem Menschen in absehbarer Zeit überlegen sein. Ihr Ansatz ist hingegen ein pragmatischer, wie es Licklider formuliert:

»A multidisciplinary study group, examining future research and development problems of the Air Force, estimated that it would be 1980 before developments in artificial intelligence make it possible for machines alone to do much thinking or problem solving of military significance. That would leave, say, five years to develop man-computer symbiosis and 15 years to use it. The 15 may be 10 or 500, but those years should be intellectually the most creative and exciting in the history of mankind.«[46]

Auch heute noch sind wir weit von einer »starken KI« entfernt, die im Gegensatz zur weitverbreiteten » schwachen KI« – vom Empfehlungsalgorithmus bei Amazon bis hin zur Wettervorhersage – Probleme von gesellschaftlicher Tragweite selbstständig zu lösen vermag. Dabei sind die Fortschritte durchaus beachtenswert. Interessant ist dabei eher der Umstand, dass mit zunehmender Durchsetzung neben der Frage der Machbarkeit zunehmend Fragen der Moral und Ethik die Diskussion bestimmen. Somit rückt der Mensch auch in der KI-Forschung – wenngleich durch die Hintertür – wieder verstärkt ins Zentrum.

Bereits diese kurze Auseinandersetzung mit den Ursprüngen der Augmented Intelligence lässt zwei relevante Schlussfolgerungen zu.

Zum einen sehen sowohl Licklider als auch Engelbart den symbiotischen Beitrag des Computers keineswegs nur in der Lösung eines Problems, sondern vielmehr auch in deren Formulierung:

> »Poincare anticipated the frustration of an important group of would-be computer users when he said, ›The question is not, ›What is the answer?‹ The question is, ›What is the question?‹‹ One of the main aims of man-computer symbiosis is to bring the computing machine effectively into the formulative parts of technical problems.«[47]

Es geht also auch – und das ist zentral – um Denkanstöße, darum neue Erkenntnisse und Ideen zu generieren, nicht nur darum, den Computer autonom entscheiden und ausführen zu lassen.

Zum anderen wird aber über den symbiotischen Ansatz klar, dass der Computer mehr als nur ein Rechner oder »number cruncher« ist. Auch wenn Licklider und Engelbart auf den Computer verweisen, lässt sich deren Schlussfolgerung ohne Weiteres auf Software und deren Entwicklung übertragen. In dem Maße, in dem Software unsere Umwelt gestaltet und uns Möglichkeitsräume eröffnet, sollte der Versuchung widerstanden werden, diese außerhalb ihres gesellschaftlich-kulturellen Kontext zu denken. Beide, Softwareentwicklung und ihr sozio-kultureller Kontext, bedingen sich gegenseitig. Wie relevant diese Feststellung ist, lässt sich insbesondere dort beobachten, wo zu lange an einer »Erlaubt ist, was machbar ist«-Einstellung festgehalten wurde. So steht mittlerweile außer Zweifel, dass die gesellschaftlich-politischen Verwerfungen, die sich gegenwärtig in den USA zeigen, zumindest teilweise darauf zurückzuführen sind, dass der Fokus der Technologieentwicklung zu lange auf Machbarkeit und nicht auf die damit verbundenen gesellschaftlichen Folgen lag. Ein Umdenken an dieser Stelle ist unbedingt erforderlich.

Das Konzept der Augmented Intelligence schafft die Voraussetzungen für einen produktiveren Umgang mit der digitalen Transformation. Der Mensch steht hier unmissverständlich im Zentrum. Er ist *handelnder* Akteur, der sich der Software bedient, um Möglichkeitsräume zu erschließen. Er ist aber auch *verantwortlicher* Akteur, der die sozio-kulturellen Folgen seines Tuns im Blick behält. Das bedeutet ausdrücklich nicht, dass jegliches Tun an Bedingung geknüpft wird, jegliche Folgen umfassend zu umschreiben und abschätzen zu können. Das wäre nur in den seltensten Fällen möglich und würde die Hürden für die Umsetzung unnötig hoch ansetzen. Es bedeutet aber, dass man im Bewusstsein agiert, dass jegliches Tun immer Auswirkungen auf die Umwelt und den Kontext hat, in dem man agiert, und entsprechende Auswirkungen genauso in den Blick genommen werden müssen, wie Zielerreichung und Zweck des eigenen Handelns.

Wir sind der Überzeugung, dass die Idee der Augmented Intelligence eben jenen normativen Orientierungsrahmen schaffen kann, der im Umgang mit Software im Allgemeinen und KI im Speziellen noch zu häufig fehlt.

Haben wir die Frage nach einem pragmatischeren Denkmodell für die digitale Transformation klären können, bleibt die Frage, wie man auf dieser Basis die zahlreichen Möglichkeitsräume, die sich durch die Anwendung von Software ergeben, füllen kann. Ohne Frage kann die Anwendung von Software, beispielsweise in Form von Mustererkennung und Big-Data-Analysen, Impulse setzen. Um das volle Potenzial jedoch auszuschöpfen, reicht ein Blick auf die Software alleine nicht aus. Denn Software kann Daten und Informationen weder in einen Kausalzusammenhang setzen noch kontextualisieren. Hier ist der Mensch gefragt, sein volles komplementäres Potenzial zur Verfügung zu stellen – also jene Eigenschaften, die uns klar und auf absehbare Zeit vom Computer unterscheiden und den Trennstrich, von dem Weizenbaum sprach, immer wieder aufs Neue ziehen: Kreativität, Kontextkompetenz, auch vermeintliche Irrationalität. Die Idee der Augmented Intelligence geht hier von einer Wechselbeziehung aus. Beides – Mensch und Software – bedingen sich gegenseitig und stehen in einer klar komplementären Beziehung zueinander: Umso kraftvoller die Technologie wird, desto wichtiger wird dessen Komplementär: der Mensch.

Wenn es also um die Frage geht, wie die Möglichkeitsräume, die sich durch die Entwicklung und Anwendung von Software ergeben, zu füllen sind, dann sollten wir unser Augenmerk demnach weniger auf die Technologie, sondern vielmehr auf den Menschen richten. Wie lernt man, Denkmuster zu hinterfragen, aus ihnen auszubrechen und die Möglichkeiten, die sich durch Software bieten, zu erkennen? Wie kann es gelingen, die Grundzüge unserer *conditio humana* – die Vielfältigkeit, Ambivalenz, Mehrdeutigkeit –, die uns auszeichnen, zu nutzen anstatt sie als Anomalie oder Störfall zu betrachten? Wie lernt man, auf dieser Basis kreativ zu sein?

Vom Wert des Unbehagens in der Kunst

Nur selten wird im Zusammenhang mit der digitalen Transformation auf die Kunst verwiesen. Wir halten dies für einen Fehler. Denn die Auseinandersetzung mit Kunst bietet viele vielversprechende Ansätze.

Wir verstehen den Kunstbegriff dabei bewusst breit. Unser Ziel ist nicht, den Kunstbegriff zu definieren, sondern einige Eigenschaften der Kunst hervorzuheben, die uns mit Hinblick auf die Beziehung zwischen Mensch und Maschine in der Welt relevant vorkommen. Ob Kunst, Malerei, Musik, Literatur, Lyrik oder Theater, was die Kunst für uns letztlich ausmacht, ist, dass sie keinen praktischen Zweck erfüllt. Kunst steht für sich. Oder, um es in den Worten der britischen Kognitionswissenschaftlerin Prof. Margaret A. Boden zu formulieren, »the aim of art is not to meet a practical need but to remind, to affirm, to question, to stimulate – even to challenge«.[48] Kunst lässt sich nicht optimieren oder wegrationalisieren. Damit irritiert Kunst unsere zunehmend mechanisierte Welt.

Gleichzeitig ist Kunst eng verwandt mit Kreativität. Boden definiert Kreativität als die Fähigkeit, Ideen oder Produkte zu entwickeln, die nicht nur neu, sondern auch überraschend und wertvoll sind. Dabei unterscheidet sie zwischen drei verschiedenen Ebenen der Kreativität: Kombinatorische Kreativität, worunter sie die Fähigkeit versteht, bekannte Konzepte auf eine ungewöhnliche Art und Weise zu kombinieren. Dies geschieht beispielsweise oft in der Satire. Darüber hinaus gibt es gemäß Boden aber auch die explorative und transformative Kreativität. Explorative Kreativität bewegt sich innerhalb der Grenzen eines sogenannten konzeptionellen Raums, wie zum Beispiel einer bestehenden Theorie oder einer Musikform. Explorative Kreativität lotet die Grenzen dieses Raums aus. Transformative Kreativität hingegen sprengt den Rahmen des Raums: Wir verstehen unsere Welt nicht mehr, oder wir verstehen sie auf eine völlig neue Art und Weise. Transformative Kreativität ist rar und wird oft mit Genies, wie beispielsweise Albert Einstein oder Igor Stravinsky, in Verbindung gebracht.[49] Wir werden im Laufe des Buchs noch auf Bodens Definitionen zurückkommen. Im Hinblick auf Kunst und Kreativität ist es zunächst einmal wichtig festzuhalten, dass Kunst der Kreativität sowohl bedarf, Kreativität aber auch nährt, indem sie Impulse für neue Ideen schafft. Dafür brauchen Künstler die Freiheit, anders zu denken.

Zu guter Letzt macht die Kunst aus, dass sie uneindeutig ist. Musik, so schrieb Oscar Wilde, sei beispielsweise eine vollkommene Kunst, da sie ihr letztes Geheimnis nie preisgebe.[50] Es gibt nicht die eine letztgültige Interpretation eines Kunstwerks. Selbst wenn ein Künstler das Ziel hat, uns eine bestimmte Botschaft zu vermitteln – denn Kunst kommt schließlich auch von Künden –, was beim betrachtenden Publikum letztlich ankommt, mag etwas ganz anderes sein. Kunst steht also auch für Ambivalenz.

Es ist gerade dieses Selbstbewusstsein, Freiräume für Kreativität einzufordern und zu erweitern, sowie die Fähigkeit mit Ambivalenz umzugehen, die auch im Umgang mit digitalen Technologien unerlässlich sind. Die Kunsthistoriker Christian Sährend und Stehen Kittl beispielsweise suggerieren, »Kunst könne dabei helfen, das auszubilden, was Psychologen Ambiguitätstoleranz nennen – die Fähigkeit, Mehrdeutigkeiten, unlösbare Widersprüche und Ungewissheiten auszuhalten, nicht nur bei anderen, sondern auch bei sich selbst. Kunst hilft uns, eine differenziertere Gefühlskultur zu entwickeln.«[51] Alle haben dasselbe Bild gesehen, dieselbe Geschichte oder Musik gehört und doch nicht dasselbe aufgenommen.

Dabei gewinnt gerade die Abweichung von der Norm an Gewicht und erweist sich als äußerst produktiv: »You often get better results making ›errors‹, as when you aim slightly away from the target when shooting. Making some types of errors is the most rational thing to do, when the errors are of little cost, as they lead to discoveries«, schreibt der Autor Nassim Nicholas Taleb.[52] Kunst wurde daher auch einmal als Aufschließung anderen Wissens bezeichnet – eine schöne Metapher für eine komplexe Welt, in der es eben nicht nur den einen richtigen, sondern viele Wege des Seins gibt.

Doch Kunst hilft uns nicht nur durch eine komplexe Welt zu navigieren. Sie gibt uns auch das Selbstbewusstsein, einen Platz für den Menschen einzufordern, um seiner selbst willen. Denn umso kraftvoller, umso machtvoller die Technologie, desto wichtiger wird deren Komplementär – also wir, der Mensch. Technologie kann vieles, mehr noch, als wir bisher zu nutzen wissen. Aber ohne die Kreativität, den Antrieb und Mut, die Kontext- und Kommunikationskompetenz sowie die Empathie des Menschen wird die digitale Transformation kaum zur Blüte kommen.

Kunst kann uns dabei, die wir noch immer wie Betrunkene im Laternenschein suchen, die Richtung weisen, wie der französische Philosoph Jean-Luc Nancy schrieb:

> »Wir brauchen Kunst nicht nur, um die Bedeutung zu überschreiten, sondern um über alle Gegebenheiten hinauszugehen – seien es die technologischen oder natürlichen. Wir brauchen Kunst, um etwas schaffen zu können, das über alle Gegebenheiten – das heißt auch über alle Möglichkeiten – hinausgehen kann oder es zumindest versucht. Auch über das Mögliche hinaus.«[53]

Hier zeigt sich auch das komplementäre Element von Technologie – insbesondere Software – und Kunst. Während der Computer den Faden nur dort auslegen kann, wo das Denken bereits war, erlaubt uns die Kunst den Blick über das Mögliche, manchmal auch Unartikulierte, Unbewusste, hinaus. Während die Kunst uns lehrt, nach »irritierenden« Momenten – man möge dies auch als innovative

Momente bezeichnen – zu suchen, macht sich die Technologie als kraftvolles Werkzeug nützlich und schafft die unmittelbare Möglichkeit der Über- und Umsetzung. Software verleiht der Fantasie Flügel.

Freilich stellt sich natürlich in der Auseinandersetzung mit Kunst und Software die Frage, ob gerade hier der Trennstrich zwischen Mensch und Maschine, dem wir das Wort reden, so klar gezogen werden könne. Schließlich erzielen Kunstwerke, die durch KI erschaffen wurden, Rekordwerte bei Kunstversteigerungen. Und gibt es nicht auch Fortschritte in der »Artifical Creativity«? Wie groß ist der Unterschied hier noch zwischen den vermeintlich urmenschlichen Eigenschaften, kreativ zu sein, und den Fähigkeiten der Software? Auch das sind Fragen, mit denen wir uns in diesem Buch beschäftigen. An dieser Stelle seien nur zwei Merkmale künstlerischen Schaffens erwähnt, die nach wie vor und entgegen anderer Darstellungen die Trennlinie zwischen Mensch und Maschine zu ziehen vermögen.

Zum einen ist es unser Antrieb. Die französisch-amerikanische Künstlerin Louise Bourgeois beschrieb ihre Arbeit einst folgendermaßen: »Es ist kein Bild, das ich suche. Keine Idee. Es ist ein Gefühl, das man wieder hervorrufen will, ein Gefühl des Wollens, Gebens und Zerstörens.«[54] Technologie, so leistungsstark sie auch sein mag, verfügt weder über Intention noch Antrieb. Technologie hat keinen Mut, handelt nicht aus Verzweiflung, Begeisterung oder aus dem unbedingten Wunsch, etwas zu hinterlassen.

Zum anderen zeichnet sich Kunst häufig durch einen starken sozialen Aspekt aus. Marcel Duchamp, der Erfinder der Ready-made-Kunst, bezeichnete Kunst einst als Rendezvous.[55] Ein schöner Gedanke, der sowohl die Notwendigkeit der Begegnung von Menschen als auch deren Bereitschaft des Sich-berühren-lassens umfasst. Ein Rendezvous, ein schönes allemal, ist darüber hinaus eine Entdeckungsreise mit oft unbekanntem, aber doch erkenntnisreichen Ausgang. Es erinnert uns daran, dass wir noch weitere Sinne haben, die es uns ermöglichen, den ausgeleuchteten Bereich zu verlassen und uns »nach vorne zu tasten«. Auch ein Rendezvous beflügelt die Fantasie. Und wäre der Reiz nicht gleich dahin, würde man das Ende schon kennen?

Oder um es anders zu sagen: Wir glauben, die Zeit ist gekommen, ein wenig an der Uhr zu drehen und die Vorstellungskraft, die Fiktion, aus der Zukunft zurück in die Gegenwart zu holen. Science und Fiction – oder im weiteren Sinne Wissenschaft und Kunst – gehören zusammen. Es gilt, die Silicon-Valley-Ideologie einer verkürzten, deterministisch-mechanistisch geprägten Wissenschaft, die mittels Technologie eindeutige Antworten auf komplexe Probleme geben könne, als das zu entlarven, was sie ist: eine Pseudowissenschaft, die zwar populär aber kaum nachhaltig ist. Die Welt ist – wie wir Menschen – bunt, vielfältig und komplex. Und entgegen manch liebgewonnener Weisheiten wissen sich auch die vermeintlich harten Wissenschaften der einzigartig menschlichen Fähigkeiten zu bedienen, um sich der großen Fragestellungen unserer Zeit zu nähern. Intuition und Kreativität seien seine wichtigsten Werkzeuge, um neue Zugänge für die Untersuchung der Wirklichkeit zu schaffen, betonte der Physiknobelpreisträger des Jahres 2022, Anton Zeilinger, in einem Interview mit der *Zeit*. Zwar verlange die Naturwissenschaft nach Überprüfbarkeit. Aber ohne unsere Vorstellungskraft und den Entdeckergeist würden wir orientierungslos zurückbleiben.

Die Kreativität, Motivation, Vorstellungskraft und Lust, die Zukunft aktiv zu gestalten, kann Technologie im Allgemeinen und Software im Besonderen nicht ersetzen. Aber Software, die im Sinne der Augmented Intelligence gebaut ist, die es uns als Menschen also ermöglicht, Komplexität zu erschließen, und uns auf dieser Basis hilft, leichter und schneller Entscheidungen zu treffen, kann uns als Werkzeug dienen, den Weg nach vorne mit wohlbegründeter Zuversicht zu beschreiten. Warum der Mensch, nicht die Maschine, dabei im Mittelpunkt stehen muss, zeigt die Auseinandersetzung mit der Kunst.

Die Zukunft ist also nicht abgesagt, wie James Graham Ballard schreibt.[56] Sie ist der Ort, an dem wir leben und gedeihen werden, sofern wir uns unserer Autonomie und Innovationskraft versichern und Software dazu einzusetzen, neue Möglichkeitsräume zu eröffnen. Aber zunächst einmal gilt es, aufzuholen und den Anschluss an die Gegenwart zu finden. Dieses Buch soll dazu einen Beitrag leisten.

MIT AI ZUR KÜNSTLERGEMEINDE

MATHIAS DÖPFNER

Wir treffen Mathias Döpfner im 18. Stock des Axel-Springer-Hochhauses in Berlin. Der Blick auf die Stadt ist beeindruckend. An diesem lauen Sommerabend erstrahlt Berlin in einem goldenen Licht, das zum Träumen einlädt. Träumen wollen wir uns in dem Gespräch mit Mathias Döpfner auch hingeben, aber anderer Art: wie die Vision einer positiveren digitalen Zukunft aussehen könnte – nicht nur in dem berühmten Verlagshaus in Berlin, sondern auch in ganz Deutschland. Was Orangenschnitze und Opernhäuser damit zu tun haben, erfahren wir in diesem Gespräch.

Jan Hiesserich: Herr Döpfner, unsere erste Frage bezieht sich auf Sie als Person: Sie sind Manager, Verleger, Journalist, ausgebildeter Musikwissenschaftler und Kunstsammler. Sie sind also ein Wanderer zwischen den Welten. Inwiefern hat Sie das beeinflusst? Was kann der Manager Döpfner vom Musikwissenschaftler Döpfner lernen?

Mathias Döpfner: Ganz viel. Der offenkundige Blick darauf ist, dass mein Studium der Musikwissenschaften, Theaterwissenschaften und Germanistik eine völlige Zeitverschwendung war, denn für einen kaufmännisch orientierten Manager bringt das nichts. Es ist genau umgekehrt. Gerade beim Entwickeln einer Kreativfirma und Kreativbranche hat mir unglaublich geholfen, verschiedene Sprachen zu sprechen, also die Sensibilitäten von Kreativen nicht nur rational zu verstehen, sondern auch emotional zu empfinden. Die Codes verschiedener Welten zu kennen und mich insofern mit einer ganz anderen Sicherheit und Freiheit als Manager bewegen zu können. Dafür bin ich dankbar jeden Tag.

Ich glaube ohnehin, dass Künstler und Unternehmer viel mehr miteinander zu tun haben, als man gemeinhin annimmt: Beide sind Regelbrecher, Erfinder, Schöpfer. Ein Unternehmen zu gründen und weiterzuentwickeln hat auch in der Typologie erfolgreicher Verantwortung mehr mit dem Künstler zu tun, als man auf den ersten Blick denkt. Da gehört nicht nur dazu, dass man Kreativität und Mut hat, sondern, dass man auch eine gewisse, fast sture Haltung einnimmt, bestimmte Projekte zu verfolgen und sich nicht gleich vom ersten Widerstand abschrecken lässt. Es gehört auch eine gewisse Naivität dazu. Vielleicht auch eine Verspieltheit. Ironiker kann man da vielleicht noch sein, aber Zyniker bestimmt nicht. Ich sehe eine ganze Menge an Verwandtschaften. Entscheidend dabei ist, sich nie mit dem Erreichten zufriedenzugeben, sondern immer weiter zu wollen. Und das ist eine Eigenschaft, die Künstler und Unternehmer verbindet.

Jan Hiesserich: Jetzt würde man bei Unternehmern und Journalisten zunächst einmal an Planbarkeit und Faktentreue denken. Wie verträgt sich das mit Kreativität? Oder wenn ich Pablo Picasso einmal zitieren darf: »Der größte Feind der Kreativität ist der gesunde Menschenverstand.«

Mathias Döpfner: Ja, oder wie es unser Gründer Axel Springer gesagt hat: »Das Wort Realitäten bringt mich um.« Wenn man sich immer am Status quo orientiert, entsteht nichts Neues. Unsere Strategie erinnert eigentlich sehr stark an Jazzmusik. In anderen Worten: Auf der Basis eines Gerüsts, einer gewissen Berechenbarkeit, zu improvisieren und sich auf veränderte Umstände einzulassen. Nichts ist stupider als zu sagen, wir definieren einmal eine Strategie und ziehen die wie ein Mantra durch, was auch immer passiert. Das erfordert einerseits Beharrlichkeit, andererseits aber auch eine große Sensibilität und Flexibilität, auf veränderte Zeiten und Umstände zu reagieren.

Insofern ist das improvisatorische Element das Gegenteil des Plans. Businesspläne und Budgets werden entweder untererfüllt oder sie werden übertroffen. Es kommen Dinge dazwischen wie etwa ein Krieg oder eine Rezession, mit denen niemand gerechnet hat. Natürlich muss man irgendwo planen, um bestimmte Ziele zu definieren. Vielleicht auch, um eine gewisse Disziplin zu erzeugen. Aber wer den Plan zu wichtig nimmt, hat schon aufgehört, Unternehmer zu sein.

Jan Hiesserich: Sie befürworten explizit den Roboterjournalismus, und Sie haben auch gesagt, Axel Springer soll eine AI-First-Firma werden. Ich fand die Begründung spannend, denn Sie haben dabei suggeriert, dass dies den Journalisten erlaubt, sich auf ihre Kernkompetenzen zu konzentrieren. Das würde aber eigentlich bedeuten, dass Sie den höheren Wertbeitrag bei den Journalisten verorten. Warum haben Sie dann nicht gesagt, Axel Springer wird eine Human-First-Firma?

Paula Cipierre: Oder um es anders zu formulieren: Inwiefern ermöglicht der AI-First-Ansatz überhaupt erst den Human-First-Ansatz?

Mathias Döpfner: AI kann den Human-First-Ansatz nur verstärken. Das Prinzip Human-First hat für mich schon immer gegolten. People – Product – Profit, diese Reihenfolge ist ganz entscheidend. Zuerst kommen die richtigen Leute, die dann die entsprechenden Produkte bauen, woraus letztlich wirtschaftlicher Erfolg entsteht. Und da die Leute im Vordergrund stehen, haben wir auch immer den Ansatz der United Artists verfolgt.

Axel Springer versteht sich selbst als eine neue Form der United Artists. So hieß diese berühmte Filmfirma von Charlie Chaplin, mit der er das Hollywoodmonopol brechen wollte. Das hat natürlich einen disruptiven Ansatz, aber für mich auch eine metaphorische Komponente: United Artists heißt, wir sind zuerst Künstler, Individuen, Regelbrecher, durchaus auch Individualisten, vielleicht auch komplizierte, eigenwillige Persönlichkeiten, die eine erfolgreiche Firma anziehen, aushalten und weiterentwickeln muss. Auf der anderen Seite braucht es auch eine gewisse Form des Zusammengehörigkeitsgefühls. Denn wenn jeder nur sein eigenes Ding macht, entsteht kein großes Ganzes. Wenn man aber zusammenarbeitet, sich austauscht, sich inspiriert und zusammenhält, dann kann wirklich etwas Großes entstehen. Diese Grundphilosophie hat bei uns dazu geführt, dass die Menschen, die richtigen Menschen, das Allerwichtigste sind. Jetzt aber Computer, Bots oder AI gegen die Menschen, gegen die menschliche Intelligenz, zu stellen, halte ich für eine Banalisierung des Themas. Und ehrlich gesagt auch für eine völlig verpasste Chance. Die entscheidende Frage im Umgang mit AI ist doch die alte naheliegende: Dient die Maschine dem Menschen oder dient der Mensch der Maschine? Wenn der Mensch der Maschine dient, ist das eine Dystopie und so ziemlich das Schlimmste, was man sich vorstellen kann. Als Kulturoptimist glaube ich nicht, dass das passieren wird. Doch wir müssen daran arbeiten, dass die Maschine dem Menschen weiterhin dient.

Hier ist Bot-Journalismus ein kleines, aber ganz wunderbares Beispiel. Es gibt Dinge, die wird ein Journalist, ein Mensch immer besser können als ein Computer, davon bin ich fest überzeugt. Das hat viel mit Intuition, zwischenmenschlichem Gespür und Erlebnissen zu tun. Und auch mit persönlichen Meinungen und Kommentaren. Bei datengetriebenen und quantitativen Themen kann Bot-Journalismus unglaublich helfen: bei der schnellen Auswertung von Wahlergebnissen beispielsweise. Wenn Bots bestimmte Datenpunkte erfassen können und diese dann tatsächlich in einer differenzierten und kalibrierbaren Sprache zusammenfassen, dann habe ich in der Redaktion am Ende viel mehr Möglichkeiten.

Paula Cipierre: Ich könnte mir aber trotzdem vorstellen, dass der Begriff des Roboterjournalismus auch Ängste und Befürchtungen bei den Mitarbeiterinnen und Mitarbeitern ausgelöst hat. Vielleicht hat der Übergang zum Bot-Journalismus auch ein Umdenken bedingt?

Mathias Döpfner: Das ist absolut richtig. Das hat es getan und das tut es bis heute noch. Es gibt nach wie vor viele Vorbehalte. Aber ich denke, das ist ein ganz falsches Bild. Erstens wollen wir erfolgreiche Produkte bauen, die wirtschaftlichen Erfolg schaffen und die uns dann wiederum die Möglichkeit geben, Arbeitsplätze zu erhalten oder auch Arbeitsplätze zu schaffen. Zweitens muss man dieses Konkurrenzbild aus dem Weg räumen, das das eine gegen das andere ausspielt. Es ist ein kultureller Prozess, und man muss den Mitarbeiterinnen und Mitarbeitern ihre Ängste nehmen. Das kann man aber nur, wenn man konkrete Erfahrungen schafft.

Das bringt uns zu einer ganz fundamentalen Herausforderung für das moderne Verlagshaus: wie wir kreative und technologische Kompetenz auf eine ganz andere Art und Weise versöhnen und verbinden, als das früher notwendig war. In einem analogen Medienhaus gab es eine Redaktion, die hat ein kreatives Produkt entworfen. Das hat sie dann über die Mauer in eine Herstellungsabteilung geworfen, wo dieses Produkt hergestellt, also gedruckt worden ist. Und die hat es wieder über die Mauer geworfen in eine Distributionsabteilung, die das Produkt zugestellt, also zum Abonnenten in den Briefkasten oder an den Kiosk gebracht hat. Das waren damals drei völlig getrennte Bereiche. Heute ist das alles in einem Raum, oft sogar in einem Kopf, weil das richtige Produkt nur innovativ entwickelt und kreativ gedacht werden kann, wenn man die besten technologischen Möglichkeiten dazu kennt und integriert.

Die Herstellung ist heute direkt mit dem kreativen Prozess verbunden und auch nicht mehr davon abzukoppeln. Würde eine Redaktion heute Entwicklern irgendetwas hinlegen und sagen, »Setzt das mal um!«, garantiere ich, dass das Produkt nicht halb so gut wird, wie wenn es gemeinsam erstellt wird. Der Vertrieb ist ebenfalls integrierter Teil dieses Prozesses. Das ist nicht mehr etwas, was sukzessive danach kommt. All das muss gleichzeitig gedacht, entwickelt und weiterentwickelt werden. Deswegen haben Developer heute eine völlig andere Rolle in Medienunternehmen. Ich habe schon gescherzt, dass wir unseren Journalistenclub in Journalisten- & Developerclub umbenennen müssten, einfach um klarzumachen, dass sich die Hierarchie geändert hat. Früher war die Hierarchie so, dass die Journalisten bei uns das Wichtigste waren. Jetzt sind Developer genauso wichtig und kreativ. Und das eine geht nur mit dem anderen.

Jan Hiesserich: In vielen Unternehmen gilt nach wie vor das Mantra: »Was man nicht messen kann, kann man nicht managen.« Aber ein Grundaspekt kreativen Schaffens ist doch gerade die Mehrdeutigkeit, die Ambivalenz, die den Betrachter dazu anregt, sich seine eigenen Gedanken zu machen. Wie lässt sich beides miteinander verbinden?

Mathias Döpfner: Ich halte den Satz für falsch. Das ist so, als würde ich Bildung oder Produktqualität auf Mathe reduzieren. Doch das ist weniger als die Hälfte des Möglichen, denn es gibt noch Deutsch und in Deutsch kann ich nicht so einfach messen, ob ein Aufsatz gut oder schlecht ist. Da spielt das Subjektive eine Rolle, das Intuitive und das Irrationale. Und so ist es in unserem Gewerbe in extremer Form auch. Wenn ich als Medienunternehmen, als Kreativunternehmen, sagen würde, »Was ich nicht messen kann, kann ich nicht managen«, sollte ich aufhören zu managen, weil ich dann das Entscheidende, das bei mir den Erfolg produziert, niemals zulassen werde.

Insofern macht gerade die Subjektivität und die damit verbundene Intuition, die gute Chefredakteurin und den guten Chefredakteur aus. »Mich berührt das, und deswegen glaube ich, dass es auch Leserinnen und Leser berühren wird.« Wenn sich das jemand nicht mehr traut oder das gleich der Marketingabteilung übergibt und sagt, »Mach mal Marktforschung«, oder auch den Bots, »Macht mal A&B-Testing, was der Leser will«, dann verlieren wir. Dann werden wir keine herausragenden, charismatischen Angebote mehr schaffen. Insofern, wie bei einem großen Kunstwerk, spielen Ambivalenz, Uneindeutigkeit, Nicht-Messbares eine große Rolle. Letztlich sind sie die Voraussetzung für messbaren Erfolg, denn der letztendlich entstandene Ertrag lässt sich messen.

Jan Hiesserich: Also der Mathematiker, um bei dem Beispiel zu bleiben, würde sagen 1+1=2 und der Künstler würde vielleicht sagen 1+1=11. Wäre das dann nicht ein alternativer Fakt?

Mathias Döpfner: Ja, in der Form wäre es ein alternativer Fakt. Das ist journalistisch problematisch, und das kann auch nicht der Künstler entscheiden. Der Künstler kann sagen: »Lass uns doch einmal auf 1 und 1 gucken als wären es 11.« Das ist ein kreativer, künstlerischer Gedanke. Aber er kann nicht infrage stellen, dass es ein Gesetz ist, dass 1+1=2 richtig ist. Das ist die Grenze zwischen alternativen Fakten und künstlerischer Kreativität. Ich bin sehr für den unkonventionellen Blick, für die Kreativität. Kreativität ist, in offenkundigen Dingen etwas zu sehen, das andere nicht sehen. Ein Beispiel, das mir immer in den Sinn kommt, ist die Oper von Sydney, deren Form angeblich entstanden ist – und wenn nicht, ist es jedenfalls eine gute Anekdote –, als der Architekt mit seinem Entwurf nicht weiterwusste und dann in einer Pause eine Orange geschält, ein bisschen mit den Orangenschnitzen gespielt und geguckt hat, ob sie sich hintereinander aufreihen lassen. Dabei hat er gesehen, dass es von der Skulptur her eigentlich eine Fassade sein könnte. Und so entstand die ikonografische Fassade des legendären Opernhauses. Weil der Architekt in Orangenschnitzen ein Gebäude sah. Ein

Nicht-Kreativer würde in Orangenschnitzen nur Orangenschnitze sehen. Doch der Architekt sah darin die skulpturalste Oper der Welt. Das ist ein wunderbares Beispiel für Kreativität. Wenn ich das jetzt direkt auf journalistische Standards beziehe und sage: »Der eine Journalist sagt, Trump hat die Wahl gewonnen, weil der Präsident, den er gewählt hat, es so haben will«, dann wird es problematisch. Und da müssen wir Journalisten wirklich sehr genau sein: Bei aller Kreativität, die Verlässlichkeit, die Verbindlichkeit der Fakten ist überhaupt erst die Grundlage der Demokratie. Wenn ich nicht mehr auf einer verlässlichen Faktenbasis Diskussionen mit unterschiedlichen Meinungen führe, weiß ich am Ende gar nicht mehr, worüber ich streiten kann, und auch nicht, auf welchen Kompromiss ich mich einigen könnte. So wird man niemals zu guten Entscheidungen kommen. Die Grundlage für Entscheidungen sind verlässliche Informationen basierend auf verlässlichen Fakten. Dabei kann man sich täuschen, falsch liegen, Fehler machen, sich dafür entschuldigen, aber verbindliche Faktizität muss erstmal der Anspruch sein.

Paula Cipierre: Das Beispiel mit der Orange wirft eigentlich eine ganz spannende Frage auf. Denn auch Computer können, unter anderem anhand von maschinellem Lernen, gewisse Assoziationen bilden und interessante neue Verbindungen aufwerfen, basierend auf dem, was sie »gelernt« haben. Würden Sie sagen, dass ein Computer dann auch kreativ sein kann?

Mathias Döpfner: Das ist eine offene Frage. Ich habe darauf noch keine abschließende Antwort. Emotionen können basierend auf mosaikartigen Erfahrungswerten von Computern ganz wunderbar simuliert werden. Gefühl und Intuition basieren letztlich doch nur auf mosaikartigen Erfahrungen. Der französische Dramaturg Henry Bernstein nannte Intuition sinnbildlich die schnelle Intelligenz. Anstatt langsam zu analysieren, setzen wir in Bruchsekunden ganz viele Erfahrungsbausteine zusammensetzen: »Den mag ich nicht. Die ist nicht integer. Das fühlt sich nicht gut an. Das ist jetzt gefährlich.« Dem liegen immer auch Erfahrungen zugrunde, weil man vielleicht hundert Mal ähnliche Situationen erlebt hat und weiß, warum es jetzt vielleicht gefährlich werden könnte. Und so könnte das auch mit der Intuition oder Emotion von AI werden. Insofern habe ich auf diese Frage keine letztgültige Antwort.

Jan Hiesserich: Um bei dem Thema Kreativität zu bleiben: Sie spielen selbst Jazz.

Mathias Döpfner: Aber nur unter Ausschluss der Öffentlichkeit [lacht].

Jan Hiesserich: Es gibt eine KI, den sogenannten Continuator, der Jazzspieler unterstützt und gewisse Passagen eigenständig weiterspielt. Würden Sie das als Kunst bezeichnen?

Mathias Döpfner: Ich kenne den Continuator nicht, aber glaube, dass das, was er tut, wenn ich das richtig verstanden habe, noch keine Kunst ist. Das, was im Zusammenspiel mit Menschen in der sozialen Interaktion entsteht, kann durchaus Kunst beziehungsweise ein sehr spannendes Experiment werden. Als der Synthesizer erfunden wurde, haben die Menschen auch gesagt: »Das ist doch keine Kunst, das ist doch keine Musik. Das klingt zwar wie ein Geigenorchester, ist aber keins. Das ist furchtbar.« Mittlerweile sehen wir das völlig anders, dass eigentlich eine völlig neue musikalische Ästhetik entsteht. So ist es auch hiermit. Das Entscheidende entsteht in der sozialen Interaktion.

Jan Hiesserich: Viele Künstler, von George Orwell bis Jackson Pollock, begreifen Kunst auch als sozialen Akt. Es geht nicht im ersten Moment darum, was der Künstler alleine denkt. Er teilt sich mit, er will sich mitteilen und natürlich auch eine Reaktion erzeugen. Dabei tritt er mit seinem Publikum in eine Verhandlung ein. Gefühle zu simulieren, ist die eine Sache. Aber kann ein Computer empathisch sein? Kann eine Maschine in soziale Verhandlungen einsteigen? Wenn das ein Grundaspekt der Kunst ist, ist das etwas, was auch eine Maschine kann?

Mathias Döpfner: Ich weiß, worauf Sie hinauswollen. Aber ich tue mich schwer, mir diese These zu eigen zu machen, weil keiner weiß, was Maschinen nicht vielleicht eines Tages doch können. Maschinen können Menschen niemals ersetzen. Ich schließe aber nicht aus, dass Maschinen Menschen eines Tages dominieren. Es ist eine zivilisatorische Grundaufgabe, alles zu tun, um das zu verhindern.

Was Kunstwerke betrifft, den sozialen Akt: Was ein Künstler will, ist völlig irrelevant. Wie es auch völlig irrelevant ist, ob ein Künstler ein guter oder ein schlechter Mensch ist. Das Kunstwerk ist autonom, und das Kunstwerk, das die Künstlerin schafft, aus welchem Ingenium auch immer heraus, ob aus Zufall, aus Fleiß, aus göttlicher Inspiration, dieses Werk steht für sich und löst in den Betrachtern etwas aus, das sehr unterschiedlich sein kann. Und deswegen ist das verlässlichste Kriterium zu erkennen, dass ich es nicht mit einem Kunstwerk zu tun habe, die Eindeutigkeit.

Deswegen fand ich das Stichwort »Ambivalenz« so gut. Ein Kunstwerk, das eindeutig ist, eine eindeutige politische Botschaft sendet oder eindeutig sagt: »Das will ich bei dir erreichen«, ist kein Kunstwerk. Das ist Agitprop. Oder PR. Oder ein politischer Leitartikel. Aber kein Kunstwerk. Ein Kunstwerk hat immer verschiedene Bedeutungsebenen, hat immer verschiedene Wahrnehmungen in den Augen der Betrachter und lässt insofern verschiedene Wahrheiten zu. Und schillert und oszilliert vielleicht in seiner Wirkung. Es gibt Kunstwerke, die schon vor einigen hunderten Jahren geschaffen worden sind und uns dennoch heute noch unglaublich viel geben. Das ist nur über diese Ambivalenz und über dieses Oszillieren denkbar.

Ob das dann jetzt der Computer kann? Meine Hypothese zum jetzigen Stand der Dinge ist, dass Kunst das »Last Resort« ist. Vielleicht ist das noch unerreichbarer als das menschliche Gefühl zu simulieren. Und doch sind wir auf dem Weg dahin. Im August 2022 gewann ein durch AI entstandenes Bild von Jason Allen bei einem Kunstwettbewerb in Colorado.

Diese künstlerische Ambivalenz, die uns berührt, die uns etwas sagt – vielleicht ist das wirklich die letzte Instanz des Unersetzlichen, Unerklärlichen. E.T.A. Hoffmann hat sinngemäß gesagt: »Musik ist die höchste aller Künste, weil sie ihr letztes Geheimnis nie preisgibt.« Und ich glaube, vielleicht gilt das generell für die Kunst: Dass sie ihr letztes Geheimnis nie preisgibt. Und deswegen kann sie auch kein Algorithmus entschlüsseln.

Paula Cipierre: Das erinnert mich an den berühmten Aufsatz von Susan Sontag, »Gegen Interpretation«, in dem sie sagt: »Statt einer Hermeneutik brauchen wir eine Erotik der Kunst.«

Mathias Döpfner: Genau. Denken wir an diesen alten Spießersatz: »Was will uns der Künstler damit sagen?« Wenn ich eindeutig beantworten kann, was der Künstler mir damit sagen will, dann ist es keine Kunst mehr und im Übrigen will ich auch gar nicht wissen, was mir der Künstler mit einem Kunstwerk sagen will. Das Einzige, was ich herausfinden will, ist: »Was sagt mir das Kunstwerk?«

Paula Cipierre: Sie haben gerade ein spannendes Thema angesprochen, mit dem wir uns natürlich auch viel in unserer Firma auseinandersetzen, nämlich die gesellschaftlichen Auswirkungen von Software. Denn oftmals spielt sich der öffentliche Diskurs an zwei gegensätzlichen Polen ab: dem Techno-Utopismus einerseits und der großen Dystopie andererseits. Wann haben Sie angefangen, sich näher mit der Frage auseinanderzusetzen, welche gesellschaftlichen Auswirkungen Software hat, sowohl auf den Journalismus, aber auch darüber hinaus?

Mathias Döpfner: Ich habe mich in zwei Stufen damit auseinandergesetzt. Sehr früh, als ich mich gefragt habe, was Digitalisierung mit dem Journalismus macht. Und da war mir schon Mitte der 90er Jahre klar, dass hier eine grundlegende Veränderung beginnt, die man nur umarmen und gestalten, aber unter keinen Umständen verhindern kann. Ich bin heute davon überzeugt, der Journalismus wird besser, der digitale Journalismus wird viel besser als analoger Journalismus jemals war. Insofern hat hier Technologie eindeutig geholfen.

Die zweite Stufe, die zu einer vertieften Auseinandersetzung mit dem Thema führte, was der Algorithmus, was die Technologie mit dem Journalismus, mit unserer Gesellschaft, macht, war die Auseinandersetzung mit den immer größer werdenden Plattformen. Am Anfang fanden wir Google und Facebook alle ganz toll, bis wir plötzlich gemerkt haben, dass daraus potenziell immens missbräuchliche Monster entstehen können, die sich über den Konsumenten, den Menschen, das Individuum erheben und einen Überwachungskapitalismus ermöglichen.

Paula Cipierre: Würden Sie für uns eine Prognose wagen?

Mathias Döpfner: Ich bin kein Kulturpessimist und denke daher, dass es dazu im Endeffekt nicht kommen wird. Zudem sehe ich im Moment viele positive Entwicklungen. Die immer stärker werdenden Gegenwinde gegenüber den Plattformen führen auch zu immer stärker werdendem Rückenwind für die Kreativindustrie, also für Musik, für Film, für Journalismus.

Aber: Es ist noch nicht entschieden. Es wird stark davon abhängen, wie Gesellschaft und Politik mit diesen Supermonopolen umgehen, die alles, was wir bisher kannten, übertreffen. Und wie sie ihnen Grenzen setzen. Diese führen wiederum zu Wettbewerbskonditionen, die Anreize schaffen, dass viele neue Startups und Unternehmen entstehen. Und schlussendlich dann das entsteht, was Wahrheit und Demokratie am meisten sichert und stabilisiert, nämlich: Wettbewerb und Vielfalt.

Das Einzige, was nicht missbraucht werden kann, ist Wettbewerb und Vielfalt. Wenn möglichst viele mit möglichst unterschiedlichen Ideen, unterschiedlichen Herangehensweisen, unterschiedlichen Sichtweisen im Wettbewerb stehen, um das beste Angebot zu machen oder die meisten Leser anzuziehen, dann kann kein Missbrauch entstehen. Und das ist das Wunderbare am Kartellsystem. Peter Thiel sagt in seinem Buch *Zero to One*, dass Wettbewerb etwas für Verlierer ist, Monopole etwas für Sieger. Da entgegne ich: Es ist genau umgekehrt. Ich will nicht sagen, jeder kann ein Monopol bauen. Das sicher nicht. Aber, wenn man einmal ein Monopol hat, gehört nicht mehr sehr viel dazu, um davon zu profitieren. Im Wettbewerb der Smartere zu sein, das ist es doch, was für Sieger eigentlich zählt.

Jan Hiesserich: Sie betonen die Vielfalt. Doch letztlich besteht doch das Paradox, dass wir uns mit der Digitalisierung einerseits immer ähnlicher, aber andererseits auch immer ferner geworden sind. Das scheint ein demokratiegefährdendes Phänomen zu sein.

Mathias Döpfner: Ja, da ist viel dran ist. Selbst in der Polarisierung der Gesellschaft, die eindeutig stattfindet und die durch soziale Medien wahnsinnig befördert worden ist, kann man sagen, dass es zumindest innerhalb der Pole immer uniformer wird. Da gibt es immer weniger Spielraum für Abweichungen. Vor allem wird es immer schwieriger, einen gemeinsamen Mittelweg zu finden, in dem die beiden polarisierten Extreme miteinander reden und vielleicht sagen: »I agree to disagree« – das, was für mich immer Demokratie ausgemacht hat. Wir sind unterschiedlicher Meinung, aber trotzdem verstehen wir uns. Das findet immer weniger statt und ist ein bedrohliches Phänomen.

Jan Hiesserich: Grundsätzlich, wenn ich an Deutschland denke, reden wir bereits seit Jahrzehnten über Digitalisierung, treten aber an vielen Punkten nach wie vor auf der Stelle. Woran liegt das? Verstehen wir Technologie falsch? Oder setzen wir an den falschen Punkten an?

Mathias Döpfner: Das ist meiner Meinung nach tief in der Mentalität der Deutschen und vielleicht auch der Europäer verwurzelt, die viel risikoaverser sind als die Amerikaner. Wer in Amerika ein Start-up gegründet hat und gescheitert ist, ist nicht »out of business«, sondern hat wertvolle Erfahrungen gesammelt und daraus viel gelernt. In Deutschland wird man hingegen, in manchen Kreisen zumindest, wegen eines einmaligen Misserfolgs diskreditiert und bekommt keine zweite Chance. Es ist vielleicht generell in der Risikoaversion angelegt, dass man kleiner denkt, weniger weit zielt und deswegen kürzer springt.

Vielleicht liegt es aber auch ein bisschen an mangelnder Ambition, und das ist jetzt spezifisch auf Deutschland bezogen: Wir haben in vielen Bereichen die Lust an der absoluten Exzellenz, am Siegen, am Gewinnen verloren. Aber auch hier sollte man die Hoffnung nicht aufgeben. Vor allem in Berlin entstehen trotz beklagenswerter politischer Governance viele gute Ideen und Start-ups.

Jan Hiesserich: Um nochmal auf diesen Gedanken der Kreativität zurückzukommen: Kreativität, um Erich Fromm zu zitieren, erfordert auch, Sicherheiten loszulassen. Womit wir uns offenkundig schwertun. Ist das vielleicht einer der Gründe, aus denen wir so eine große Hoffnung in AI setzen, also der Technologie so viel und uns so wenig zutrauen und uns damit ein stückweit hinter der Technologie verstecken?

Mathias Döpfner: Zu Kreativität gehört die Fähigkeit, Sicherheiten loszulassen. Wer wirklich sicher ist, weil er intrinsisch motiviert ist oder weil er ein klares Ziel vor Augen hat oder weil er eine spielerische Unbekümmertheit hat, der lässt Sicherheiten los und kommt auf viel kreativere Lösungen als der angstgetriebene Mensch. Das hat wieder mit der Risikoaversion der Deutschen zu tun. Dass wir generell der Technologie mehr zutrauen als uns, würde ich nicht sagen. In Deutschland sehe ich sogar eine gewisse Technologieskepsis. Vieles, was mit neuer Technologie zu tun hat, wird eher verteufelt. Selbstfahrende Autos: »Da könnten Unfälle passieren.« Die Technologieskepsis ist schon groß. Wobei ich die Frage »Wann wird vollautomatisiertes Fahren erlaubt?« weniger spannend finde als die Frage »Wann wird Menschen das Fahren von Autos verboten?«. Schließlich ist es statistisch bewiesen, dass Technologie das besser kann.

Jan Hiesserich: Am meisten hat man Angst vor Dingen, die man nicht kennt. Was vielleicht auch etwas darüber aussagt, wie der allgemeine Wissensstand der Bevölkerung bei dem Thema Digitalisierung ist. Was bedeutet das für unsere Bildung?

Paula Cipierre: Oder, um das noch etwas anders zu formulieren, was bedeutet es, gut auf Digitalisierung vorbereitet zu sein? Weil es, glaube ich, einerseits das Bestreben gibt, dass alle Programmierer werden sollten, andererseits, und da sehen wir uns auch eher, der Gedanke wichtiger wird, dass digitale Kompetenz nicht nur aus Programmieren besteht, sondern auch aus einem gewissen kulturellen Verständnis, der Kontextkompetenz.

Mathias Döpfner: Da stimme ich vollkommen zu. Ich bin gar kein Freund der These, dass jeder Programmierer werden muss. Viel spannender finde ich es, die Spezialisten miteinander kommunizieren und gut miteinander sprechen zu lassen. Das bringt uns wieder zu der Ausgangsfrage zurück: Wie der Musikwissenschaftler mit dem Manager zusammenpasst. Ich sagte in dem Zusammenhang, dass es wichtig ist, verschiedene Sprachen und Sprachcodes zu verstehen. Ich muss als Journalist die Sprache der Developer verstehen. Ich muss als Journalist aber nicht coden können. Ich muss als Developer die Sensibilitäten und Sprache der Journalisten verstehen. Ich muss als Developer aber nicht Artikel schreiben können.

Jan Hiesserich: Da rückt insofern auch die Bedeutung des sozialen Aktes wieder in den Vordergrund.

Paula Cipierre: Eine letzte Frage, um auch noch einmal auf das Konzept der United Artists zurückzukommen: Wie fördern Sie denn einerseits die Vielfalt, andererseits den Zusammenhalt im Unternehmen, also genau diesen kreativen Austausch zwischen Spezialisten verschiedener Disziplinen?

Mathias Döpfner: Ich möchte betonen, dass ich jetzt den idealen Anspruch und nicht die Realität beschreibe. Sonst denken Sie, der beschreibt das perfekte Unternehmen! Das gibt es aber nicht. Bei uns auch nicht. Viel hat damit zu tun, dass Freiheit für uns bei Axel Springer als Wert über allem anderen steht. Unsere Mission ist »We empower free decisions«. Und das heißt »We empower freedom« in der Gesellschaft und natürlich auch ganz konkret bei uns im Unternehmen. Wir etablieren eine Firmenkultur der maximalen Freiheit. Das hat mit Freiheit der Lebensformen zu tun, was sexuelle Orientierung, religiöse Zugehörigkeit, politische Überzeugungen, soziale Lebensformen betrifft. Das hat aber auch mit der Freiheit zu tun, neue Dinge im Job auszuprobieren. Dinge zu sagen, die anderen vielleicht nicht gefallen. Wenn man einerseits diesen gemeinsamen Wert hat, andererseits aber viele individuelle Freiräume gibt und damit ein Klima der Angstfreiheit schafft, dann kann diese Kreativität, diese Innovation entstehen. Und irgendwas muss uns gelungen sein, ansonsten hätten wir uns in 20 Jahren nicht vom deutschen Zeitungsverlag zum internationalen Digitalverlag entwickelt, der statt 9000 Leute heute mehr als 17500 Leute beschäftigt. Aber ich sage auch ganz klar: Da ist noch viel Raum für Verbesserung: Der Zustand der Zufriedenheit ist schon der Anfang vom Ende. Wir dürfen nie zufrieden sein, und wir lernen jeden Tag, wie wir noch viel mehr Freiräume, Freiheiten geben, wie wir noch viel mehr Leute überzeugen, dass sie diese Freiheiten haben und nutzen können. Dann kann dieses Leitbild der United Artists Realität werden. Am wichtigsten ist, eine Balance aus Gemeinsamkeit und Individualismus immer wieder neu zu definieren und neu zu kalibrieren. Dieser Prozess ist nie zu Ende, nie gelungen, man hat es nie geschafft. Aber wie gesagt: Zufriedenheit ist der Anfang vom Ende.

Jan Hiesserich: Herr Döpfner, vielen Dank für das Gespräch.

AUF DIE PERSPEKTIVE KOMMT ES AN

ALEXANDER PRETSCHNER

Wir treffen Alexander Pretschner in unserem Büro in München. Ein Feueralarm hat gerade alle Beschäftigten aus dem Gebäude gescheucht. Eine seltene Gelegenheit, am Sammelplatz auch mit jenen Menschen aus dem Gebäude ins Gespräch zu kommen, die man vielleicht mal grüßt, aber ansonsten kaum spricht.

Auch mit Alexander diskutieren wir, wie man mit Menschen aus verschiedenen Disziplinen leichter in Kontakt kommt. Denn worin wir uns alle einig sind, ist, dass digitale Bildung nur mit einem interdisziplinären Ansatz gelingt. Wie uns die Kunst dabei helfen kann, andere Perspektiven einzunehmen, besprechen wir in diesem lebhaften Gespräch. Weil wir uns alle schon mehrere Jahre kennen, duzen wir uns.

Jan Hiesserich: Alexander, du bist Professor für Softwareengineering an der TU München. Was ist denn überhaupt Softwareengineering? Was unterrichtest du?

Alex Pretschner: [lacht] Dafür müsste man zunächst einmal definieren, was Software ist. Software besteht aus Daten, Kommunikations- und Berechnungsvorschriften, die man auf eine bestimmte Art und Weise zusammenbringt. Und Softwareengineering kümmert sich darum, wie man das macht und wie man das gut macht, und was »gut« in diesem Zusammenhang eigentlich bedeutet.

Jan Hiesserich: Software ist allgegenwärtig und kann für viele verschiedene Zwecke eingesetzt werden. Ist Software vor diesem Hintergrund »nur« ein Werkzeug? Ist Software dem Programmierer dasselbe wie ein Hammer dem Handwerker?

Alex Pretschner: Nein, weil es verschiedene Perspektiven gibt, die man dabei berücksichtigen muss. Aus Perspektive des Nutzers ist Software hoffentlich so etwas wie ein guter Hammer. Aus Perspektive des Programmierers aber, der den Hammer schafft, ist Software etwas völlig anderes. Für den Programmierer ist Software einfach das Objekt seines Tuns.

Jan Hiesserich: Aber die eine Perspektive existiert doch nicht unabhängig von der anderen. Baut der Softwareentwickler die Software nicht mit den Bedürfnissen des Nutzers im Blick?

Alex Pretschner: [lacht] Ja, hoffentlich! Trotzdem ist für mich als Softwareingenieur Software nicht primär ein Werkzeug, sondern das Objekt, das ich schaffe.

Paula Cipierre: Software schafft Möglichkeitsräume. Oder wie es in dem Forschungsbereich Science, Technology und Society (STS) heißt, »affordances«. Natürlich schafft auch ein Hammer Möglichkeitsräume. Ich könnte damit ein Haus bauen. Ich könnte damit aber auch Jan den Kopf einschlagen.

Jan Hiesserich: [lacht] The truth comes out!

Paula Cipierre: [lacht] Ich hätte mit dem Hammer zumindest die Option. Aber die Möglichkeitsräume, die Software schafft, sind meiner Meinung nach viel größer. Ich zumindest empfinde ein Störgefühl dabei, Software mit einem Hammer zu vergleichen.

Alex Pretschner: Ja, weil Software ein Überbegriff ist. Software ist damit eher vergleichbar mit dem Begriff »Werkzeug«. Wenn du jetzt aber ein bestimmtes Softwaresystem hast wie beispielsweise das, welches gerade unser Gespräch aufzeichnet, dann ist das vielleicht vergleichbar mit einem Hammer. Software hingegen ist die Menge aller möglichen Softwareprogramme. Die Einsatzbereiche von Software sind dabei fast grenzenlos.

Jan Hiesserich: Dabei war ich früher aber doch noch mehr an Ressourcen gebunden. Heute hingegen kostet Software de facto nichts. Wenn der Preis für die Cloud-Nutzung innerhalb von 10 Jahren um 98 Prozent fällt, dann bedeutet das doch auch, dass der Preis des Risikos fällt, sich Software als Tool zu eigen zu machen, weil ich nicht mehr so sehr in Vorleistung gehen muss. Bedeutet das nicht, dass selbst die Kategorie Werkzeug eigentlich nicht mehr zutrifft?

Alex Pretschner: Das kommt wieder auf die Perspektive an. Aus Perspektive des Programmierers ist nichts falscher als die Aussage, dass Software nichts kostet. Man muss die Software schließlich bauen, man muss die Software prüfen, man muss die Software warten und weiterentwickeln, und man muss die Software betreiben. Und dann muss irgendjemand die Software auch noch nutzen. Aus der Perspektive des Nutzers hingegen ist es richtig.

Paula Cipierre: Unser CEO, Dr. Alex Karp, beschreibt Palantir gerne als eine »colony of artists«. Ist Softwareengineering eine Wissenschaft oder eine Kunst?

Alex Pretschner: Softwareengineering ist für mich als Wissenschaftler eine Wissenschaft. Nämlich die Wissenschaft zu verstehen, was »gute« Software ausmacht und diese Erkenntnisse in die Entwicklung wieder einfließen zu lassen. Was ist »vertraulich«? Was ist »anonym«? Was ist »performant«? Was ist »wartbar«? Was ist »testbar«? Das sind alles Fragen, mit denen ich mich am Lehrstuhl für Softwareengineering auseinandersetze. Schließlich geht es in der Wissenschaft doch letztlich darum, Zusammenhänge zu verstehen, Kausalitäten zu verstehen, Einflussfaktoren zu verstehen und aus dem daraus entstehenden Wissen Erkenntnisse zu gewinnen. Wenn mir dann jemand sagt, Softwareengineering sei keine Wissenschaft, sondern eine Kunst, dann ist gerade das vielleicht der Grund, warum es gut ist, dass es Softwareengineering als Disziplin auch an Universitäten gibt! Andererseits ist Softwareengineering in der Praxis natürlich ein Handwerk.

Und natürlich wirft das im Gegenzug die Frage auf: Was ist Kunst? Ihr solltet in dem Fall wohl besser die Philosophen fragen, aber für mich besteht Kunst im Wesentlichen aus drei Elementen: Können, Künden und Schönheit. Zunächst einmal zum Element Können, oder mechanische Kunst, beispielsweise die Virtuosität, mit der wir ein Instrument spielen, oder in der darstellenden Kunst der goldene Schnitt. Unter Können verstehe ich also das praktische Handwerk. Das gibt es in der Software natürlich auch, weswegen ich Können auch mit meinem eigenen Fach, dem Softwareengineering, assoziiere.

Das zweite Element ist Künden: Was ist die Botschaft eines Kunstwerks? Welche Message soll beim Betrachter ankommen, welche Gefühle hervorgerufen werden? Ich denke dabei zum Beispiel an Picassos Guernica. Ich will damit nicht sagen, dass jeder Künstler unbedingt künden will. Beim Publikum kommt auch nicht immer zwangsläufig dieselbe Botschaft an. Ich glaube aber schon, dass jeder Künstler mit seinem Kunstwerk etwas kommuniziert. Das ist bei Software nicht unbedingt so.

Zu guter Letzt gibt es dann noch das Element Schönheit, oder ästhetische Kunst. Auch da scheiden sich in der Kunst die Geister. Was schön ist oder nicht, liegt letztlich im Auge des Betrachters. Kunst kann Emotionen hervorrufen wie für mich und viele andere die Musik von Bach und Mendelssohn oder sogar das monochromatische Blau von Yves Klein. Oder Landschaften. In Seattle gibt es eine wundervolle Inschrift vom Erbauer des Parks, einem Olmstedt, dem Sohn des Landschaftsarchitekten des Central Parks in New York. Er soll gesagt haben, dass er nur eine Sache kenne, die so sei wie die Musik, und das seien eben Landschaften. Mir fällt in dem Zusammenhang auch Magritte ein, bei dem ich die

Schönheit der Bilder darin sehe, dass sie zum Nachdenken anregen, weil immer irgendetwas mit seinen Bildern nicht stimmt. Das würde ich als eine intellektualisierte Schönheit bezeichnen. Oder auch Haikus als Meisterschaft der verbalen Abstraktion. Es gibt auch noch ganz andere Ästhetiken, etwa das Empfinden der Poesie eines Moments oder die Eleganz eines Arguments, einer Antwort, gar einer Frechheit. Aber schön kann auch die Software sein. Es gibt wunderschöne Algorithmen, sogenannte »programming pearls«. Es gibt auch schöne Software mit eleganter, zweckmäßiger Architektur. Und es gibt Software, die Spaß macht, wie das iPhone.

Was es in der Kunst allerdings wohl nicht so gibt, im Softwareengineering hingegen schon, sind Tradeoffs. Was schön ist, ist gegebenenfalls langsam. Was schön ist, ist möglicherweise nicht adäquat. Was schön ist, dauert eventuell in der Entwicklung zu lange. Tradeoffs sind vielleicht also eher das Geschäft von Ingenieuren, nicht von Künstlern!

Paula Cipierre: Was macht denn »gute« Software schlussendlich aus? Wie du gerade schon erwähnt hast, muss ein guter Softwareentwickler auch immer darüber nachdenken, was er am Ende optimiert, zum Beispiel Nutzbarkeit, Sicherheit, Datenschutz, Wirtschaftlichkeit. Wie bringst du deinen Studentinnen und Studenten bei, auf welcher Basis sie diese Entscheidungen treffen?

Alex Pretschner: Das ist eine ausgezeichnete Frage. Die ehrliche Antwort darauf ist, dass das eigentlich nicht geht. Und zwar deswegen, weil diese Tradeoffs für jedes Softwareprogramm anders sind. Weil Software in ganz unterschiedlichen Kontexten eingesetzt wird. Was ich meinen Studentinnen und Studenten aber schon beibringe, ist dass es verschiedene Qualitätsattribute gibt, derer sie sich bewusst sein sollten. Und, soweit ich das kann, erkläre ich ihnen auch die Wechselwirkung zwischen verschiedenen Attributen, dass etwa Sicherheit oft mit Usability und Performance kollidiert. Selbst Sicherheit und Stromverbrauch können kollidieren. Also kann ich auf diese Tradeoffs hinweisen. Es gibt aber keine pauschale Antwort darauf, wie ein Problem in Anbetracht dieser Tradeoffs am besten gelöst werden kann. Dabei sollte ich dazusagen, dass diese Art Software zu lehren nicht unbedingt geläufig ist. Ich bin auch hinreichend bescheiden zu sagen, dass ich nicht weiß, ob das die beste Methode ist.

Paula Cipierre: Was aber, wenn eines der Qualitätsattribute die Ethik ist? Wie setzt man diese in der Praxis um? Und inwieweit bereitet der Studiengang Softwareengineering die Studenten auf diese Herausforderung vor?

Alex Pretschner: Das macht jede Fakultät anders. Auch an deutschen Universitäten besteht hier nach wie vor kein Konsens. Ich persönlich glaube, ein großer Vorteil unseres tendenziell eher verkopften deutschen Systems liegt darin, dass wir Leute dazu bringen können, dass sie zumindest darüber reflektieren, was sie tun. In anderen Ländern wird den Studentinnen und Studenten bisweilen einfach beigebracht, wie etwas funktioniert, und das reicht. Das habe ich international mehrfach beobachten können. Das mag natürlich eine effizientere Lehrmethode sein. Ob das im Sinne eines Humanismus die richtige Herangehensweise ist, da bin ich mir nicht so sicher.

Jan Hiesserich: Kommen wir auf KI zu sprechen. Wie definierst du KI? Und teilst du den Hype?

Alex Pretschner: Künstliche Intelligenz ist in meinen Augen erstmal eine Fehlbezeichnung, weil KI nichts mit Intelligenz zu tun hat. Darüber hinaus gibt es zwei Arten der KI: regelbasierte und datenbasierte KI. Bei der regelbasierten KI versucht man, Zusammenhänge in der Welt zu beschreiben und daraus Schlüsse zu ziehen. Das macht die Menschheit schon lange und das funktioniert auch in der KI manchmal ganz gut. Meistens aber nicht, weil es zu viel implizites Wissen gibt, das man nicht explizit kodieren kann. Mein Lieblingsbeispiel ist, dass man mit einem Strick etwas ziehen kann, aber nicht schieben. Für uns ist das total offensichtlich. Für einen Computer nicht. Und das sind eben auch die Fallgruben der regelbasierten KI.

Die andere Art der KI hingegen, gemeinhin auch als Machine Learning bekannt, ist datenbasiert. Diese versucht Erkenntnissee aus bestehenden Eingaben und Ausgaben auf zukünftige Ausgaben zu übertragen. Wenn ich etwa bereits ein paar Beispiele für Eingaben und Ausgaben habe, bei der nächsten Eingabe die Ausgabe aber noch nicht weiß, versuche ich diese Eingabe mit bestehenden Eingaben, zu denen ich schon Werte gesammelt habe, zu vergleichen und errechne dann von den entsprechenden Ausgaben den Mittelwert. Mal ganz vereinfacht gesagt. Das hat den großen Vorteil, dass ich manche Dinge nicht explizit formulieren muss, was ich in vielen Fällen auch gar nicht könnte. Klassisches Beispiel: Was ist eigentlich ein Fußgänger? Viel Spaß beim Aufschreiben der Regeln! Was ist, wenn der Fußgänger ein Kind ist? Oder im Rollstuhl sitzt? Oder einen Regenschirm bei sich trägt? Oder an Fasching im Hühnerkostüm über die Straße läuft? Es gibt selbst bei einer scheinbar so banalen Frage unzählige Antworten.

Das sind also die beiden Arten der KI, regelbasierte und datenbasierte KI oder Machine Learning. Und es ist diese zweite Art der KI, die momentan total gehypt wird. Da gibt es auch beeindruckende Erfolge, wie beispielsweise DeepL, eine

Software, die auf der Basis von Machine Learning Übersetzungen macht. Die ist wirklich sensationell. Für manche Dinge funktioniert Machine Learning also außerordentlich gut. Bei anderen Dingen weiß man es, ehrlich gesagt, einfach noch nicht. Wir benutzen Machine Learning auch für Softwareengineering, und da sehen wir eigentlich oft, dass ganz einfache Approximationsmethoden, zum Beispiel lineare Regression, viel besser funktionieren als neuronale Netze oder »random forests« oder was es da noch alles so gibt.

Warum glaube ich also nicht so sehr an den Hype? Nun, zunächst einmal bin ich von Natur aus skeptisch, sodass ich Hypes aus Prinzip schon misstraue. Zweitens fühle ich mich als »einfacher« Softwareingenieur oft ungerecht behandelt, weil sich alle auf KI gestürzt haben und gar nicht sehen, dass das eigentlich nur eine bestimmte Art der Software ist! Aber Spaß beiseite: Forschungsbereiche wie »Explainable AI« sind zwar gut und richtig, weil es sicherlich oft schwer ist, KI zu erklären. Aber als ob jemand auch ein komplexes Softwaresystem im Auto erklären könnte! Viele Fragen, die im Rahmen von KI gestellt werden, sind also bei weitem nicht KI-spezifisch.

Jetzt aber der eigentliche Grund, warum ich skeptisch bin: Erstens ist, was wir momentan erleben, eine klassische Pareto-Verteilung: Die ersten 80 bis 85 Prozent des Wegs bekommt man locker hin, und bis dahin kann man unglaubliche Erfolge feiern. Sehr oft ist KI in der Praxis aber nicht benutzbar, weil sie einfach zu ungenau ist. Und an dem Punkt sind wir momentan eben in der Forschung: Die Erfolge sind messbar, aber die Kurve flacht ab. Und die Frage ist, ob wir sie jemals in einen messbar nützlichen Bereich von 95 bis 100 Prozent bekommen. Das hängt natürlich wieder vom Kontext ab, wie alles im Softwareengineering.

Zweitens, und das ist ein ganz praktisches Problem, das mit der KI an sich gar nichts zu tun hat, gibt es die Daten, die für die Funktionsfähigkeit von KI nötig wären, häufig gar nicht! Es gibt Machine Learning Verfahren, die anhand von Beispielen, also Eingaben und Ausgaben, funktionieren. Und es gibt Supervised Machine Learning und Unsupervised Machine Learning, was im Prinzip Clustering-Ansätze sind. Meistens benutzt man Supervised Machine Learning, aber oft hat man dafür nicht die nötigen Daten. Google Search verfügt über solche Daten. Bei der Suchmaschine sieht man zum Beispiel genau, dass die Nutzer eher auf gewisse, attraktivere, bessere Suchergebnisse klicken. Oder Amazon sieht, welche Produkte man nach einer bestimmten Menge von Interaktionen gekauft hat, und welche anderen Produkte man gekauft hat. Das sind kristallklare Daten.

Dann gibt es aber auch so Beispiele wie Automobilfirmen, die mithilfe des Predictive Maintenance vorhersagen wollen, dass ein Reifen ein Problem haben wird, bevor er es hat. Es gibt solche Systeme. Es ist aber oft überhaupt nicht klar, wie gut die funktionieren, weil es dafür gar nicht die entsprechenden Daten gibt. Was sind denn die Daten, anhand derer man dem System so etwas beibringen möchte, und wie überprüft man das? Dasselbe Problem gibt es an unzählig vielen Stellen, etwa im Bereich Security, in dem Menschen gerne automatisch Malware erkennen wollen. Aber es gibt da in den meisten Fällen keine Ground Truth. Und wenn es sie gibt, dann ist sie meistens unvollständig, dann ist sie dreckig, dann ist sie falsch und hilft einem in vielen Fällen tatsächlich nicht weiter. Deswegen sagen viele auch, wir müssen erst einmal das Data Engineering vernünftig hinbekommen, bevor es zu gutem Machine Learning kommt. Doch ich befürchte, in vielen Fällen wird das einfach nicht funktionieren. Natürlich muss man domänenspezifisch unterscheiden. Bei Finanztransaktionen kann man wahrscheinlich schon untersuchen, ob es Anomalien gibt. Da sind die Daten sauber. Bei cyberphysikalischen Systemen wie einem Auto oder einem Flugzeug hingegen ist das deutlich schwieriger.

Jan Hiesserich: Aber wir sagen doch gleichzeitig, dass es immer mehr Daten gibt. In China beispielsweise hat die Regierung auf Milliarden an Daten Zugriff, die uns hier schon allein aus Datenschutzbedenken nicht zur Verfügung stehen. Aus rein wirtschaftlicher Perspektive betrachtet, ist das kein Standortvorteil?

Alex Pretschner: Doch, natürlich ist das prinzipiell von Vorteil. Aber mehr Daten heißt nicht unbedingt, dass man auch tatsächlich etwas mit den Daten anfangen kann. Erstens vielleicht noch einmal ganz abstrakt: Was macht Machine Learning eigentlich? Machine Learning schafft eine Abbildung von Eingaben auf Ausgaben. Wie Formeln in der Schule, zum Beispiel . Nichts anderes macht Machine Learning, nur anhand von Beispielen, das haben wir schon diskutiert. Solange ein Machine-Learning-Algorithmus genügend Beispiele von Eingaben hat, findet er die Ausgaben. Wenn die Daten alle sauber sind, dann ist das nützlich. Das sind sie meistens aber nicht. Meistens weißt du auch gar nicht, was du mit den Daten anfangen sollst, oder welche Daten überhaupt in einer kausalen Beziehung zu irgendwelchen beobachteten Geschehnissen sind.

Und dann gibt es das zweite Problem: Selbst, wenn du viele Daten hast, weißt du immer noch nicht, ob du die eigentlich richtigen Daten erhoben hast, also die Daten, die kausal mit dem in einer Beziehung stehen, was du eigentlich vorhersagen willst. Und am Ende geht es meist darum, etwas vorherzusagen. Es gibt da noch viele andere Beispiele: Tesla hat mittlerweile wahrscheinlich Datenpunkte aus Millionen an Fahrtkilometern gesammelt, und in der Test-Community gibt es deswegen viele, die glauben, dass man jetzt anhand dieser ganzen Daten allein schon aussagefähige Tests machen kann. Dann stellt sich aber heraus, dass das gar nicht geht, weil dieses Tests nämlich systemspezifisch gestaltet werden müssen.

In anderen Worten müsste man die Daten eigentlich auf eine ganz andere Art und Weise verwenden, als man sich das bei der Erhebung vorgestellt hat.

Also sind mehr Daten prinzipiell natürlich besser. Aber herauszufinden, inwiefern die Daten tatsächlich aussagekräftig sind, ist schwierig. Es gibt jetzt in der Literatur auch zunehmend Hinweise darauf, dass es in der Community einen starken Pro-Machine-Learning-Bias gibt und die Ergebnisse deswegen immer viel besser erscheinen, als sie es in der Praxis dann sind.

Paula Cipierre: Ich würde sagen, dass dabei eine tiefliegende Hoffnung mitschwingt, sich vielleicht ein Stück weit von der Komplexität der Welt zu verabschieden, wenn man nur genug Daten hat. Aber es scheint dennoch menschliche Denkarbeit zu geben, derer man sich nicht so einfach entledigen kann.

Alex Pretschner: Genau. Da muss man einfach nach wie vor Blut und Schweiß reinstecken! Es gibt mittlerweile sehr viele Verfahren, mit denen man herausfinden kann, welche Parameter für eine bestimmte Vorhersage wichtiger sind als andere. Aber das ist immer beschränkt auf die Daten, die man sowieso schon hat. Sobald es in die echte Welt hinausgeht, funktionieren viele dieser Modelle häufig nicht mehr.

Paula Cipierre: Ein schöner Übergang zum Thema Bildung. Denn, was wir natürlich schon sehen, ist, dass mit dem Thema Digitalisierung in Deutschland ein großer Argwohn einhergeht, ein gewisses Misstrauen, eine diffuse Angst. Die teilweise damit zusammenhängt, dass es dem Ottonormalverbraucher schwerfällt, technische Entwicklungen zu beurteilen. Was ist Fakt? Was ist Hype? Was ist hilfreich? Was ist gefährlich? Auch weil alles unter so einer enormen Geschwindigkeit passiert.

Was können wir also tun, in der Wissenschaft aber auch darüber hinaus, um den öffentlichen Diskurs, aber auch die Regulierung dahinter, konstruktiver zu gestalten? Wir sehen momentan zum Beispiel Bemühungen auf der europäischen Ebene, so etwas wie eine DSGVO für KI, den sogenannten EU AI Act, zu entwickeln. Gleichzeitig scheint auch hier ein Gefälle zwischen dem nötigen technischen Knowhow, den gesetzlichen Bestrebungen und dem öffentlichen Bewusstsein zu herrschen. Gesetzgeber und Gesellschaft hinken den technischen Entwicklungen gefühlt immer hinterher.

Jan Hiesserich: Gleichzeitig neigen wir vor allem in Deutschland und Europa dazu, Dinge zu regulieren, bevor es sie überhaupt gibt, und verschließen uns damit schon Möglichkeitsräumen, bevor sie sich uns überhaupt öffnen. Du hast in einem Interview kürzlich gesagt, dass deine Grundstimmung der Digitalisierung gegenüber positiv ist, aber dass wir die Menschen besser mitnehmen müssen. Die Frage ist: Wie?

Alex Pretschner: Wir leben in Europa auf einem Kontinent, in dem es über Jahrhunderte hinweg immer wieder massive Konflikte gegeben hat. Das bedeutet natürlich, dass wir prinzipiell etwas vorsichtiger sind. Die, die nach Amerika ausgewandert sind, sind hingegen bekannterweise eher auch diejenigen gewesen, die den nötigen Antrieb und den Mut hatten, etwas Neues auszuprobieren. Die Wahrheit zwischen Vorabregulierung und Experimentierfreude liegt dabei, wie so oft, wahrscheinlich in der Mitte.

Was kann man nun gegen das weit verbreitete Misstrauen gegenüber der Digitalisierung tun? Grundsätzlich bin ich da tatsächlich humanistisch geprägt. Ich bin davon überzeugt, dass die Studierenden lernen sollten, warum Software tut, was sie tut. Sowieso glaube ich, dass Bildung immer hilft. Genau deswegen haben wir das Bayerische Institut für Digitale Transformation (bidt) schließlich gegründet, um auch in der Breitenwirkung Effekte zu erzielen. Aber damit das funktioniert, braucht es Menschen, die gewillt sind zuzuhören. Alleine zu erklären, was Software überhaupt ist, ist wirklich komplex. Ich habe kürzlich darüber einen ganzen Aufsatz in der Annahme geschrieben, dass ich auf zwei Seiten zusammenfassen könnte, was Software ist. Letztlich habe ich dafür ein ganzes Wochenende und 25 Seiten gebraucht, und mir sind immer noch tausend Sachen eingefallen, die ich gerne ergänzt hätte. Aber für so etwas braucht es natürlich auch ein Publikum.

Also was kann man da machen? Es gibt die Idee, dass jeder programmieren lernen müsse. Aber das halte ich, ehrlich gesagt, für Quatsch. Es schadet sicherlich nicht, wenn man schon mal programmiert hat. Oder wenn man zumindest ein gewisses Grundverständnis davon hat, was so ein Programm oder auch ein Machine-Learning-Algorithmus eigentlich tut. Umgekehrt stellt sich die Frage: Löst das irgendwas? Und da bin ich nicht furchtbar sicher. Hilft es einem dabei, Entscheidungen anders zu fällen oder die Welt anders zu beurteilen, wenn man weiß, wie ein Machine-Learning-Algorithmus funktioniert oder wie so ein kleines Programm funktioniert? Wahrscheinlich nicht. Das liegt auch daran, dass die Welt nicht nur aus Software besteht. Man muss ebenfalls die logischen Zusammenhänge verstehen, die politischen Zusammenhänge, die ökonomischen, juristischen, soziologischen und philosophischen Zusammenhänge. Das ist geradezu überwältigend.

Ich kann in meinem Fachbereich nur das tun, worin ich gut bin, nämlich diese Themen so miteinander in Verbindung zu bringen, wie es aus meiner Perspektive sinnvoll ist. Ich kann das mit meinen Studierenden tun, und wir können das auch im Rahmen des bidt tun und tun das auch. Und diese Aufgabe nehme ich tatsächlich sehr ernst.

Paula Cipierre: Vielleicht noch ein Anschlussgedanke zu dem Thema, warum es manchmal schwierig sein kann, die Menschen dafür zu begeistern. Ich glaube, es gibt hier sogar eine Parallele zwischen Software und Kunst. Beiden Bereichen haftet etwas Elitäres an. Vor Computern schrecken viele Menschen zurück. Es gibt einen wundervollen Clip von dem britischen Comedian John Oliver, in dem er sagt, dass es nichts Schlimmeres gibt als die IT-Abteilung anrufen zu müssen, weil man doch eigentlich nur will, dass der Computer wieder funktioniert, und die wollen einem aber immer irgendwas erklären. Auch Kunst kann Angst machen, wenn man ins Museum geht und den Künstler eigentlich nicht kennt und man nicht weiß, ob man ein Kunstwerk schön oder hässlich finden soll. Beide schrecken ab, weil man oftmals die Befürchtung hat, nicht genug Expertise zu haben, um sich damit auseinanderzusetzen. Man kann Menschen nicht sagen, »Seid jetzt kreativ«, weil dadurch sofort eine Schockstarre ausgelöst wird. Wobei jeder Mensch kreativ sein kann, es ist nur eine Frage, wie und auf welche Art und Weise.

Ich vermute, Menschen tendieren einfach dazu abzudriften, wenn sie die großen Fragen dahinter nicht erkennen. Wie genau eine Software geschrieben sein muss, damit sie funktioniert, an dieser Debatte kann ich mich nicht beteiligen. Eine Debatte, an der ich mich mit meiner humanistisch-geisteswissenschaftlichen Ausbildung aber sehr wohl beteiligen kann, ist, ob die Art und Weise, in der Software in der Gesellschaft eingesetzt wird, wünschenswert ist. Und das sind normalerweise eher die Fragen, für die sich Menschen begeistern. Gleichzeitig ist es aber so, dass den Geisteswissenschaften an Universitäten mittlerweile nur noch eine zweitrangige Bedeutung zukommt. Es gibt eine enorme Menge an Funding und Aufmerksamkeit, die an die naturwissenschaftlichen Fakultäten und eben auch an die Computerwissenschaft geht. Nicht aber an die Philosophie und Literaturwissenschaften. Wie und inwiefern können Computerwissenschaftler dennoch von einem Austausch mit Geisteswissenschaftlern profitieren?

Alex Pretschner: Ich erlebe das am bidt jeden Tag. Schon allein, weil Geistes- und Sozialwissenschaftler ganz anders denken. Meine Art zu denken ist absolut simpel: Problem-Lösung. So denkt ein Philosoph aber nicht. Ein Freund von mir, auch Philosoph, hat einmal gesagt, dass die Philosophie mit einer Überlegung anfängt und in einer Definition endet. Technische Fächer hingegen fangen mit der Definition an und lösen damit ein Problem. Und das fand ich eine sehr kluge Beobachtung.

Software ist gar nicht so sehr das Problem, sondern Digitalisierung. Digitalisierung ist von Natur aus ein Querschnittsthema. Egal worum es in der Digitalisierung geht, es sind immer zugleich mehrere Bereiche betroffen. Dabei ist es natürlich immer aufwendig, sich in andere Perspektiven hineinzuversetzen: Was sagen da jetzt die Juristen dazu? Was denken die Soziologen darüber? Welche Meinung vertreten die Politologen? Es gibt in meinen Augen nur einen Weg, diese intellektuelle Herausforderung zu meistern, nämlich Institute wie das bidt zu gründen. Und man braucht dafür auch wirklich einen dedizierten Ort des Zusammentreffens verschiedener Disziplinen, um die Zeit investieren zu können, die nötig ist, um andere zu verstehen.

Jan Hiesserich: Also müsste digitale Bildung deiner Meinung nach grundsätzlich interdisziplinär sein?

Alex Pretschner: Ja, genau. Gleichzeitig sollte man aber auch mehr in die Informatik investieren, weil Informatik in manchen Kreisen nach wie vor in der Schmuddelecke angesiedelt wird. Es ist ein bisschen so, wie in deinem John-Oliver-Sketch: »Hahaha, ich kann kein Mathe. Hahaha, ich bin ein Mädchen, für Informatik bin ich ungeeignet. Hahaha, ich will von der IT-Abteilung nichts lernen, die sollen einfach meinen Computer reparieren.« Ignoranz gegenüber der Informatik gehört damit fast zum guten Ton. Das müssen wir ändern.

Worum es uns doch aber eigentlich geht, ist, inwiefern wir die Welt auf eine bestimmte Art und Weise einschätzen können. Die Welt ist nun aber eben nicht nur Software oder Wirtschaft oder Politik, sondern eine Mischung. Deswegen muss man interdisziplinär denken. Das Problem ist nur, wo fängt man damit an? Und wo hört man dann wieder auf? Ausschließlich interdisziplinär zu arbeiten, führt letztlich dazu, dass man überhaupt nicht mehr in die Tiefe geht, und das geht in der Wissenschaft auch nicht.

Paula Cipierre: Aber das ist doch eigentlich ein schönes Plädoyer für das humboldtsche Bildungsideal. Vielleicht kann man das auch so lösen wie an den Liberal Arts Colleges in den USA, wo man zunächst mit einem Studium generale anfängt und dann im Master in die Tiefe geht. Damit man überhaupt erst versteht, dass man dasselbe Problem aus fünf verschiedenen Perspektiven betrachten kann, die aber alle ihre Berechtigung haben. Das ist auch etwas, das wir oft im Zusammenhang mit der Kunst sehen, nämlich dass Kunst eine politische Bedeutung hat, weil sie uns einlädt, unsere ästhetische Meinung zu begründen, aber auch abweichende Meinungen zu tolerieren. Die Fähigkeit zu verstehen, dass unser eigener Standpunkt nicht der einzig richtige ist, müssen wir wieder lernen, vor allem in einer Zeit, in der wir eine zunehmende Polarisierung der Gesellschaft wahrnehmen.

Jan Hiesserich: Alex, was kann Softwareengineering deiner Meinung nach von der Kunst lernen?

Alex Pretschner: Was »man« davon lernen kann, ist etwas anderes als »ich«. Ich habe eine Reihe von Kollegen, das sind Hardcore-Techniker. Für die ist eine Auseinandersetzung mit den Geisteswissenschaften reine Zeitverschwendung und Philosophie nur Gelaber. Diese Ansicht teile ich natürlich nicht.

Für mich gibt es bei der Frage, was Softwareengineering von der Kunst lernen kann, im Wesentlichen zwei Facetten: Auf der einen Seite, sich überhaupt einmal mit anderen Perspektiven auseinanderzusetzen. In der Kunst lernt man, dass es unterschiedliche Blickwinkel gibt. Und wenn ich eines am bidt gelernt habe, dann ist es, dass es Respekt und Geduld braucht, um sich in eine andere Perspektive zu versetzen und aus einer anderen Perspektive heraus zu denken. Und das lehrt uns die Kunst. Auf der anderen Seite ist das, was der Künstler ausdrücken will, nicht immer notwendigerweise das, was beim Zuschauer ankommt. Wie viel ist Künden? Wie viel ist Können? Was ist ästhetisch? Diese Multidimensionalität zu erkennen und zu reflektieren, ist nützlich, sowohl im Softwareengineering als auch in der Kunst.

Jan Hiesserich: Eine Idee, die wir im Buch entwickeln, ist, dass Europa sich nicht kleinmachen muss. Siehst du das genauso?

Alex Pretschner: Ein Kernaspekt der Bildung für mich ist, sich seiner eigenen Werte bewusst zu sein und sich zu bemühen, danach zu leben. Und das versuchen wir in Europa, und darauf können wir stolz sein. Problematisch finde ich aber, wenn sich die EU ausschließlich als Werteexporteur versteht: »Wir haben die DSGVO gemacht, und Kalifornien hat das Gesetz jetzt adaptiert.« Das ist schön, aber damit schaffen wir letztlich nichts Neues und machen die Welt auch nicht zwangsläufig besser.

Paula Cipierre: Emmanuel Macron hat mal gesagt, die USA haben Google, wir haben die DSGVO.

Alex Pretschner: [lacht] Genau. In den USA gibt es einfach eine andere Art und Weise, sein Leben zu leben und seine Werte in die Praxis umzusetzen. Eine richtige oder falsche Antwort gibt es nicht. Was wir in Europa aber von den USA lernen können, ist der Mut zur Zukunft. Letztlich ist es das, was wir jetzt brauchen in Europa, mehr noch als die Digitalisierung: Einen positiven Ausblick und ein starkes Narrativ.

Jan Hiesserich: Das denken wir auch. Alexander, vielen Dank für das Gespräch.

INNOVATION BRAUCHT MUT

SIMONE MENNE

Wir treffen Simone Menne während der Kieler Woche. In der Stadt herrscht ein bunter Trubel aus Kirmes, Konzerten und Imbissständen. Mennes Galerie in der Alten Feuerwache ist demgegenüber eine Oase der Ruhe. Momentan sind dort die Werke »Puls« von Nanja Heid ausgestellt, in denen die Künstlerin über 12 Monate hinweg den Ton ihres Herzschlags mit der Nähmaschine auf großen Japanpapierbögen visualisiert hat. Menne erzählt uns in diesem Interview von ihren Erfahrungen, die Kunst und Wirtschaft zusammenzubringen. Und, warum es gerade heute wichtig ist, in Unternehmen den Mut zu haben, Freiräume für kreatives, interdisziplinäres und zukunftsorientiertes Denken zu schaffen.

Jan Hiesserich: Frau Menne, Sie sind Topmanagerin und Multiaufsichtsrätin, Sie sind in der Politik aktiv und machen sich auch für Digitalisierung stark. Gleichzeitig sind Sie kunstinteressiert und führen in Kiel Ihre eigene Galerie. Was kann man in der Wirtschaft und in der Politik von der Kunst lernen?

Simone Menne: Was man von der Kunst lernen kann, ist emotionsfrei zu argumentieren. Weil man zu akzeptieren lernt, dass verschiedene Menschen verschiedene Dinge in der Kunst sehen. Auch bei der Ausstellung, die ich momentan in meiner Galerie habe: Wenn ich Menschen erzähle, was die Ausstellung darstellt, nämlich den Herzschlag der Künstlerin, stellen die sich erstmal etwas völlig anderes vor als das, was hier nun hängt. Besucher versuchen dann häufig zu raten, welches Blatt welchen Monat darstellt, und denken sich ganze Geschichten zum Verlauf des Herzschlages aus. Das zeigt, Kunst ist interpretationsfähig und regt die Fantasie an. Man sieht, dass das Leben nicht schwarz und weiß ist, sondern viele Farben dazwischen zulässt. Das kann man auch auf andere Situationen anwenden, etwa in der Wirtschaft oder Politik, in denen mittlerweile leider nur noch wenig differenziert wird und Menschen aufgrund einer Meinung oft in Ecken gestellt werden. Kunst lehrt Ambivalenz und erlaubt es, eine andere Perspektive einzunehmen. Das können und sollten wir auf andere Bereiche übertragen und weniger in Schwarz-Weiß-Kategorien denken. Mehr Ambivalenz schafft mehr Innovation und Aufbruch. Und daran mangelt es derzeit in Deutschland.

Jan Hiesserich: Aber wir schaffen es trotzdem, uns zu erregen. Also, Energie zumindest ist da! [lacht] Frau Menne, in Unternehmen findet man diese von Ihnen erwähnte Ambivalenz selten. Diese sind häufig vertikal strukturiert: Es gibt Hierarchien, Regeln, Protokolle und einen klar strukturierten Tagesablauf. Wie kann man in einem solchen Kontext die Erfahrungen, die Sie in Kontakt mit diesen verschiedenen Welten sammeln, einbringen? Wie kann man auch in hierarchischen Unternehmen Kernmerkmale der Kunst, wie beispielsweise irritierende Momente oder auch institutionalisierte Regelbrüche, ermöglichen?

Simone Menne: Mit weniger Hierarchie. [lacht] Neulich hat ein Manager berichtet, dass er ein Teamevent ganz einfach von seinem Team organisieren lässt. Und dass er sich da gar nicht einmischt. Worauf meine natürliche Reaktion war: Ja, selbstverständlich! Natürlich wissen die Mitarbeiter im Team am besten, was sie von einem Teamevent wollen!

Ich muss Vertrauen haben in meine Mitarbeiter. Und ich muss ihnen Ziele geben, aber auch die Freiheit, diese nach eigenem Ermessen umzusetzen. Davon sind wir in Unternehmen leider oft noch weit entfernt. Wir sind mehr und mehr in einen Kontrollmodus geraten. Es gibt immer mehr Controller, die wiederum Controller schaffen. Und auch wenn ich selbst aus der Finanzbranche komme: Wir müssen den Mut haben, mehr loszulassen.

Womit wir bei der Technologie sind: Wenn Technologie so gestaltet ist, dass sie den Menschen unterstützt, kann ich dem Menschen viel mehr Freiräume geben und sagen: »Mach einfach, was du für richtig hältst, um unser Ziel zu erreichen.« Ein Problem ist allerdings, dass viele Menschen Hierarchien lieben, weil sie Macht und Sicherheit versprechen. Und es ist schwierig, Menschen diese Vorstellungen zu nehmen.

Aber um nochmal auf Ihre ursprüngliche Frage zurückzukommen: Um kreative Freiräume zu schaffen, muss man aus meiner Sicht Hierarchien abbauen und sich eher in die Richtung einer Holokratie bewegen. Mit viel Vertrauen und wenig Kontrolle. Aber das schafft auch viel Komplexität und ist einfacher in kleineren Unternehmen, die viel Flexibilität und Pragmatismus benötigen.

Was den konkreten Kontakt zwischen den Welten betrifft: Ich liebe die Idee des Artist-in-Residence. Dieser könnte den Mitarbeitern helfen, darüber nachzudenken, wie sie ihre eigene Arbeit künstlerisch kreativ verstehen können. Dieser spielerische Ansatz hilft auch im Umgang mit Technologie – ein Bereich, der oft als elitär und abschreckend wahrgenommen wird. Wenn es uns gelingt, den Mitarbeitern zu vermitteln, dass sie mithilfe von Technologie ihre eigenen Arbeitsprozesse nach freiem Ermessen gestalten können, ist schon viel geschafft. Dafür sollte Technologie aber intuitiv nutzbar sein und Beschäftigte ermächtigen.

Dabei spielt auch das Framing eine enorm wichtige Rolle: In meinem Podcast *Die Boss* hat mir die Präsidentin der Universität Chemnitz berichtet, dass die Bezeichnung von Studiengängen entscheidend für eine geschlechterneutrale Auswahl ist. Wenn technische Fächer mit technischen Worten umschrieben sind, entscheiden sich weniger Frauen dafür. Wenn hingegen Aspekte der Nachhaltigkeit oder des Sozialen hervorgehoben werden, dann kommen sie.

Jan Hiesserich: Um vielleicht kurz bei dem Thema Hierarchie zu bleiben: Jetzt haben Sie das Problem primär als ein Problem auf der Führungsebene beschrieben. Hierarchie hat aber auch einen anderen Nebeneffekt, nämlich den der Bequemlichkeit. Mitarbeiter verstecken sich gerne dahinter.

Simone Menne: Es wird nach oben delegiert.

Jan Hiesserich: Genau. Das lädt natürlich nicht dazu ein, mal über den eigenen Tellerrand zu schauen und sich auszuprobieren. Sollten wir den Menschen mehr zumuten – und ich sage hier ganz bewusst: zumuten –, weil das letztlich immer ein Ausbrechen aus der eigenen Komfortzone bedeutet. Wenn ich den Leuten mehr Verantwortung gebe, müssen sie gewillt und in der Lage sein, mehr Verantwortung zu übernehmen. Und dann sind wir ganz schnell bei dem Thema Fehlerkultur – zu akzeptieren, dass es auch mal schiefgehen kann. Spielt das auch eine Rolle?

Simone Menne: Definitiv. Ich bin davon überzeugt, dass Menschen generell Spaß daran haben, Dinge auszuprobieren und einfach mal zu gucken, was passiert. Aber dieser Hang zum Spielerischen wird uns früh abtrainiert, oft schon in der Schule. Dort wird uns eingetrichtert: Fehler zu machen, ist schlecht. Auch in vielen Firmen gibt es keine Fehlerkultur. Da hat schon das Management Angst, Verantwortung zu übernehmen. Die Mitarbeiter merken das aber und machen im Zweifelsfall lieber gar nichts, als dass sie Fehler riskieren. Ich nehme da eine zunehmende Tendenz wahr.

Paula Cipierre: Lassen Sie uns vielleicht einen Moment bei dem Thema bleiben, wie man kreative Prozesse auch in große, hierarchisch strukturierte Unternehmen einbringt. Sowohl bei der Lufthansa als auch bei Boehringer Ingelheim haben Sie sogenannte Digital Labs eingeführt. Könnten Sie Ihre Erfahrungen dazu mit uns teilen? Haben Sie damit ein Umdenken erreicht?

Simone Menne: In beiden Fällen hat es letztlich nicht mit der Integration in die Gesamtorganisation geklappt. Digitale Labore werden von den etablierten

Abteilungen als abgehoben wahrgenommen, und daher werden dort entworfene Ideen abgelehnt. Es kommt nicht zur Umsetzung im größeren Rahmen. Insbesondere wenn man diese auch örtlich anders ansiedelt. Und wenn man dies durch Nähe auszugleichen sucht, wird die Organisation versuchen, die gewohnten Prozesse anzuwenden. Ganz konkret wird zum Beispiel der sehr kreative Prozess, bei dem »wilde« Ideen direkt beim Vorstand gepitcht werden, nach und nach so gestaltet, dass es vorab zu Testpräsentationen in anderen Runden kommt, damit der Vorstand einen guten Eindruck bekommt und Führungskräfte sich nicht blamieren. Somit werden Ideen und Prozess weniger kreativ. Das ist dann nicht mehr disruptiv. Disruption braucht Mut.

Im Nachhinein halte ich es für sinnvoller, kreatives Denken in die Kultur des gesamten Unternehmens zu integrieren. Jeder Bereich sollte sich fragen: »Was können wir spielerisch machen? Wie können wir mehr Kunst im Unternehmen zulassen?« Ich war beispielsweise eine Zeit lang Schirmherrin des Lufthansa-Orchesters. Das ist ein philharmonisches Orchester mit über 60 Lufthanseaten aus allen möglichen Bereichen, die zwei Mal im Jahr öffentlich auftreten. Hier kommen Menschen zusammen, die sich im betrieblichen Alltag sonst nicht begegnen. Dabei tauschen sie sich auch über ihre Tätigkeiten aus, und so können neue Ideen entstehen. Auch das Bild des Orchesters, in dem jedes Instrument wichtig ist, aber nur das Zusammenspiel das Gesamtwerk darstellt, passt sehr gut, um es auf eine Firma zu übertragen. Ich würde Unternehmen ermutigen, solche Initiativen zu fördern, weil so Kreativität auf verschiedenen Ebenen entsteht.

Viele Menschen glauben als Erwachsene, dass sie nicht malen oder singen können, da dies in der Schule benotet wurde. Ich halte das für falsch. Jeder Mensch kann malen und singen. Und wahrscheinlich kann auch jeder Software entwickeln. Aber dazu muss man die Menschen ermutigen.

Jan Hiesserich: Der österreichische Psychotherapeut Paul Watzlawick hat mal gesagt: »Das Schlimmste, was Sie einem Patienten sagen können, ist: Vertrau mir.« Genauso wenig, wie man jemandem sagen kann: »Sei jetzt kreativ.« Seit Jahren sagen wir in Unternehmen, dass wir kreativer und digitaler denken müssen. Warum bleiben die Effekte bisher größtenteils aus?

Simone Menne: Weil die Kultur dafür fehlt. Das ist wie bei der Diversität. Rational sagt Ihnen jeder Manager: »Ja, ich brauche Diversität, ich brauche Kreativität, ich brauche Disruption.« Faktisch haben Sie aber eine Firmenkultur, die all diese Dinge gar nicht zulässt. Entweder, weil Sie Angst vor Diversität haben und sich lieber eine homogene Truppe suchen. Oder weil Sie Angst vor Kreativität haben, die immerhin etwas infrage stellen könnte, woran Sie fest glauben. Außerdem steht Innovation oft im Konflikt mit Effizienz. Deutsche Firmenkulturen wurden lange darauf ausgerichtet, alles zu optimieren. Alles, was vom idealen Prozess abweicht, ist eine Gefahr für die Effizienz. Auch Innovation soll effizient sein. Aber Innovation braucht Zeit.

Das klassische Innovationsdilemma beschreibt, dass Investitionen auf Gebieten geschehen, die am wenigsten Risiken bergen. So geschah es bei IBM. Dort wurde lieber in Großrechnertechnologie investiert als in PCs, weil man damals die Entwicklung im privaten Bereich nicht abschätzen konnte. Oder auch bei Kodak, wo man die Digitalfotografie nicht weiter verfolgt hat. Oft fehlen schlichtweg der Mut oder das Risikokapital, um solche Schritte zu wagen. Und Investoren ermutigen Firmen nicht zum Risiko, weil sie eine sichere Dividende wünschen. Wie gesagt: Innovation braucht Mut.

Jan Hiesserich: Aber ist die Not nicht groß genug? Was ist der Grund?

Simone Menne: Wenn man sich beispielsweise ansieht, was gerade in der Automobilindustrie mit SUVs passiert, ist die Not oder die Erkenntnis offensichtlich nicht groß genug. Und sie ist deswegen nicht groß genug, weil die Firmen immer noch hohe Gewinne ausweisen, wenn sie SUVs mit hohen Margen verkaufen. Daran ist leider nichts innovativ. Und dann sind wir wieder beim Innovationsdilemma. BMW hat früh ein elektrisches Auto entwickelt, den i3. Das war hochinnovativ, aber die Kunden wollten das Auto nicht haben. Irgendwann beschließt dann ein Aufsichtsrat oder ein Vorstandsvorsitzender: »Naja, dann investieren wir unser Geld lieber in SUVs.«

Genauso verhält es sich mit der Software im Auto. In Zukunft wird für den Kunden das Wichtigste am Auto die Software und die Vernetzung mit anderen Geräten sein. Menschen möchten im Fahrzeug ihre Daten, Musik, Kontakte wiederfinden, das Smartphone also ins Auto übertragen. In dem Fall ist zunächst zweitrangig, welche Marke das Auto hat, solange es mit meinem Ökosystem kommunizieren kann. Das haben deutsche Automobilhersteller meiner Ansicht nach unterschätzt. Und Amazon, Apple und Google werden hier möglicherweise beherrschend werden.

Jan Hiesserich: Vielleicht eine Anschlussfrage zum Thema Wert. Denn offensichtlich überzeugt man Manager, wenn man zeigen kann, dass etwas einen konkreten Wert hat. Wie bemesse ich denn den Wert von Kreativität? Innovation wird überall geschätzt. Es gibt kein Unternehmen, das nicht innovativ sein will. Kunst oder Kreativität hingegen sind dann doch eher Gedöns. Wo ist da der Unterschied? Und wie schaffe ich es, und diese Frage ist jetzt an Sie als Topmanagerin gerichtet, dem Wert zu verleihen?

Simone Menne: Das ist ein bisschen so wie beim Venture Capital. Ich muss Kreativität einen Wert beimessen, obwohl ich diesen nicht exakt berechnen kann. Ich glaube, dass es etwas wert ist, wenn ich Menschen Muße gebe. Ich halte das für nachhaltiger. Aber man muss dazu in längeren Zeiträumen denken und denken dürfen. Leider misst sich das Management an Quartals- und Jahresergebnissen. Aber man müsste eigentlich den Mut haben zu sagen: Ich lasse den Mitarbeitern Freiräume, weil ich daran glaube, dass diese Freiräume an sich schon Wert schaffen, selbst wenn ich das nicht messen kann.

Zu einer anderen Einschätzung könnten uns ESG-Ziele (Environmental, Social, Governance) und eine ESG-Berichterstattung bringen, da diese nachhaltiger ausgerichtet sind. Investitionen in nachhaltige Lösungen brauchen häufig eine längere Zeit zur Wirtschaftlichkeit, zahlen sich über einen längeren Zeitraum aber aus – denken Sie an Wasserstofflösungen für Antriebe oder Energieversorgung. Häufig liegen sie nicht im eigentlichen Geschäftssektor, werden aber die ESG-Bilanz eines Unternehmens verbessern. Und damit werden Investitionen in Innovationen denkbar, die nach herkömmlicher Berechnung nicht zur Debatte standen.

Aber das gilt wiederum nur für messbare Projekte, bei denen Sie über einen bestimmten Zeitraum entweder Effekte im Hinblick auf Nachhaltigkeit oder soziale Ziele messen können.

Bei der Kreativität können Sie die Effekte vermutlich nicht messen und müssen ins Risiko gehen. Genauso wie ich einen bestimmten Teilbetrag in Akquisitionen und Start-ups stecke und am Ende nicht weiß, welche davon erfolgreich sind. Oder auch in der Pharmaindustrie. Da muss ich vielleicht 26 verschiedene Projekte anstoßen, um am Ende zu einem Medikament zu kommen. 25 davon sind nicht erfolgreich. Vielleicht könnte man das auch in anderen Geschäftsbereichen machen?

Hier kann Technologie im Übrigen helfen, indem schon vielversprechende Kombinationen vorgeschlagen werden. Diese kann dann mit menschlicher Kreativität weiter ausgebaut werden. Das könnte das Risiko beschränken.

Paula Cipierre: Gleichzeitig muss man dann aber auch den Mut haben, Freiräume zu lassen. Ein Risiko unseres Bestrebens, alles so effizient wie möglich zu gestalten, ist, dass der Mensch am Ende gar nicht mehr die Zeit zum Probieren hat. Vielleicht muss der Wert also eher im Prozess gesehen werden als im Ergebnis, wie beispielsweise den Quartalszahlen. Vielleicht liegt der Wert gerade darin, dass man die Zeit und den Raum hat, sich mit verschiedenen Perspektiven auseinanderzusetzen und damit vielleicht ganz neue Ideen zu entwickeln. Und hier ist vielleicht auch wieder der Gedanke der angstfreien Auseinandersetzung mit Kunst oder vielleicht auch der Technik wichtig, denen man sich auch spielerisch annähern kann. Genau wie Ihr Ansatz, dass man einfach in Ihre Galerie kommen kann, sich mit der Kunst beschäftigen und sich seine eigenen Gedanken dazu machen kann, ohne genau zu wissen, was die Kunst eigentlich bedeutet, und sich stattdessen auf die Frage zu konzentrieren: Was bedeutet die Kunst denn für mich?

Simone Menne: Aber ist das nicht unglaublich spannend? Allein, dass wir uns diese Frage stellen. Ich selbst bin Autodidaktin. Ich habe Kunst nicht studiert.

Kunst ist für mich per se erst einmal zweckfrei und schön. Sie müssen keine Kunsthistorikerin sein, um sich zu fragen, was Sie vor sich sehen. Und ob es Ihnen gefällt oder nicht. Damit stellen Sie sich auch nicht selbst infrage. Kunst sollte den Menschen nicht belasten, sondern bereichern. Und so ähnlich ist es, um wieder zum Anfang Ihrer Frage zurückzukommen, mit den Freiräumen: Ja, Sie brauchen Mut, um zu sagen, ich mache nicht alles optimal effizient. Und ich lasse Knicke oder Rüschen zu. Vielleicht in einem geschützten Raum. Aber das braucht Mut. Das braucht Mut von der Firmenleitung, aber manchmal auch Mut von den Mitarbeitern, weil sie sich diese Kultur teilweise erst wieder anerziehen müssen. Vielen Mitarbeitern wurde es abgewöhnt, Dinge auszuprobieren, weil ihnen schlichtweg eingetrichtert wurde, dass sie immer alles so effizient wie möglich machen müssen.

Jan Hiesserich: Jetzt haben wir viel über Kreativität und die Unbestimmtheit des Kunstbegriffs gesprochen. Wenn ich das auf die Digitalisierung übertrage, reden wir auch da über einen Begriff, der für viele verschiedene Menschen viele Dinge bedeutet.

Simone Menne: Ja, Digitalisierung kann in unserem Sprachgebrauch letztlich alles sein, das im weitesten Sinne etwas mit Daten oder neuer Technologie zu tun hat.

Jan Hiesserich: Genau. Das führt aber vielleicht dazu, dass kaum Traktion entsteht. Ist das ein Widerspruch? Oder müssen wir einfach lernen, diese Ambivalenz auszuhalten? Wo bleibt das Machen? Wir reden nun schon seit vielen Jahren über Digitalisierung. Warum kommen wir da nicht weiter?

Simone Menne: Aber ist das wirklich so schlimm? Ich glaube, da reden wir uns vieles ein. Weil wir über Digitalisierung sprechen und dann viele Beispiele aus dem öffentlichen Raum nehmen, bei denen wir nach wie vor Faxe hin- und herschicken. Wenn ich aber an Unternehmen denke und die Fortschritte, die in den vergangenen 10 Jahren tatsächlich erfolgt sind, sieht die Antwort vielleicht ganz anders aus. Viele Prozesse wurden automatisiert. Die meisten Menschen, die im Büro arbeiten, arbeiten mit mindestens zwei Bildschirmen. Wir haben in Supermärkten Kassen, die eigenständig auschecken können. Ob man das jetzt gut findet oder nicht, weil man den Menschen damit ein Stück weit überflüssig macht, sei dahingestellt. Also wir machen in der Digitalisierung schon viele Fortschritte.

Jan Hiesserich: Aber wenn ich Sie da kurz unterbrechen darf: Alle Beispiele, die Sie gerade genannt haben, handeln von automatisierer und gesteigerter Effizienz. Wenn ich jetzt aber den Blick auf Innovation lenke, sehen wir in der Praxis noch deutliche Defizite. Denn das bedeutet auch, Menschen Technologien an die Hand zu geben, die es ihnen ermöglichen, Fragen zu stellen. Was ihnen letztlich auch ermöglicht, Dinge infrage zu stellen. Womit wir wieder bei der ursprünglichen Frage wären: Wie viel hält eine Organisation aus?

Simone Menne: Ja, auch wenn man dies etwas differenzierter betrachten sollte, sehen wir hier klare Defizite. Ich bin Präsidentin der American Chamber of Commerce. Die Mitglieder – und da sind viele große Unternehmen aus Amerika und Deutschland vertreten – bewerten in Befragungen unsere digitale Infrastruktur jedes Jahr schlechter. Und damit könnten wir Gefahr laufen, Investitionen hier in Deutschland zu verhindern. Da muss dringend etwas getan werden, das ist überhaupt keine Frage.

Paula Cipierre: Aber ich glaube, da spielt auch wieder das Framing eine spannende Rolle. Sie hatten vorhin im Universitätskontext erwähnt, dass sich tendenziell mehr Frauen einschreiben, wenn man naturwissenschaftliche Fächer eher mit Nachhaltigkeit umschreibt, als wenn diese als technische Fächer klassifiziert sind. Vielleicht müssen wir das Framing um die Digitalisierung herum ändern, indem wir uns beispielsweise viel mehr auf Positivbeispiele konzentrieren und uns daran orientieren.

Auch da ist Ihr Beispiel aus der Pharmaindustrie relevant: Wenn dort schon erfolgreich eine kreative und fehlertolerante Kultur gelebt wird, warum setze ich mich dann nicht als CEO eines Automobilunternehmens mit Vertretern aus der Pharmabranche zusammen und schaue, was ich aus diesen Erfahrungen lernen und auf meine eigene Branche übertragen kann? Gerade hier ist der interdisziplinäre Austausch enorm wertvoll. Digitale Bildung heißt schließlich nicht, dass wir alle Softwareingenieure werden müssen, sondern dass wir offen für andere Perspektiven sind und gewillt sind, uns von ihnen inspirieren zu lassen.

Simone Menne: Damit sind wir auch beim Thema Diversität. Denn Diversität bedeutet eben auch, dass ich Ingenieure, Geisteswissenschaftler und Menschen verschiedener Hintergründe und Altersklassen zusammenbringe und alle etwas zu der Lösung eines Problems beitragen lasse. Wir sollten das Testfeld so gestalten, dass möglichst viele verschiedene Leute zusammenkommen und Dinge ausprobieren.

Edison hat einmal gesagt, oder zumindest wird es ihm zugeschrieben, dass er die Glühbirne nicht einmal, sondern 299-mal erfunden hat. Er war 298-mal nicht erfolgreich. Aber ohne die 298 Versuche vorher wäre beim 299. Mal keine Glühbirne dabei herausgekommen. Denn Innovation passiert nicht einfach so. Oftmals kommen auch mehrere Personen gleichzeitig zu derselben Erkenntnis, weil viele andere Erkenntnisse von anderen Forschern dann gesammelt vorliegen. Auch hier war die Geschichte so, dass es erst einmal viele Versuche vorher gab, bei denen gar nichts rauskam, bis irgendwann irgendjemand gesagt hat: »Hey, cool. Könnte so sein.«

Paula Cipierre: Vielleicht muss man da auch Erwartungsmanagement betreiben. Dass man zwangsläufig 298 Glühbirnen bauen muss, bis eine kommt, die funktioniert.

Simone Menne: Ich frage mich ja immer: Wie zum Teufel sind Marshmallows entstanden? [lacht] Vor allem beim Kochen entdeckt man oft neue Rezepte, wenn man formell etwas falsch macht.

Jan Hiesserich: Wir haben jetzt viel über Kunst als sozialen Akt gesprochen: Man kommt zusammen und betrachtet ein Kunstwerk aus verschiedenen Perspektiven. Gleichzeitig haben wir zunehmend die Situation, dass das, was als Kunst betrachtet wird, sich am Kunstmarkt bemisst, also als etwas sehr Exklusives, etwas sehr Abgeschlossenes dargestellt wird. Während wir persönlich Kunst eigentlich als etwas sehr Inklusives, Zugängliches und Natürliches verstehen.

Simone Menne: Der Fehler ist, dass wir nicht von Kunst reden, wenn wir über den Kunstmarkt reden. Denn der Markt wird von Menschen produziert. Und da werden Sachen gehypt, weil Menschen damit Geld verdienen. Das hat aber nichts mehr mit Kunst im Generellen zu tun. Deswegen haben sich viele Menschen von der Kunst distanziert oder haben davor Angst. Dabei ist Kunst etwas völlig Natürliches. Aber der Kunstmarkt ist nichts Natürliches. Der ist menschengemacht mit dem Ziel, möglichst viel Geld zu verdienen. Daran ist nichts natürlich. Darüber hinaus ist daran auch nichts kreativ.

Jan Hiesserich: Kann Technologie kreativ sein?

Simone Menne: Nein, von sich aus nicht. Es ist ja immer noch ein Mensch, der die Technologie macht. Ich hatte hier in der Galerie einmal eine Installation mit Staubsaugerrobotern, die im Raum herumgefahren sind und Pflanzen beleuchteten, die dadurch von draußen als Silhouetten wahrnehmbar wurden. Das ist Technologie, die ein Mensch nutzt, um ein Kunstwerk zu machen. Und selbst wenn Sie sagen »Okay, Künstliche Intelligenz kann lernen und kreieren«, kreiert die Technologie nach wie vor aufgrund von zufälligen Mutationen und nicht aus eigenem Antrieb.

Jan Hiesserich: Okay, also der Antrieb, etwas tun zu wollen, die Intention, ist ein wichtiger Bestandteil der Kreativität?

Simone Menne: Ja. Die Aufgaben, die der Technologie zugeteilt werden, werden von Menschen gegeben. Und die Technologie arbeitet diese dann ab. Man kann Kompositionssoftware so programmieren, dass die daraus resultierenden Musikstücke sich anhören wie Stücke von Bach. Aber das heißt natürlich, dass es einen Programmierer gibt, der etwas kreieren will, das sich wie Bach anhört. Das zeigt uns, dass es eben nicht die Technologie ist, die Bach komponiert. Die Technologie hat nur ein Schema gelernt, nach dem Bach komponiert hat, und dieses Schema dann reproduziert. Aber das ist keine Kreativität.

Paula Cipierre: Ich glaube, da fehlt auch wieder die kommunikative Komponente. Was dabei vielleicht nämlich schon kreativ sein kann, ist die Reaktion des menschlichen Publikums.

Simone Menne: Genau. Da sind wir auch schnell bei LaMDA. Eine Software, der ein Softwareengineer Intelligenz und Emotionen zuschreibt. Aber darüber verfügt sie nicht. Wir Menschen projizieren unsere Ideen auf Dinge. Wir sind kaum in der Lage, etwas zu sehen und nichts darauf zu projizieren.

Jan Hiesserich: Kann es Kunst ohne Menschen geben?

Simone Menne: Das ist eine hochphilosophische Frage. Was ist, wenn es keine Menschen mehr gibt? Spricht dann noch jemand über Kunst? Ich denke nicht. Zumindest denke ich nicht, dass sich Technologie ohne Menschen über Kunst unterhalten würde. Ich glaube auch nicht an diese Dystopien, dass es irgendwann einen HAL gibt, der sich anmaßt, uns zu sagen, was Kunst ist und was wir daran haben. Menschen projizieren eben gerne Katastrophen oder auch das Paradies.

Aber um es noch einmal sachlich zu sagen: Selbst, wenn eine Technologie irgendetwas in einer Black Box kreiert, das wir nicht verstehen, heißt das noch lange nicht, dass die Technologie dadurch kreativ oder intelligent ist. Das bedeutet vielmehr, dass die Technologie irgendetwas auf Basis irgendwelcher Muster dupliziert, in die wir keinen Einblick haben und die wir zunächst nicht verstehen. Und vor Dingen, die wir nicht verstehen, haben wir grundsätzlich erst einmal Angst. Aber das, was da passiert, passiert im Menschen und nicht in der Maschine. Durch den Dialog bildet sich der Mensch ein, dass die Maschine ihn versteht. Dahinter steckt vielleicht auch der Wunsch, dass die Maschine uns versteht. Und uns vielleicht endlich all die Antworten gibt, die wir suchen. Aber das passiert in uns, nicht in der Maschine.

Paula Cipierre: Um vielleicht auch nochmal auf die Publikumsseite zurückzukommen: Ein anderer roter Faden in unserem Gespräch war eine gewisse Ehrerbietung gegenüber Autorität. Sei es im Zusammenhang mit Hierarchien, in denen Verantwortung stets nach oben delegiert wird, oder im Zusammenhang mit Innovationen, wo nach wie vor der Gedanke der einen Erfindung, des göttlichen Einwurfs, des Genies dominiert. Oftmals werden dabei Frauen außen vorgelassen, deren Beiträge von der Geschichtsschreibung gerne vergessen werden. Und es ist leider auch nach wie vor so, dass Frauen sowohl in der Kunst als auch in der Unternehmensführung dramatisch unterrepräsentiert sind. Spielen vielleicht auch da diese starren Hierarchien oder dieser Fokus auf eine Person eine Rolle? Was kann man an den bestehenden Strukturen ändern, um es auch Frauen zu ermöglichen, in diesen Bereichen zu wachsen?

Simone Menne: Frauen in diese Positionen bringen. Es gibt genug Frauen, auch in der Kunst, die es können und die es wollen. Historisch betrachtet, werden einfach gerne gute Geschichten geschrieben. Auch über Edison wurden viele Geschichten geschrieben, etwa wie er bewusst seine Konkurrenten unterminiert hat. Aber so werden auch Helden kreiert und Frauen aus der Geschichte geschrieben. Es gab und gibt viele Künstlerinnen. Die werden aber oft schlichtweg nicht erwähnt.

Meine Hypothese ist: Wir leben in einer Männerwelt. Und in dieser Welt erfüllen Männer eher die gesellschaftlichen Erwartungen als Frauen. Erwartungen, die übrigens sowohl Männer als auch Frauen haben! Frauen passen in das Schema einfach nicht so gut rein und werden schlichtweg vergessen. Die einzige Alternative, die wir haben, ist 50 Prozent der relevanten Stellen mit Frauen zu besetzen. Deswegen befürworte ich auch die Quote.

Paula Cipierre: Weil das alleine schon Frauen die Freiräume eröffnet, die sie brauchen. Netzwerke bevorzugen oft diejenigen, die uns gleichen. Die Quote hingegen setzt das Zeichen von oben, dass es kompetente Frauen gibt und braucht.

Simone Menne: Ja, absolut. Das muss zumindest der Anspruch sein. Dass man wirklich sagt: Ich besetze so divers – nicht nur auf das Geschlecht bezogen –, dass Kreativität ermöglicht wird. Wenn Sie ein Automobilunternehmen führen und nur männliche Ingenieure einstellen, die alle an der RWTH Aachen studiert haben, dann kommt natürlich auch ein homogenes Auto dabei raus. So können gar keine neuen Ideen aufkommen. Wenn Sie Frauen mit im Entwicklungsteam haben, kommen die vielleicht noch auf ganz andere Ideen, zum Beispiel, was die Bedürfnisse von Frauen in der Stadt betrifft. Und wenn Sie junge Menschen haben, kommen die vielleicht auch auf die Idee, dass wir Autos vielleicht an sich gar nicht mehr brauchen.

Aber solange Sie diesen Gedanken ignorieren, entsteht eine homogene Kultur und damit Produkte, die diese homogene Kultur entwickelt und andere Ideen gar nicht berücksichtigen kann. Und es reicht nicht, nur Frauen in die Teams zu holen. Wenn diese einen ähnlichen sozialen Hintergrund haben, wird eine gewisse neue Perspektive eingeführt, aber nicht eine radikal neue, wie sie eventuell durch die Mischung von Jung und Alt oder durch internationale Besetzungen entstehen könnte.

Jan Hiesserich: Oft entfaltet sich Kreativität erst in Krisenzeiten. Haben wir schon genug Krise? Gefühlt leben wir in einer sedierten Republik.

Simone Menne: Ich denke nicht, dass es eine Weltwirtschaftskrise braucht, damit in Deutschland etwas passiert. Die derzeitigen Herausforderungen sind schwerwiegend und werden zwangsläufig Innovationen fördern. Außerdem gibt es Unternehmen, die kreativ sind, ohne dass es einer Krise bedarf, einfach weil sie etwas Neues sehen. Beispielsweise die Start-ups. Und wenn wir da wieder zu den Frauen schauen, ist es interessant, dass Start-ups von Frauen generell weniger Geld bekommen, aber gleichzeitig nachhaltiger agieren und eher die soziale

Komponente ins Auge fassen. Männer hingegen konzentrieren sich auf Technik und ziehen damit mehr Geld an. Auch da müssen Regierung und Gesellschaft reflektieren, wie eigentlich priorisiert wird. Es gibt mittlerweile vier Regierungspräsidentinnen, die ihr Land nicht mehr ausschließlich nach dem Bruttoinlandsprodukt steuern. Einfach deswegen, weil sie andere Dinge honorieren und sich fragen: Was messe ich noch? Beispielsweise Bildung, Gesundheit und Wohlbefinden und damit eben nicht nur Effizienz. Wenn sich die Menschen in einer Gesellschaft wohlfühlen sollen, dann muss es auch Zeit und Muße für Kreativität geben. Wenn alle nur exzessiv arbeiten, fühlen sie sich offenkundig nicht mehr wohl.

Jan Hiesserich: Auch da stellt sich die Frage, wie viel Mehrdeutigkeit und Ambivalenz ich zulasse. Kunst und Kreativität erfordern oft eher langfristigeres Denken, als es uns der Effizienzgedanke erlaubt.

Simone Menne: Menschen haben Probleme, Komplexität über längere Zeiträume zu erfassen. Dazu sind die Einflussfaktoren oft zu zahlreich. Aber vielleicht kann uns auch da Technologie helfen, indem man Systeme langfristiger simuliert. Weil wir selbst dazu bei aller Kreativität nicht in der Lage sind. Wir haben da einfach unsere Limitierungen.

Das sieht man etwa bei den Themen Klima und Klimaerwärmung. Wir wissen es alle. Und wir wissen es schon seit Jahren. Und trotzdem ist nichts passiert. Und jetzt, da etwas passiert, ist es fast schon zu spät. Wir haben bereits Dürren. Wir haben schon Überschwemmungen. Und wir haben nichts getan, obwohl wir's wussten. Weil wir in der Hinsicht wie der Frosch sind, der im heißen Wasser sitzt. Bis er denn kocht. Und hier ist Technologie, glaube ich, wieder hilfreich. Weil sie uns die Zukunftsvisionen zeigen kann, die wir gerne ausblenden würden.

Paula Cipierre: Gleichzeitig muss man an den Strukturen selbst rütteln. Aber das ist dann eher eine gesellschaftliche Aufgabe als eine, die von der Technologie gelöst werden kann. Wenn jetzt beispielsweise das Bundesverfassungsgericht zu dem Schluss kommt »Naja, auch Sie, liebe Politikerinnen und Politiker, müssen an die jüngeren Generationen denken«, schaffen wir eine Struktur, in der nachhaltigeres Denken gedeihen kann. Es ist extrem spannend und auf rechtlicher Ebene auch extrem innovativ, zu sagen: »Sie haben auch eine Verantwortung gegenüber den Generationen, die noch kommen.«

Simone Menne: Absolut. Ich habe kürzlich erst einen Podcast gemacht mit einer Juristin, die die Umweltgesetzgebung in Brüssel mit berät. Und die sagt, »Wir müssen Gesetze 10 Jahre im Voraus denken. Wir müssen jetzt Gesetze machen, die eine Technologie vorhersehen, die erst in 10 bis 15 Jahren da sein wird«. Das ist natürlich hochspannend. Ich wäre nie auf solche Themen gekommen, aber sie beschäftigt sich genau damit.

Paula Cipierre: Deswegen ist der kreative Austausch zwischen den Kulturen so wichtig, denn der bringt Diversität.

Simone Menne: Genau. Bei der American Chamber of Commerce hat kürzlich eine junge Dame eine Präsentation gehalten, die den Female Founder Award gewonnen hat. Sie beschäftigt sich mit dem Thema Nachhaltigkeit. Und sie hat einen sehr guten, auch mutigen, Vortrag über das Thema Unternehmertum in Deutschland und in den USA gehalten. Sie hat auf den Unterschied im Denken in USA und Deutschland hingewiesen. In USA wird eher unternehmerisch gedacht und einfach mal etwas gemacht. Diese Art des Denkens kann uns helfen. Aber die deutsche Gründlichkeit ist wiederum eine Kultur, die anderen helfen kann. Die Mischung machts.

Jan Hiesserich: Bias to action.

Simone Menne: Genau.

Jan Hiesserich: Wir kommen letztlich immer wieder auf das Thema Kultur. Um noch einmal auf LaMDA zurückzukommen: LaMDA hat wahrscheinlich 541 Milliarden verschiedene Stellschrauben. Die kann kein Mensch überblicken. Dementsprechend ist LaMDA für uns eine Black Box, und dementsprechend nennen wir LaMDA intelligent. Also etwas, das wir nicht verstehen, nennen wir intelligent.

Müssten wir nicht viel, viel früher anfangen, Menschen Dinge zuzutrauen? Schon Kinder ermutigen, Dinge auszuprobieren und vielleicht auch mal ungehorsam zu sein?

Simone Menne: Absolut. Kultur ändern Sie nur, wenn Sie bei den Kindern anfangen. Stereotypen zu Mann und Frau entstehen, wenn Sie drei Jahre alt sind. In diesem Alter wird Kindern schon vermittelt, dass Mädchen kein Mathe können und Jungs gerne mit Autos spielen. Das haben Sie in anderen Ländern nicht. Ich habe letztens mit einer Polin gesprochen, die jetzt in Deutschland als Physikerin arbeitet. Die hat gesagt: »Ich wäre nie auf die Idee gekommen, dass ich aufgrund meines Geschlechts ein Problem als Physikerin haben würde.« Weil in Polen alle

Frauen ganz selbstverständlich Vollzeit arbeiten und zwar in allen möglichen Berufen. Und in Deutschland landen sie auf einmal in einer Schublade. Also diese Kultur müssen Sie sehr früh ändern und schon da sagen: »Es ist völlig egal, was für ein Geschlecht du hast. Probier's aus. Es darf auch mal was schiefgehen.«

Aber ich bin zuversichtlich, dass da langsam etwas passiert. Denn nur so können wir uns sowohl technologisch als auch intellektuell auf die Zukunft vorbereiten.

Paula Cipierre: Frau Menne, vielen Dank für das Gespräch.

INNOVATION NEGIERT NICHT HISTORISCH ENTSTANDENES

ACHIM DAUB

Wir treffen Achim Daub an einem schwülen Sommernachmittag in einem Café an der Upper East Side in New York. Daub wohnt schon seit vielen Jahren in den USA, wo er mittlerweile seine eigene Beratungsfirma führt. Daub blickt auf eine lange und erfolgreiche Karriere in der Konsumgüter- und Duftstoffindustrie zurück. Unter anderem hat er in seiner Rolle als Vorstand bei der Symrise AG den ersten Einsatz von KI in der Parfümentwicklung mitverantwortet: die in Zusammenarbeit mit IBM Watson kreierte KI mit dem klangvollen Namen Philyra. Zu Achims Erfahrungen, die Duftstoffindustrie mithilfe von Software zu revolutionieren, und was das für die menschlichen Parfümeure bedeutet, haben wir uns ausführlich ausgetauscht. Im gemeinsamen Einvernehmen fanden wir schnell zum Du.

Paula Cipierre: Achim, erzähl uns doch ein wenig über deinen persönlichen Werdegang.

Achim Daub: Tatsächlich war ich ein Schulabbrecher. Ich habe 1979 einen mittelmäßigen Realschulabschluss gemacht. Fürs Gymnasium war ich wohl zu dumm oder zu faul! [lacht] Interessanterweise bin ich am Gymnasium letztlich wegen zwei Fächern gescheitert: Chemie und Französisch. Was witzig ist, wenn man bedenkt, dass ich dann später ein weltweites Chemieunternehmen geleitet habe und das ausgerechnet lange Zeit mit Sitz in Frankreich, in Paris. So schlägt das Leben seine Wellen.

Aber zurück zu meinem Werdegang: Ich habe nach meinem Schulabschluss am Gürzenich in Köln eine Kochlehre gemacht. Das war eine andere frühe Parallele zur Parfümerie: Kochen und Parfümerie haben vieles gemein. Sie basieren nämlich auf den gleichen Erfolgsfaktoren: gute Inhaltsstoffe und Talent. Allerdings war es damals deutlich weniger glamourös, als Koch zu arbeiten, als heute. Wenn man heute als Koch arbeitet, ist man fast schon automatisch eine Berühmtheit. Ende der 70er Jahre war das einfach nur Maloche: harte Knochenarbeit, 6 bis 7 Tage die Woche, manchmal bis zu 18 Stunden. Das war eine Erfahrung, entlang der man reflektiert, was man mit seinem Leben machen will. Mit 16 oder 17 Jahren war ich noch nicht so ambitioniert. Zwischen 19 und 20 dann schon. Ich habe realisiert, dass Kochen doch nicht so meine Welt war. Dann habe ich, in Deutschland funktioniert das glücklicherweise gut, den sekundären Bildungsweg eingeschlagen und an einer Gesamthochschule in Wuppertal einen Abschluss als Diplom-Ökonom gemacht. Dadurch habe ich die Hochschulreife erlangt und konnte studieren.

Anschließend wollte ich ein Praktikum machen und bin über Procter & Gamble (P&G) gestolpert – von denen ich bis dato ehrlich gesagt noch nie etwas gehört hatte. [lacht] Zwei Dinge hatten mich damals vor allem an P&G fasziniert: Erstens kannte man die Marken und zweitens, hatten die das höchste Praktikantengehalt: 2000 D-Mark, daran erinnere ich mich noch. Also habe ich mich dort beworben, bin aber nicht genommen worden, wohl aufgrund meines unüblichen Werdegangs. Ein halbes Jahr später habe ich mich erneut beworben und ein paar Tage später per Post einen Fragebogen bekommen, den man als Bewerber ausfüllen musste. Damals gab es noch keine E-Mails. Eine der Fragen, die ich beantworten musste, war, ob ich mich in der Vergangenheit schon einmal bei P&G beworben hatte. Eine heikle Testfrage: Antworte ich wahrheitsgemäß? Dann wissen sie sofort, dass ich schon einmal durchgefallen bin. Antworte ich unwahrheitsgemäß? Dann gehe ich das Risiko ein, dass die Personaler es herausfinden. In dem Fall falle ich auch wieder durch. Ich habe mich letztlich für die Wahrheit entschieden, »Ja« angekreuzt und das Ganze mit der Post abgeschickt. Ein paar Tage später bekam ich dann um 8:30 Uhr einen Anruf von der Personalabteilung von P&G: Sie wollten mich am folgenden Tag zu einem Interview einladen. Einer der Erfolgsfaktoren in der Bewerbung: Beharrlichkeit. Die Tatsache, dass ich trotz meines unüblichen Werdegangs nicht aufgegeben hatte. Am letzten Tag meines Praktikums bekam ich dann ein Jobangebot vom Associate Marketing Direktor und habe schließlich 1999 bei P&G als Brand Assistant auf dem Gebiet der Haarpflege angefangen. Damals dachte ich, das würde maximal ein Jahr halten, weil alle um mich herum deutlich smarter waren. Letztlich habe ich nach 11 Jahren gekündigt, weil ich mir das Ziel gesetzt hatte, noch vor 40 Geschäftsführer zu werden. Mit 39 habe ich also das Angebot angenommen, Geschäftsführer der Coty Deutschland GmbH zu werden.

Doch zurück zu P&G: Tatsächlich bin ich über meine Arbeit dort in der Abteilung für Duftstoffe gelandet. Ende der 80er Jahre stieg P&G mit dem Erwerb von CoverGirl in die Kosmetik- und Parfümbranche ein. Anfang der 90er Jahre erwarb die Firma dann die Kosmetik- und Parfümmarke Ellen Betrix aus Dreieich mit der Tochterfirma Eurocos Cosmetic GmbH, die genau drei Marken hatte: Laura Biagiotti, Hugo Boss und Otto Kern. Als ich in meinem dritten Jahr bei P&G war, wurde ich gebeten, nach Dreieich umzusiedeln, weil sie die Marke mit Topmanagern und Assistenten, also Brand Managern wie mir, hochkarätig besetzen wollten. Ich bin also nach Dreieich gezogen und habe dann von meinen 11 Jahren bei P&G insgesamt 8 Jahre in der Duftstoffindustrie gearbeitet: Zunächst als Assistant Brand Manager bei Laura Biagiotti, damals eine hocherfolgreiche Marke mit drei Düften: Roma, Venezia und Laura.

Jan Hiesserich: Du warst damit sehr erfolgreich und hast danach auch Marken wie Hugo Boss betreut.

Achim Daub: Ja. Meine Aufgabe als Brand Manager war, die Marke für die damalige Zielgruppe, die jüngere Generation X, attraktiv zu machen. Entstanden ist aus dem 3-jährigen Entwicklungsprozess die ikonische Marke Hugo. Diese sollte ursprünglich eine 20-Millionen-Marke werden. Im zweiten Jahr war sie schon 300 Millionen wert. Mit anderen Worten, Hugo war ein Riesenerfolg. Dadurch, dass Hugo so eine Erfolgsgeschichte war, wurde ich wieder befördert, zunächst zum Marketing Manager Fine Fragrance, dann zum Marketing Direktor Fine Fragrances North America. Es kamen dann noch einige Stationen dazu, durch die ich erst nach Santa Monica, dann nach London, und schlussendlich nach Genf gezogen bin, wo ich die Marke Pantene als Marketing Director Western Europe betreut habe.

Jan Hiesserich: An dieser Stelle hast du wieder gekündigt …

Achim Daub: Genau, um diese Zeit habe ich beschlossen zu Symrise zu wechseln. Zugegebenermaßen hatte ich von Symrise, als mich der Headhunter anrief, noch nie gehört. Aber im Symrise Beirat saß ein ehemaliger übernächster Vorgesetzter von mir bei P&G. Und der hatte Interesse an meinem Wechsel, damit ich meine langjährige Expertise bei globalen Spitzenunternehmen in dieses mittelständische Unternehmen einbringen kann. Im Oktober 2004 bin ich dann dorthin gewechselt und habe zunächst den geografischen Bereich EAME (Europe, Africa, Middle East) von Paris aus betreut. Ein Jahr später wurde ich zum Global Fragrance Leiter befördert. 2005 haben wir dann relativ schnell angefangen, das Unternehmen auf den Börsengang vorzubereiten und es im Zuge dessen restrukturiert, neben anderen Veränderungen haben wir aus vier Geschäftsbereichen zwei gemacht. Und einer dieser Bereiche war Scent and Care, der drei Divisionen beinhaltete: Fragrance, Cosmetic Ingredient und Aroma Molecules. Den Bereich Scent und Care habe ich in der Folgezeit als Vorstandsmitglied verantwortet und den Umsatz von 620 Millionen auf 1,4 Milliarden erhöht. Damals hatte ich Verantwortung für 3000 Mitarbeiter an über 40 Standorten und in 15 Fabriken. Kurz vor Ende des letzten Fünfjahresvertrages war ich dann schon 59 Jahre alt und dachte mir, 16 Jahre sind eigentlich genug. Ich wollte eigenständiger arbeiten, kürzertreten, weniger reisen. Daher bin ich das Risiko eingegangen, keine Vertragsverlängerung zu ersuchen, und habe stattdessen meine eigene Unternehmensberatung gegründet. Dort berate ich hauptsächlich Private Equity Firmen und Family Funds. Schwerpunktmäßig konzentriere ich mich auf Akquisitionsobjekte im Bereich Fragrance and Ingredients sowie klassische Unternehmensberatung bei kleinen und mittelständischen Industrieunternehmen.

Jan Hiesserich: Wann und wie bist du denn auf die Idee gekommen, KI im Geschäft einzusetzen?

Achim Daub: Ich habe mich immer stark auf meine Mitarbeiterinnen und Mitarbeiter verlassen und stets ein offenes Ohr dafür gehabt, was im Flur besprochen und an Ideen eingebracht wird. Man ist immer nur so gut und erfolgreich, wie das Team um einen herum. Meine damalige Leiterin der Parfümentwicklung bei Symrise hatte mir einen Artikel via E-Mail zu Chef Watson geschickt, dem KI-basierten IBM-»Koch«. Den Artikel fand ich aufgrund der eben schon genannten Parallelen zwischen Parfümerie und Küche spannend: nämlich, dass beide auf den Erfolgsfaktoren Rohstoffe und Talent basieren. Die Schlussfolgerung war also naheliegend, dass, wenn das Kreieren neuer Kochrezepte basierend auf der Analyse von relevanten Inhaltsstoffen klappt, sich diese Methode auf die Parfümerie übertragen lässt. Das war der Startschuss. Ich habe daraufhin ein Team um mich herum installiert, das sich den Markt für KI anschauen sollte, inklusive IBM, aber auch Start-up-Unternehmen aus Frankreich. Schlussendlich haben wir uns aufgrund der Größe und Erfahrung, aber auch der Nähe zu New York, dazu entschlossen, mit IBM zusammenzuarbeiten. Unser Vorstand hat positiv über das Projekt entschieden und eine Initialsumme zur Verfügung gestellt. Allerdings hat sich die Ursprungsthese einer etwaigen Parallele zwischen Küche und Parfümerie als falsch herausgestellt, weil Parfümerie, im Gegensatz zum Kochen, eine exakte Wissenschaft ist. Ob man beim Kochen einen Viertel oder halben Teelöffel Salz nimmt, ist letztlich egal. Das ist in der Parfümerie nicht so. In der Parfümerie haben sich die Anforderungen also als deutlich komplexer herausgestellt, als ursprünglich angenommen. Das waren die Ursprünge des Projekts.

Jan Hiesserich: Eigentlich würde man doch annehmen, dass KI gerade mit einer exakten Wissenschaft besser umgehen kann als der Mensch.

Achim Daub: Ja, aber der Teufel lauert wie immer im Detail. Wie anfangs besprochen, ist die Interaktion zwischen Mensch und Maschine unglaublich wichtig, aber diese entwickelt sich erst im Laufe der Zeit. Anfangs investiert der Mensch mehr in die Maschine, quasi um der Maschine das Lernen zu lehren. Erst später hat der Mensch dann den Vorteil, selbst von der angelernten Maschine zu lernen. In der Parfümerie gibt es 3000 Inhaltsstoffe, davon sind rund 1300 im Einsatz. Dabei sind Aromen wie beispielsweise Zitrus unglaublich vielfältig. Zitrus ist nicht gleich Zitrus. Es gibt vielleicht 30 verschiedene Zitrusvariationen. Das muss die Maschine erst einmal lernen, in dem ein Parfümeur beispielsweise eine Intensitätsskala programmiert. Aromen mussten also in eine maschinell verständliche Sprache übersetzt werden.

Paula Cipierre: Inwiefern haben die Parfümeure den Einsatz von KI in der Parfümentwicklung akzeptiert?

Achim Daub: Das variiert natürlich von Mensch zu Mensch, und kulturelle Faktoren spielen dabei eine Rolle. Parfümerie wird traditionell als französisch wahrgenommen, wobei die moderne Parfümerie meiner Meinung nach in Holzminden entstanden ist. Aber dazu vielleicht später noch mehr. Die französische Kultur ist generell weniger offen und patriotischer und steht daher technologischer Innovation eher zurückhaltender gegenüber als beispielsweise die amerikanische, die einen pragmatischen Ansatz zu Innovation verfolgt. In der Industrie wurde die Initiative zuerst belächelt. Dort hieß es: Parfümerie ist Kunst. Das kann eine Maschine nicht erbringen. Die üblichen Vorurteile also, aber das ist normal. Das muss man mitaufnehmen und konstruktiv damit umgehen.

Paula Cipierre: Du hast uns im Vorgespräch erzählt, du hättest dein Team aus 60 Parfümeuren als »community of creative entrepreneurs« begriffen. Wie bist du dazu gekommen?

Achim Daub: Ich war daran interessiert, die Parfümeure kommunal zusammenarbeiten und sich als Gemeinschaft verstehen zu lassen, anstatt ihre Arbeit egozentrisch anzugehen. Die Parfümeure sollten verstehen, dass in der Zusammenarbeit mit anderen bessere Rezepturen entstehen, weil man sich austauschen und voneinander lernen kann. Kreativ ist die Gemeinschaft, weil es sich natürlich um kreative Arbeit dreht. Und ich sprach von Entrepreneuren, weil es letztlich immer auch um Wertschöpfung geht. Kreativität ist in diesem Fall kein Selbstzweck, sondern soll der Wertschöpfung dienen: für Aktionäre, aber auch für Beschäftigte im Sinne von gesicherten Arbeitsplätzen sowie für Kunden, die von immer neuen innovativen Lösungen im Markt profitieren.

Den Parfümeuren gegenüber habe ich damals gesagt: »Nehmen wir an, dass Parfümeure tatsächlich analog zu Künstlern agieren, zum Beispiel Malern. Als

Maler hat man normalerweise eine Farbpalette. Jeder Maler, jede Malerin, hat dabei seine oder ihre eigene Palette. Manche haben beispielsweise Pastelltöne oder auch nur Schwarz-Weiß-Farben. Jeder Maler hat vielleicht auch seine eigenen Pinsel, mal dickere, mal dünnere. Also mögen alle Künstlerinnen und Künstler sein, bleiben aber als Individuen komplett unterschiedlich und produzieren daher einen komplett unterschiedlichen Output. Aber jetzt stellt euch vor, ihr würdet euch als Gemeinschaft von Malerinnen und Malern austauschen, etwa eure Farben und eure Pinsel. Die individuelle Kreativität würde dadurch doch enorm erweitert werden, einfach weil euch damit eine breitere Palette an Möglichkeiten zur Verfügung steht.«

Jan Hiesserich: Und das ist dann die Analogie zur Künstlichen Intelligenz?

Achim Daub: Genau, auch sie erweitert den Horizont der Möglichkeiten, weil Parfümeure auf einmal Zugriff auf Zutaten aller anderen Formulierungen bekommen. Der Startpunkt unseres Produkts war die Integration aller digital verfügbaren Dufstoffrezepturen in der Symrise-Datenbank. Das waren vielleicht 1,7 Millionen Duftstoffrezepturen von allen Parfümeuren, die jemals einen Duftstoff entwickelt haben. Die Sammlung dieser Rezepturen wurde dann allen Parfümeuren über eine einheitliche Datenbank zur Verfügung gestellt. Das führte in unterschiedlichem Ausmaß zu größerer Akzeptanz. Hilfreich war, dass einer der Lead Perfumer, Dave Apel, von Anfang an ein starker Befürworter der Mensch-Maschine-Kollaboration war und den Enthusiasmus in seine Gemeinschaft gebracht hat. Dave war auch der Lead Perfumer, der Philyra angelernt hat.

Jan Hiesserich: Also hat die KI sozusagen die Palette des individuellen Malers erweitert?

Achim Daub: Eher das Repertoire, würde ich sagen. Kein Parfümeur arbeitet mit allen 1300 Materialien. Jeder hat seine eigene Palette und greift eigentlich immer wieder auf die gleichen Kombinationen zurück. Jeder bleibt natürlich ein Stück weit in seiner Komfortzone. Außerdem kombiniert jeder Parfümeur anders. Für manche gilt das Prinzip, je simpler desto besser, andere brauchen gerne mal 80 bis 100 Rohstoffe.

Jan Hiesserich: Mit anderen Worten, über die KI stoßen Parfümeure auf neue Rezepturen, die sie vielleicht sonst nie ausprobiert hätten. Aber führt das nicht zu Störgefühl in der Autorenschaft?

Achim Daub: Das kommt darauf an. Natürlich ist in der Parfümerie manchmal ein gewisser Egozentrismus im Spiel, dass man die Duftstoffe immer selbst entwickeln will und meint, eine vermeintlich dumme Software dafür nicht zu brauchen. Andere hingegen sind sofort von der Idee begeistert. Wieder andere denken sich, dass sie der Entwicklung besser mit offenen Armen begegnen, weil sie ohnehin unvermeidbar ist: Better embrace than deny. Aber ich denke, man kann schon sagen, dass die erfolgreicheren Parfümeure – erfolgreich auch im Sinne des Entrepreneurs – den Wert darin schnell gesehen haben und dazu bereit waren, mit der KI zu experimentieren. Natürlich war niemand gezwungen, das System zu benutzen. Eher war es so, dass manche, als das System eingeführt wurde, eben smart genug waren, es sich zumindest einmal anzuschauen. Vielleicht kann man dadurch kreativer und schneller werden und zugleich mehr Geld verdienen. Schließlich ist das Einkommen der Parfümeure immer auch an den kommerziellen Erfolg gekoppelt, also ist nicht nur relevant, wie viele Duftstoffe entwickelt werden, sondern auch wie erfolgreich sie sind. Das war das eine.

Das andere ist: KI in der Parfümerie ist nie nur ein reines Entwicklungsinstrument, also im Sinne von Innovation, neuem Schaffen, neuen Kreationen. Stattdessen kann sie als Instrument auch dafür eingesetzt werden, Parfümeuren unbeliebte administrative Arbeiten abzunehmen. Alle paar Jahre veröffentlicht etwa die International Fragrance Associaton (IFRA) neue Sicherheitsstandards. Dieses basieren auf wissenschaftlichen Studien des Research Institute for Fragrance Materials (RIFM). Momentan ist die Industrie damit beschäftigt, den 49. Standard zu implementieren. Das bedeutet aber, dass alle Parfümeure ihre alten Formeln an den neuen Standard anpassen müssen. In anderen Worten, bestehende Formeln nehmen und überarbeiten. Dafür bekommt man aber kein Geld. Also müssen Parfümeure ihre Zeit in Dinge investieren, die sie eigentlich nicht machen wollen. Das ist lästig. KI wie Philyra kann aber nicht nur kreieren, sondern auch reformulieren, also Rezepturen überarbeiten, um unter anderem eben die Anpassung an neue regulatorische Anforderungen zu ermöglichen, aber auch um beispielsweise mit Rohstoffkrisen umzugehen.

Die Parfümindustrie ist momentan zum zweiten Mal binnen 4 Jahren mit einer großen Rohstoffkrise konfrontiert. Erst sind drei Fabriken innerhalb von 6 Monaten abgebrannt. Jede Duftstoff-Firma auf der Welt war davon betroffen. Dann kamen weitere Probleme hinzu, sei es wegen des Klimawandels, der COVID-19-Pandemie, Unterbrechungen in der Lieferkette und vieles mehr. Das macht es natürlich schwieriger und teurer, Parfüme auf den Markt zu bringen, was wiederum zu Reformulierungen von Rezepturen führt, um beispielsweise Rohstoffknappheiten abzufedern und die Preise zu stabilisieren. Aber das sind natürlich alles Arbeiten, die typischerweise auf den Parfümeur zurückfallen. Den

Wert, hier an Arbeit zu sparen, hat nach 3 Jahren Rohstoffkrise wohl jeder Parfümeur verstanden. KI kann hier eine unglaubliche Arbeitserleichterung schaffen. Das erhöht die Akzeptanz.

Paula Cipierre: Also würdest du Philyra als Erfolg bezeichnen?

Achim Daub: Ja, auf jeden Fall. Erfolg in mehrfacher Hinsicht. Zuallererst war Philyra ein unglaublicher PR-Erfolg, durch den Symrise, ein tendenziell kleineres Unternehmen mit gefühlt weniger Pedigree, im Markt an Glaubwürdigkeit gewinnen konnte. Der PR-Boost war schlichtweg phänomenal. Wir haben zahlreiche Medienanfragen und Einladungen bekommen, das Projekt auf Konferenzen zu präsentieren, und das weltweit. Alleine der PR-Gegenwert hat die finanzielle Investition in die Entwicklung mit Faktor 10 wieder reingeholt. Darüber hinaus gibt es den »first mover benefit« – als allererstes Unternehmen überhaupt hat Symrise KI in der Parfümerie eingesetzt. Zu guter Letzt: Philyra ist, wie gesagt, ein komplett funktionales Produkt, das es Parfümeuren ermöglicht, mit neuen Rezepturen zu experimentieren oder bestehende neu zu formulieren.

Jan Hiesserich: Aber wo entsteht dann der kreative Akt? Bei Philyra oder beim Parfümeur? Weil kreativ zu sein unter anderem bedeutet, etwas Neues zu entwickeln, was Philyra in dem Fall letztlich macht. Kann der Parfümeuer noch als kreativ gelten, wenn er lediglich die Rezepturen von Philyra verfeinert?

Achim Daub: Vielleicht sollten wir einen Schritt zurückgehen und erst einmal besser verstehen, wie Philyra eigentlich funktioniert. Philyra ist zuallererst eine Datenbank, die mittlerweile nicht nur Rezepturen von Symrise enthält, sondern auch extern entwickelte Rezepturen, die von Chemikern via »reverse engineering« nachkreiert wurden. Zudem enthält die Philyra-Datenbank nicht nur die Duftstoffrezepturen und die darunter liegenden Rohstoffrezepturen mit ihrem jeweiligen olfaktorischen Spektrum wie etwa Zitrus, sondern auch kommerzielle Erfolgsfaktoren und Verbraucherdaten beispielsweise von Marktforschungsanalysen. Es handelt sich also um eine unglaublich breit aufgestellte Datenbank, die harte und weiche Faktoren kombiniert. Philyra funktioniert letztlich wie eine Suchmaschine. Nehmen wir an, ein Parfümeur bekommt den Auftrag, ein neues Parfüm zu entwickeln, das jung und maskulin riechen soll, also der neuen Zielgruppe entspricht und gewisse Assoziationen zu Marinenoten vermittelt. In dem Fall kann der Parfümeur in die Philyra Suchleiste verschiedene Suchbegriffe eingeben, zum Beispiel maskulin, acquarin, acqua note, ozeanisch. Innerhalb von Sekunden macht Philyra Vorschläge basierend auf bestehenden Duftstoffrezepturen im Markt. Die Ergebnisse werden in einer Art Spinnendiagramm dargestellt. Je weiter entfernt von der Mitte, desto weiter entfernt sind die Ergebnisse von den ursprünglich eingegebenen Suchbegriffen. Der Parfümeur kann dann jedes Ergebnis anklicken, um weitere Details zu erhalten. Diejenigen, die ihm zusagen, kann er auswählen und Philyra bitten, sie zu einer neuen Rezeptur zu kombinieren. Dann kann der Parfümeur auf einer Skala von eins bis zehn festlegen, wie kreativ das Rezept sein soll. Zehn wäre weit entfernt von bestehenden Rezepturen, eins sehr nahe an bestehenden. Der Parfümeur kann dann verschiedene Rezepturen mit Philyra ausprobieren oder ausdrucken und selbst weiter damit experimentieren. Der zentrale Vorteil ist, dass Philyra neue Rezepturen in Sekunden erstellt. Damit können Menschen schlichtweg nicht mithalten. Was sie mit den Vorschlägen letztlich machen, ist aber jedem Parfümeur selbst überlassen.

Jan Hiesserich: 2019 habt ihr dann das erste mit KI entwickelte Parfüm im brasilianischen Markt lanciert …

Achim Daub: Ja. Interessanterweise wurden einem Verbraucherpanel in diesem Zusammenhang drei verschiedene Variationen der Rezeptur präsentiert: eine ohne Zutun von KI, eine, die aus der Zusammenarbeit zwischen Mensch und KI entstanden ist, und eine, die komplett von der KI entwickelt wurde. In diesem Fall war die Version, die komplett von KI entwickelt wurde, tatsächlich die erfolgreichste.

Jan Hiesserich: Aber dann war in diesem Fall tatsächlich der Algorithmus kreativ, weil er dazu in der Lage war, etwas Neues zu schaffen, das darüber hinaus beim Endverbraucher gut ankam.

Achim Daub: Absolut. Und das bringt uns zurück zu der Frage: Betrachten wir das Projekt Philyra als erfolgreich? Und da sagen wir ganz klar: Ja. Das Projekt hat in der Industrie zu vielen Nachahmern geführt. Inzwischen arbeiten alle großen Parfümerieunternehmen mit KI. Das ist eine Entwicklung, die sich nicht mehr zurückdrehen lässt und die niemand zurückdrehen will.

Paula Cipierre: Aber fühlt sich der Parfümeur dann nicht zunehmend überflüssig? Wird KI Parfümeure irgendwann ersetzen?

Achim Daub: Nein. Der Ausgangspunkt der KI ist immer nur das, was die menschliche Kreativität vorher geschaffen hat. Das ist nicht bis ins Unendliche replizierbar, irgendwann erschöpfen sich die Möglichkeiten. Das ist das eine.

Zum anderen ist nicht gesagt, dass immer die rein von der KI entwickelte Variante bei Konsumenten am besten ankommen wird. Ich würde den brasilianischen Fall in dieser Hinsicht nicht überbewerten.

Nehmen wir das autonome Fahren als Beispiel. Autonomes Fahren wird nicht bedeuten, dass in der Zukunft Autos ohne Menschen ziellos durch die Lande fahren. Um für den Menschen nützlich zu sein, muss autonomes Fahren auch immer einer menschlichen Zielsetzung folgen. Es braucht den Menschen. Und auch hier würde ich KI als »enabling technology« betrachten: Die größte Wertschöpfung liegt in der Interaktion zwischen Mensch und Maschine. Und die Existenz der Maschine fördert wiederum die Ambition des Menschen, mehr Innovation und Kreativität an den Tag zu legen, also etwas Neues zu schaffen und sich nicht mit dem Gegebenen, Bestehenden zufrieden zu geben. Die pure Existenz solcher Technologien kann also als Ansporn dienen, menschliche Innovation und Kreativität zu fördern.

Jan Hiesserich: Würdest du also sagen, dass das eigentümlich Menschliche, das eine Maschine nicht ersetzen kann, der Ansporn ist? Und meinst du als Businessmanager, dass Menschen in der Entwicklung von Parfüm letztlich auch die menschliche Komponente wertschätzen, dass also rein von der Maschine entwickelte Rezepturen aus menschlicher Perspektive letztlich doch nicht auf dieselbe Art und Weise valorisiert werden wie solche, die vollautomatisiert entwickelt werden? Fehlt den Menschen in dem Fall nicht die Idee der menschlichen Handwerkskunst?

Achim Daub: Das mag stimmen oder nicht. Es ist nicht zwingend erforderlich, den Verbraucher wissen zu lassen, wie ein Parfüm entstanden ist. Beim ersten von KI entwickelten Parfüm war das aus Markenperspektive natürlich wichtig. Aber das funktioniert genau einmal. Um ein historisches Beispiel zu zitieren: Ich würde argumentieren, dass die Geburtsstunde der modernen Parfümerie in Holzminden war, nicht in Grasse. Die klassische französische Parfümerie ist natürlich schon in Grasse entstanden. Das ist unumstritten. Diese basierte aber vollständig auf rein natürlichen Zutaten, zum Beispiel Rosenöl, Jasmin und sonstigen Blumen und Blüten, die in der Provence gedeihen. Das bedeutet aber auch, dass die Entwicklung entsprechend teuer und zeitaufwendig wird und die daraus entstehenden Parfüme für die breite Masse unerschwinglich sind.

Paula Cipierre: Die erste industrielle Revolution in der Parfümerie wurde ausgelöst durch die Entwicklung des ersten synthetischen Inhaltsstoffs, nämlich Vanillin, als Ersatz für die typische Vanille.

Achim Daub: Vanillin wurde von Prof. Dr. Friedrich Wilhelm Ludwig Harmann, Chemiker mit Wohnsitz in Holzminden im Weserbergland im Niedersachsen, entwickelt. Holzminden zeichnet sich einerseits dadurch aus, dass man, wenn man dort nicht schon am Ende der Welt ist, zumindest das Ende der Welt sehen kann [lacht]. Aber andererseits auch durch den großen Birkenbestand. Und der Inhaltsstoff, den Harmann für die Synthese benutzt hat, kommt letztlich von der Birke des heimischen weserbergländischen Birkenbaums. Harmann hat dann ungefähr im Jahre 1874 eine Firma gegründet, nämlich die Harmannsche Vanillinmanufaktur in Holzminden, die letztlich als Ausgangspunkt der ersten industriellen Revolution in der Parfümerie diente. Denn sie ermöglicht den Parfümeuren mit synthetischen Inhaltsstoffen zu arbeiten. Das war die sogenannte Vanilla Revolution. 1888 wurde dann das erste Parfüm mit synthetischen Inhaltsstoffen lanciert.

Jan Hiesserich: Der Einsatz von synthetischen Inhaltsstoffen machte Parfüms für die breitere Masse erschwinglich …

Achim Daub: Alle klassischen französischen Marken wie Guerlain, Givenchy, Chanel, die Ende des 18. oder zu Beginn des 19. Jahrhunderts lanciert wurden, haben unter anderem auf synthetischen Inhaltsstoffen basiert: Vanillin von Harmann und Basen, sogenannte De-Laire-Basen. De Laire war ein französischer Chemiker und Apotheker, der zusammen mit seiner Frau die reinen, natürlichen Inhaltsstoffe aus der Provence genommen und mit den neu entwickelten synthetischen Inhaltsstoffen kombiniert hat, weil die klassischen Parfümeure mit den neuen Inhaltsstoffen gar nicht umzugehen wussten. Parfümeure konnten also diese De-Laire-Basen nutzen, um Parfüme mit synthetischen Inhaltsstoffen zu entwickeln. De-Laire gehört zufälligerweise auch zu Symrise. Damit ist Symrise der Ursprung der ersten industriellen Revolution in der Parfümerie, die Parfümerie weltweit kommerziell verfügbar gemacht hat. Und nun ist Symrise auch der Ursprung der zweiten industriellen Revolution in der Parfümindustrie, nämlich durch den Einsatz von KI. Und da schließt sich der Kreis. Das will ich nämlich noch betonen: Innovation negiert nicht historisch Entstandenes oder befördert es ins Nirvana. Vielmehr nimmt es das Vorhandene, entwickelt es weiter und ermöglicht dadurch neue Innovationen und fördert den menschlichen Fortschritt.

Jan Hiesserich: Aber wer oder was bestimmt letztlich, was kreativ ist?

Achim Daub: Der kommerzielle Erfolg, also der menschliche Verbraucher.

Jan Hiesserich: Aber wenn der Verbraucher nicht weiß, wie ein Parfüm zustande kam?

Achim Daub: Es geht letztlich auch um Effizienz und Profitabilität. Neben Kreativität und Innovation ist der Einsatz neuer Technologien wie KI immer auch ein Beitrag zur Wertschöpfungsverbesserung im Sinne von höherer Profitabilität und Effizienzverbesserung. Die teuerste Ressource einer Duftstoff-Firma ist immer der Parfümeur. Und das ist auch okay. Das sind schließlich die *rainmaker*, also die, die das Geld letztlich reinbringen. Aber nicht, wenn sie gezwungen sind, Zeit mit Dingen zu verbringen, die keinen kommerziellen Mehrwert haben. Da kann KI helfen. Das sind die eigentlichen jeweiligen Wertschöpfungsbeiträge: Auf der einen Seite Kreativität und Innovation, weil eine höhere Kreativitäts- und Innovationsrate immer auch den Mehrwert der Firma steigert, den Aktienkurs beispielsweise, aber auch weil man neue Innovationen auf den Markt bringt, womit ein gewisser kommerzieller Mehrwert verbunden ist, also Verkauf und Wachstum. Und auf der anderen Seite steht eine größere Profitabilität durch gesteigerte Effizienz und Effektivität, also einen verbesserten Ressourceneinsatz, schnelleren Output.

Jan Hiesserich: Eine abschließende Frage: Um auf die Rolle des Managements zurückzukommen, das letztlich über innovative Investitionen entscheidet. Inwiefern müssen Manager selbst lernen, kreativer zu denken? Inwiefern müssen bestehende Hypothesen überdacht werden?

Achim Daub: Das spielt eine große Rolle, denn der Mut zur Kreativität ist vor allem im deutschsprachigen Raum noch nicht in dem Maße ausgeprägt, wie er das vielleicht sein sollte. Es gibt zwei unterschiedliche Managementphilosophien: die eine ist »Yes, but …« und die andere »Why not?«.

»Yes, but …« bedeutet übersetzt: »Ja, aber das haben wir halt schon immer so gemacht. Da haben wir jetzt keine Zeit für. Das war nicht im Budget vorgesehen.« Die andere Philosophie: »Why not?« bedeutet übersetzt: »Was haben wir denn zu verlieren?« Mein Lebenslauf ist unkonventionell und von Innovationen gezeichnet. Im Jahr 1998 habe ich beispielsweise als Erster versucht, ein Parfüm im Internet zu lancieren. Damals war das Internet noch eine Baustelle, aber eben unglaublich neu, heiß, trendy. Duftstoffe bei großen Kaufhäusern wie Macy's zu lancieren war unglaublich teuer. Sephora gab es damals noch nicht. Bei der Marke Boss Hugo Boss konnten wir uns das in den USA nicht leisten, deswegen haben wir uns gedacht, wir lancieren das einfach exklusiv via Internet. Das war natürlich der größte Flop des Jahrhunderts, schlichtweg weil die Welt dafür noch nicht bereit war. Heute ist das ein *no brainer*. Aber: Wer keine Fehler macht, lernt nichts. Man sollte nur nicht denselben Fehler zweimal machen.

Letztlich habe mich eben immer als Innovator gesehen. Die Philosophie »Why not?« zieht sich also wie ein roter Faden durch meinen Werdegang. Großen Erfolgen stehen dabei auch einige Misserfolge gegenüber, das bleibt nicht aus. Hugo hat mit seinem trendigen Design komplett mit der Tradition gebrochen und wurde dadurch ein Riesenerfolg. Boss Hugo Boss hingegen via Internet zu lancieren war auch innovativ, aber ein kompletter Misserfolg. Aber den Mut muss man erst einmal haben und das intelligent machen, also gewisse Erfolgskriterien im Kopf haben, sich Meilensteine setzen und regelmäßig anschauen, ob man sich einigermaßen im Korridor des Akzeptablen bewegt, trotz der Ungewissheiten, die zwangsläufig mit Innovation einhergehen. Man braucht also letztlich Disziplin und Prozesse, aber zuallererst einmal Mut. Mut aber haben viele Manager nicht. »Yes, but …« statt »Why not?«. Dabei bräuchten wir aber mehr vom Letztgenannten.

Paula Cipierre: Achim, wir danken dir für das Gespräch.

SCHLECHTE KUNST IST AUCH OKAY

KAI FRANZ

Leider verpassen wir Kai knapp während unserer USA-Reise und treffen ihn stattdessen virtuell. Kai kam kürzlich von einem Sabbatical nach Rhode Island zurück, während dem er zum ersten Mal seit Beginn der Pandemie seine Familie in Köln wiedersehen konnte. Wir freuen uns, in Kai einen Künstler gefunden zu haben, der sich mit der Beziehung zwischen Software und Kunst gut auskennt: Er integriert Software regelmäßig in seine Kunstpraxis. Mit Kai diskutieren wir, wie Kunst uns dabei helfen kann, in unserem immer mehr auf Effizienz und Optimierung ausgerichteten Leben, Raum für Muße und Überraschungen zu schaffen, die selbst die beste Software nicht vorhersehen kann. Paula und Kai kennen sich noch aus Studienzeiten, deswegen duzen wir uns.

Paula Cipierre: Kai, du hast einen recht ungewöhnlichen Werdegang für einen Professor an einer der prestigeträchtigsten Hochschulen für Kunst und Design, der Rhode Island School of Design: Wie auf deiner Website zu lesen ist, rangierten deine Noten von 1+ bis 5- und bist du erst auf dem zweiten Wege von der Realschule auf dem Gymnasium gelandet, hast danach zunächst Architektur studiert, bevor du in der Kunst gelandet bist. Dabei hast du schon als Kind in Köln-Porz mit Computern experimentiert. Wie passt das alles zusammen? Wo siehst du selbst den roten Faden in deiner Biografie?

Kai Franz: Das ist eine schöne Frage, auf die ich wahrscheinlich viele Antworten finden könnte. Wie du schon richtig gesagt hast, bewege ich mich in meiner heutigen Kunstpraxis an der Schnittstelle zwischen Kunst, Architektur und Computational Design. Diese stellen drei sehr unterschiedliche disziplinäre Felder dar, mit denen ich in meinem Leben auf unterschiedliche Art und Weise in Berührung gekommen bin.

Eine der ersten Schlüsselerfahrungen war sicherlich, dass ich damals in der Schule das Glück hatte, eine Informatiklehrerin zu haben, die wirklich Informatik studiert und nicht nur einen Wochenendkurs in Informatik als Mathematikerin belegt und dann ein bisschen Excel mit uns gemacht hat. Sie hat mir damals ein wenig die theoretische Informatik nahegebracht, und das fand ich damals unglaublich spannend. Dieses abstrakte Denken mit Logik hat mich schwer fasziniert, und darin bin ich aufgegangen. Dann habe ich mir nebenbei ein bisschen ActionScript beigebracht und dachte, ich werde vielleicht einmal Webdesigner.

Später habe ich dann Architektur an der RWTH in Aachen studiert. Das erste Jahr war dabei eine komplette Gehirnwäsche, und das meine ich im absolut positiven Sinne, weil einfach jegliche vorgefasste Meinung, was Architektur ist und sein könnte, auseinandergenommen wurde. Und dieses konzeptionelle, geradezu radikale Denken fand ich cool.

Gleichzeitig habe ich schon damals versucht, das Programmieren irgendwie miteinzubringen. Zu der Zeit standen wir an dem Sprung vom manuellen Skizzieren und Konstruieren, also mit der Hand gefertigte technische Zeichnungen, zum Digitalen. Das Handwerk des mit der Hand Gezeichneten hat in der Architektur natürlich einen historischen Wert, weswegen die Leute daran ein Stück weit festhalten. Deswegen mussten wir als Studierende die ersten beiden Jahre manuell arbeiten. Irgendwann kam dann aber das Zeichnen mit CAD, also Computer-Aided Design and Drafting, hinzu. Mich hat aber gereizt, das ein wenig experimenteller auszulegen. Deswegen habe ich angefangen, zu programmieren und meine eigene Software zu schreiben, damit der Algorithmus oder die Software selbst dazu in der Lage ist, Architektur zu generieren und nicht nur ein Tool ist, dass »nur« ein Cursor ist, um irgendwelche Verbesserungen zu erzielen. Ich wollte etwas Radikaleres machen. Das habe ich während des Architekturstudiums weiterverfolgt.

Ich bin dann nach Zürich an die ETH gegangen, auch eine technische Hochschule, wo ich Architektur studiert habe und mich immer weiter mit dem Thema konzeptionell auseinandergesetzt habe. Danach habe ich für das Architekturstudio OMA von Rem Koolhaas in Rotterdam gearbeitet, wo ich viele Recherchen zu dem Thema gemacht habe, einfach weil das damals so neu und damit gefragtes Wissen war. Meine Spezialisierung hat mir viel ermöglicht.

Daraufhin bin ich in die USA gezogen und habe dort mit einem Fulbright-Stipendium bildende Kunst studiert. Und das war eine einzigartige Gelegenheit für mich. Als ich damals angefangen hatte, Architektur zu studieren, wurde mir von allen Seiten davon abgeraten: »Mach das auf keinen Fall! Architekten gibt es wie Sand am Meer.« Und ich habe mir halt gedacht, dass man einfach besser sein muss als die Masse [lacht]. Wenn es einen reizt, sollte man das machen. Aber ich hätte beispielsweise niemals von mir aus Kunst studiert, weil ich mir nicht zugetraut hätte, kreativ genug zu sein. Das hat vielleicht etwas mit meiner schulischen Ausbildung zu tun, also der Tatsache, dass ich zuerst auf der Realschule und dann erst auf dem Gymnasium war. Vielleicht auch mit meinem familiären Umfeld: Mein Vater arbeitet im Bereich Klimaanlagen, ist also eher technisch unterwegs. Meine Eltern haben beide Ausbildungen gemacht, also niemals studiert. Wie dem auch sei, auf jeden Fall hätte ich niemals Kunst studiert.

Aber in diesen ersten Jahren im Architekturstudium habe ich gemerkt, dass mich einfach dieses Experimentelle, Künstlerische viel mehr gereizt hat als alles andere. Ich habe damals auch überlegt, vielleicht einen Master in der Bildenden Kunst zu machen, aber wie das deutsche System eben so ist – sehr stringent –, wurde mir gesagt, dass ich mit einem Grundstudium in Architektur keinen Master in Kunst machen kann: »Da müssten Sie nochmal von vorne anfangen.« Das hatte ich damals nicht in Erwägung gezogen, deswegen kam es mir ganz gelegen, dass ich in den USA für ein Jahr Kunst studieren konnte.

Jan Hiesserich: An welcher Universität warst du?

Kai Franz: Das war an der Rhode Island School of Design (RISD), also an der Universität, an der ich jetzt auch unterrichte. Und das war im Prinzip eine Gelegenheit für mich, diese Fragen, mit denen ich mich damals schon beschäftigt hatte bezüglich der Integration von Computern und Software in den Architekturentwurf viel freier und auf eine philosophische Art und Weise anzugehen. Viele der Themen blieben bestehen, diese habe ich dann innerhalb der Kunst weiter vertiefen können.

Paula Cipierre: Du wurdest lange Zeit gefragt, ob du jetzt eigentlich Kunst oder Architektur machst. Du musstest beispielsweise am Ende deines Architekturstudiums in Princeton beweisen, dass du tatsächlich auch Architektur gemacht hast, um überhaupt dein Diplom zu bekommen [lacht]. Wo ziehst du da die Grenze? Oder ist der Übergang fließend?

Kai Franz: Das ist eine gute Frage, die einem aber hauptsächlich im Studium begegnet. Ich habe, wie du gerade schon richtig erwähnt hast, nach dem Kunststudium an der RISD Architektur in Princeton weiterstudiert und dort meine Masterarbeit gemacht. Ich sage manchmal gerne, dass es das Kunststudium war, in dem alle meine vorgefassten Meinungen infrage gestellt worden sind. Eine Kritik ist zum Beispiel eine komplett andere Erfahrung in der Kunst als in der Architektur. Es werden völlig andere Fragen gestellt, es gibt völlig verschiedene Bräuche und Traditionen. Natürlich habe ich die Erfahrungen aus dem Jahr an der Kunsthochschule mit ins Architekturstudium genommen. Und mir dann genau diese Fragen gestellt. Wobei ich schnell festgestellt habe, dass die Frage, ob etwas nun Kunst oder Architektur ist, eigentlich wenig produktiv ist. Weil man sich, sobald diese Frage gestellt wird, nur noch über die Definition statt über die eigentliche Arbeit unterhält und was diese mit einem macht.

Aber die Frage war im Studium natürlich berechtigt: Man studiert Architektur, macht dann aber Dinge, die auch als Kunst hätten gelten können. Nach dem Studium habe ich mich mit der Frage weniger beschäftigt. Manchmal kommt die Frage noch auf, wenn ich etwa einen Vortrag an einer Architekturhochschule halte. Aber eigentlich ist mir die Antwort auf diese Frage völlig egal. Es geht mir letztlich nur um die Arbeit.

Paula Cipierre: Du hast eingangs die CAD-Technik erwähnt. Wenn ich das richtig verstehe, wurde sie ursprünglich entwickelt, um Architektur noch präziser zu machen und vielleicht auch manche Dinge zu automatisieren. Aber in deiner Kunst setzt du dich viel mehr mit der Frage auseinander, was eigentlich das Unvorhersehbare, vielleicht auch Unheimliche an diesen Softwaresystemen ist, die einerseits ihr eigenes Ding machen und präzise definieren, welches Programm ausgeführt werden soll, andererseits aber von der organischen Materie wieder unterminiert werden.

Kai Franz: Ja, genau. Das war das eine Projekt, das ich während meiner Masterarbeit in Princeton angefangen habe, nämlich mit dem sogenannten Plopper. Der Plopper basiert auf einem Plotter, also einem großformatigen Drucker, der normalerweise Poster oder Architekturzeichnungen druckt. In Princeton stand ein Plotter im Keller rum, der brauchte eine Wartung oder eine Reparatur, und den habe ich mir einfach genommen und komplett umgebaut, sodass es im Prinzip eine ganz andere Maschine wurde. Diese Maschine sollte eine Kritik des 3D-Druckens sein, die versucht, diese Themen aufzugreifen, von computergesteuerter Bestimmung bis hin zur Manifestation digitaler Produktion im Architekturentwurf. Meine gehackte Maschine, der Plopper, wirft im Prinzip verschiedene Materialien ab. Ich habe damit versucht, ein Verfahren zu schaffen, das ähnlich dem 3D-Drucker funktioniert. Es gibt verschiedene Arten von 3D-Druckern, aber normalerweise gibt es immer eine pulverartige Substanz sowie ein Bindemittel und daraus werden die Formen gedruckt. In meinem Fall wirft die Maschine in einem ersten Lauf Sand und in einem zweiten Lauf Harz ab. Es wird also immer erst eine Landschaft aus Sand erstellt, wobei hier immer auch der Zufall mitspielt: Wie diese Landschaft letztlich aussieht, ändert sich je nachdem, wie schnell sich der Kopf über das Feld bewegt, wie lange sich das Material anhäuft und so weiter. Es gibt einfach unendlich viele Sandkörner, was in der Komplexität die Rechenkapazität übersteigt. Ich finde den Gedanken schön, dass eine Schachbrettgroße Fläche aus Sand gar nicht berechenbar ist. Das spiegelt auch so den Grundgedanken des Projekts wider: Auf der einen Seite hat man eine Oberfläche, die bis auf den Millimeter genau abgefahren wird. Auf der anderen Seite hat man im Prinzip einfach einen Becher mit einem Loch, aus dem der Sand herausläuft. Und weil das Ganze aus einer gewissen Distanz stattfindet, stellt es das Grundprinzip eines 3D-Druckers auf den Kopf, bei dem man auf gar keinen Fall irgendeinen materiellen Widerstand erfahren möchte, um das perfekte Druckergebnis zu erreichen. Der Plopper hingegen erzielt das genaue Gegenteil, er produziert letztlich – wie soll ich das sagen – komplett unnützen Dreck, voller Störungen [lacht]. Also wie gesagt, normalerweise würde man versuchen, diese Schichten so dünn wie möglich zu halten, um bloß keine Auflösung und Spuren der Maschine zu sehen. Bei mir ist es das genaue Gegenteil: Ich habe einerseits die Weite und andererseits die Bewegung. Im Ergebnis führt der Zufall zu einer Verzerrung meiner CAD-Zeichnung.

Jan Hiesserich: Zwei Fragen: Du hast einerseits gesagt, dass du dir nicht zugetraut hättest, kreativ zu sein. Wann und warum hat sich das geändert? Und meine zweite Frage: Du kennst dich offenbar auch mit Softwareentwicklung aus, bist aber gleichzeitig Künstler. Was kann der Softwareentwickler Kai vom Künstler Kai lernen und andersherum?

Kai Franz: Also erst einmal bin ich vom Sternzeichen her Zwilling.

Jan Hiesserich: Also von Natur aus zweigespalten [lacht]!

Kai Franz: [lacht] Ja, genau. Ich weiß nicht, ob die beiden Seiten so viel miteinander reden oder nicht. Für mich als Person ist das natürlich »alles eins«. Ich habe eine Affinität für die Technik. Damals hatte ich zwar Erfahrung im Programmieren, hatte aber noch nie eine Maschine tatsächlich auch physisch gehackt. Was die Schaltung betrifft, die Lötstellen und Ähnliches – das habe ich mir alles im Rahmen meiner Masterarbeit innerhalb von 2 bis 3 Monaten beigebracht. Ich hatte einfach eine gewisse Neugier für die Technik, und die Herausforderung hat mich gereizt. Die Neugierde spiegelt sich natürlich auch in der Kunst wider. Letztere ist für mich einfach eine treibende Kraft, um Sachen auszuprobieren, Sachen zu entdecken. Das ist vielleicht auch die Art und Weise, auf die ich mich an beide Felder herantaste und was mich am meisten interessiert. Daran liegt es vielleicht auch, dass meine Kunst keine Malerei an der Wand ist, sondern versucht, etwas anderes zu machen, etwas experimenteller zu sein. Also Neugierde wäre vielleicht die unterliegende Kraft.

Aber natürlich arbeitet man in den beiden Bereichen auf eine völlig unterschiedliche Art. Beispielsweise vermeidet man in der Programmierung generell

Fehler. Wenn du programmierst, hast du normalerweise ein klares Ziel vor Augen, das du mit deinem Programm erreichen willst. Natürlich gibt es auch da manchmal glückliche Unfälle. In anderen Fällen läuft das Programm aber gar nicht. Allerdings ist dieses Emergente, wenn man so will, wiederum etwas, das ursprünglich aus der Informatik kommt und das ich auch in der Kunst erfahren will. Emergenz ist ein Begriff, der in der Informatik in den 1970er Jahren aufkam, um Phänomene zu bezeichnen, bei denen man nicht ganz vorhersehen kann, was passiert. Ein Beispiel ist Conway's »Game of Life«, das auf einem einfachen regelbasierten Algorithmus basiert und wo man im Prinzip ein Raster hat, in dem Zellen entweder an (»lebendig«) oder aus (»tot«) sein können. Man guckt sich jede Zelle an und zählt, wie viele von den benachbarten Zellen lebendig oder tot sind. Und dann gibt es drei Regeln: Eine Zelle, die lebt und zwei oder drei benachbarte Zellen hat, die auch leben, wird »wiedergeboren«. Eine tote Zelle, die genau drei lebende Nachbarzellen hat, wird »neugeboren«. Alle anderen sterben oder bleiben verstorben. Am Anfang bestimmt man die Zellen, die tot oder lebendig sind per Zufallsprinzip. Dann wendet man die Regeln auf die Zellen an und berechnet damit quasi die nächste Generation. Das Interessante dabei ist, dass dabei Muster entstehen, die einerseits den Regeln entsprechen, sich aber andererseits dynamisch weiterentwickeln. Manche Zellen sterben für immer, andere oszillieren zwischen Leben und Tod, und es ergeben sich auch Objekte und Strukturen, die mehrere Zellen einnehmen. Das wurde nicht in die Regeln einprogrammiert, ist aber ein natürliches Beiprodukt. Und das ist eben eine Verschiebung für die Naturwissenschaften, weil es nicht mehr darum geht, eine Hypothese aufzustellen, die dann im Experiment belegt oder widerlegt wird. Sondern darum, einen Algorithmus für ein System zu entwerfen und dann eher die Nebenwirkungen zu betrachten als das, was dabei schließlich entsteht. Und das kann man eben Emergenz nennen. In der Computerwissenschaft ist das ein wichtiger Begriff, um einen Algorithmus zu beschreiben, bei dem man nicht genau weiß, was dabei rauskommt. Und in der Kunst gibt es diesen Begriff in einer anderen Form natürlich auch. Beispielsweise entspricht ein Porträt der Idee der Emergenz, wenn das Gesamtkunstwerk größer erscheint als die individuellen Teile. Jetzt habe ich deine erste Frage vergessen [lacht].

Jan Hiesserich: Die erste Frage bezog sich darauf, dass du früher daran gezweifelt hast, dass du selbst kreativ sein kannst.

Kai Franz: Genau. Ich hatte Zweifel daran, dass ich kreativ genug bin, um Kunst zu studieren. Und das lag zum Teil an früheren Berührungen mit der Kunst. Beispielsweise war Kunstunterricht in der Schule qualitativ nicht besonders hochwertig oder war zumindest nicht das, was er hätte sein können. Und gleichzeitig ist natürlich Kreativität ein mystischer Begriff. Der Begriff hat geradezu etwas Ungreifbares. Etwas, das man nicht programmieren oder deterministisch fassen kann – auch heutzutage nicht in der KI. In der KI kann es vielleicht Bilder geben, die emergent sind. Aber von menschenähnlicher Kreativität kann man in diesem Fall noch nicht sprechen. Und dann hat das natürlich auch immer viel mit der eigenen Persönlichkeit und dem eigenen Selbstvertrauen zu tun. Für mich war, wie gesagt, das erste Jahr Architekturstudium prägend. Da habe ich Blut geleckt. Ich habe einfach gesehen, dass mir das Spaß macht, experimentell und konzeptionell zu arbeiten, und dass es mir gleichzeitig ermöglicht, mich stark intellektuell weiterzuentwickeln. Deswegen vielleicht auch die eigene Auseinandersetzung mit der Grenze zwischen Architektur und Kunst. Durch den kreativen Diskurs habe ich mich natürlich bestätigt gefühlt, oder ihn zum Anlass genommen, das weiter auszuprobieren. Letzteres hat mich auch zu den einschneidendsten Veränderungen für mich als Mensch gebracht.

Jan Hiesserich: Wir sind schon häufig dem Gedanken begegnet, dass Kreativität und transformative Weiterentwicklung oft gerade an den Berührungspunkten der jeweiligen Disziplinen miteinander stattfinden – also dort, wo ein Expertenwissen sich mit einem anderen Expertenwissen verbindet. Was natürlich ein Stück weit mit dem in Deutschland weit verbreiteten Ideal des Expertenwissens kollidiert, wo man tendenziell eher eingeschüchtert wird, wenn man nicht Experte ist. Wobei wir mittlerweile in vielen Dingen keine Experten mehr sind. Ich könnte dir zum Beispiel im Leben nicht erklären, wie meine Kaffeemaschine funktioniert! [lacht]

Paula Cipierre: Mich würde in dem Zusammenhang auch interessieren, wie du deine Studenten erlebst oder auch förderst. Ich glaube, wenn man sich an der RISD bewirbt, hat man schon ein Selbstverständnis, dass man Kunst zumindest ein bisschen »kann«. Oder es ist zumindest das Geld von den Eltern vorhanden, um sich auf diesem Feld auszuprobieren. Trotzdem erleben wir natürlich oft, dass sowohl vor dem Bereich der Kunst als auch der Softwareentwicklung eine große Ehrfurcht herrscht: »Ich kann weder malen noch programmieren. Ich weiß gerade einmal, wie der Computer angeht.« Wie kitzelst du das aus deinen Studenten heraus?

Kai Franz: Das ist eine supergute Frage. Auf beiden Feldern gibt es natürlich eine enorme Hemmschwelle. In der Softwareentwicklung ist es vielleicht eher die Expertise, in der Kunst der Gedanke der Kreativität oder Originalität.

Was die Kreativität und vielleicht auch ein gewisses Impostor-Syndrom betrifft: Ich glaube, da gibt es ganz verschiedene Antworten. Das ist letztlich auch eine menschliche Frage, die viel mit Psychologie und den Eltern und dem eigenen Lebenslauf zu tun hat. Wie du aufgewachsen bist, wie du Schule erfahren hast, all solche Sachen. Insofern gibt es da alle verschiedenen Typen von Studenten, die man hat: Manche, die sehr selbstbewusst auftreten, andere die eher von Selbstzweifeln gezeichnet sind. Das ist einfach eine Typsache. Für mich ist beispielsweise die Fragestellung interessant: Wie ist das Verhältnis zwischen Leben und Algorithmus? Und das versuche ich auch immer in meinem Unterricht aufzugreifen.

Der Kurs, den ich hauptsächlich unterrichte, nennt sich Spatial Dynamics. Dieser ist Teil des Curriculums, den jeder Student im ersten Jahr des Studienprogramms absolvieren muss. Im ersten Semester werden die Studenten zufällig zugeteilt, und im zweiten Semester haben sie dann wieder Spatial Dynamics, aber mit einem anderen Professor. Dadurch ergeben sich natürlich Synergien, aber manchmal auch produktive Widersprüche. Das Curriculum ist bewusst so angelegt. In meinem Fall unterrichte ich Rhino, was eine 3D-Modellierungssoftware ist, die für Erstnutzer oft ungewohnt ist. Wenn man die zum ersten Mal startet, sieht man drei verschiedene Ansichten und tausend Knöpfe. Das schüchtert einen zunächst einmal ein. Was ich mit den Studenten dann oft mache ist, dass ich für 15 Minuten die Benutzeroberfläche erkläre, aber im Prinzip nur ganz, ganz wenig Anleitung gebe. Dann bringe ich ein Aktmodell in den Computerraum und bitte die Studenten ein 3D-Modell dieses Aktmodells anzufertigen. Was für mich eine Anspielung auf das traditionelle Zeichnen mit der Hand ist, wo man normalerweise vom Aktmodell skizziert, gleichzeitig aber auch die Unmöglichkeit, dieses Modell mit dem Computer zu skizzieren, herauskitzelt. Die Studenten sind also mit einer unmöglichen Aufgabe konfrontiert, da die Komplexität organischer Form die Möglichkeiten des mathematisch-digitalen **Computerprogramms** übersteigt. Gleichzeitig sind die Studenten keine Experten in dem Modellierungsprogramm, sondern Amateure. Sie hatten gerade einmal 15 Minuten, sich vor der Aufgabe mit dem Programm auseinanderzusetzen. Das ist in etwa so als würde ich sagen, »Komm, ich verknote dir die Hände hinter dem Rücken und gebe dir die Maus in die rechte Hand, obwohl du eigentlich Linkshänder bist und dann malst du da jetzt mit«.

Ich persönlich stelle diese Aufgabe teilweise, um das Eis zu brechen, um den Studenten bewusst eine absurde Erfahrung mit Technologie zu ermöglichen. Aber auch um zu zeigen, dass wir uns auch als Amateure in diesem Umfeld bewegen können und damit vielleicht kreativer arbeiten – oder sagen wir zumindest: anders arbeiten können –, als es die Software eigentlich von uns verlangt.

Dieser Bruch reizt mich, weil er auch Strategien zum Umgang mit Technologie im Alltag suggeriert, die heute mehr denn je gebraucht werden. Das ist zumindest mein etwas philosophischer Gedankengang.

Paula Cipierre: Ein schöner Aspekt der Kunst ist auch, dass man eine andere Perspektive einnimmt und vielleicht auch Verbindungen erkennt, die man vorher nicht so gesehen hat. Andererseits erlebt man manchmal Momente des Unbehagens. Kannst du ein Beispiel geben, bei dem du dieses Unbehaglichkeitsmoment bei deinen Studenten bewusst eingesetzt hast, vielleicht auch um diese unerwarteten Assoziationen an die Oberfläche zu bringen?

Kai Franz: Ja, die Übung, die ich gerade genannt habe, ruft natürlich genau dieses Unbehagen hervor. Manchmal habe ich dann Studenten, die auf mich zukommen und sagen: »Entschuldigung, Kai, aber ich bin zur Kunsthochschule gekommen, um genau das nicht zu machen. [lacht] Du willst jetzt, dass ich CAD lerne? Ich bin doch kein Computernerd. Wenn ich ein Computernerd wäre, wäre ich jetzt irgendwo da oben und würde Informatik studieren, weil wir alle wissen, dass ich damit viel mehr Geld verdienen könnte. Aber ich bin hier, und ich fühle mich mit dem Programm unwohl, einfach weil das nicht meinen Talenten entspricht.« In solchen Fällen antworte ich: »Ja, es tut mir schrecklich leid, aber wir sind nicht hier, um uns wohlzufühlen, sondern um uns weiterzuentwickeln und um etwas zu lernen. Und manchmal ist das halt schwierig.«

Einmal habe ich meine Studenten gebeten, über die Spring-Break-Ferien ein Projekt zu überarbeiten. In der darauffolgenden Woche haben wir die Arbeiten dann gemeinsam kritisch evaluiert. Der Moment der Kritik ist natürlich an sich oft einer des Unbehagens, weil man als Student viel Zeit und Emotion in diese Arbeit investiert. Man stellt sich schließlich in der Öffentlichkeit damit dar. Und mein Ansatz ist, dass die Studenten zu ihrer Arbeit zunächst nichts sagen dürfen, sondern wir sie in der Gruppe erst einmal gemeinsam interpretieren. Das macht einen natürlich unglaublich verletzlich. Die eigene Kreativität wird auf einmal lesbar gemacht, und man kann noch nicht einmal etwas dazu sagen. Man kann noch nicht mal Sprache benutzen, um irgendwelche Gedanken umzuformen.

Normalerweise dauern diese Kritiken zwischen 12 und 15 Minuten. Aber eine Studentin, Annika Berry, hatte einen Film mitgebracht, der *Folding 200 Paper Birds* hieß. In dem Film sah man den gleichen Arbeitsraum, in dem wir uns auch für die Kritik versammelt hatten, in dem aber in diesem Fall eine Kamera auf einem Tripod aufgestellt war und einen Tisch gefilmt hat. Dann wurde der Titel eingeblendet, die Studentin kam rein, setzte sich mit dem Rücken zur Kamera an den Tisch, nahm sich ein Papier und machte damit irgendetwas, das zunächst nicht zu sehen war, und legte nach 5 Minuten eine Art Papierkranich beiseite. Dann nahm sie das nächste Blatt, fing wieder an zu falten und legte den nächsten Papierkranich beiseite. Das haben wir uns 40 bis 45 Minuten in kompletter Stille angeschaut. Einerseits war das gewissermaßen ein Film komplett ohne Inhalt, andererseits entstand eine unglaublich starke Energie im Raum. Die Studenten haben mich angeschaut, dann haben sie die Studentin angeschaut, die den Film präsentiert hat. Es gab eine ungeheure Spannung. Wir haben den Film dann weitergeguckt. Und irgendwann hat die Studentin gesagt: »I know you guys really want to see the rest of this film, but ...« Und in dem Moment habe ich mich umgedreht und »Pssst!« gemacht, was die Studentin sehr erstaunt hat. Ich hatte mich so verhalten, als hätte jemand im Kino neben mir geredet. Wir haben das Ganze dann weitergeguckt, aber nach 90 Minuten war die Studentin sehr aufgebracht: »Kai, can I speak to you outside for a second?« Sie war aufgebracht, weil sie das Gefühl hatte, dass ich ihr die Arbeit wegnahm und damit etwas anderes machen würde, als sie vorgesehen hatte. Ich habe sie dann davon überzeugt, dass sie eine filmische Erfahrung für uns geschaffen hat, die wir auch zu Ende sehen sollten. Natürlich wollte ich ihr damit ebenso zeigen, dass man für seine eigene Arbeit Verantwortung übernehmen muss und, wenn man einen fünfstündigen Film in den Kurs bringt, man damit rechnen muss, dass sich der Kurs den Film dann auch fünf Stunden lang anschaut.

Wir sind jedenfalls wieder zurück in den Klassenraum gegangen und haben verkündet, dass wir den Film zu Ende schauen. Nach drei Stunden, das war etwa eineinhalb Stunden nach der Mittagspause, kamen die ersten Studenten auf mich zu und sagten, »Kai, mir ist vor Hunger schon ganz übel«, worauf ich antwortete: »Die Tür ist nicht abgeschlossen. Geht doch essen und kommt wieder, wenn ihr zu Ende gegessen habt. Ich will euch zu nichts zwingen, ihr seid alle freiwillig hier.« Daraufhin sind vielleicht fünf Studierende rausgegangen, um etwas zu essen, kamen nach 10 Minuten mit Sandwiches wieder. Wir haben den ganzen Film zu Ende geschaut. Das hat insgesamt 5 Stunden 20 Minuten gedauert und war absolut erschöpfend. Aber es war natürlich gleichzeitig eine einzigartige Erfahrung, die unglaublich viele Emotionen hervorgerufen hat – für mich als Professor, für die Studierenden, für die Studentin, die den Film produziert hat. Das hat viele Fragen an die Oberfläche gespült, die die ganze Dynamik an der Universität betrafen, zum Beispiel die Dominanz im Klassenraum, meine Rolle als Professor, aber auch die Verantwortung, die man für seine Arbeiten hat. Ich fand damals, dass es eine sehr gute Arbeit war. Ich fand aber trotzdem nicht, dass man über fünf Stunden damit verbringen musste. Ich hatte eigentlich damit gerechnet, dass irgendwann ein Trick kommt, dass das Ganze vielleicht irgendwann loopt. Aber diesen Trick gab es nicht. Die Studentin hatte sich schlicht hingesetzt und fünf Stunden lang Papierkraniche gefaltet, und im Umkehrschluss haben wir ihr fünf Stunden lang dabei zugeschaut. Am Ende des Videos wurde dann noch »Performed by Annika Berry« eingeblendet. Und ich dachte nur: »Du wolltest nicht, dass wir das bis zu Ende schauen, aber du hast Credits am Ende eingefügt?!« Vielleicht war das auch für ein anderes Viewing vorgesehen, aber es war auf jeden Fall linear angesetzt. Es gab einen Anfang und ein Ende. Irgendwann ging es in dieser Erfahrung aber nicht mehr um die Arbeit an sich oder was sie da in dem Video macht, sondern darum, was im Klassenraum passiert und was in meinem Kopf passiert. Und das fand ich irgendwie schön. Ich dachte mir, »Alle müssen gerade diese oder ähnlich intensive Gedanken haben«, und diesen Moment wollte ich nicht unterbrechen. In anderen Worten, es ging mir irgendwann gar nicht mehr um die Arbeit an sich, sondern darum, was die Arbeit in uns allen hervorgebracht hat. Der Moment des Lernens, der Unterbrechung, dass da etwas passiert.

Ich war damals in meinem ersten Jahr als Professor an der Universität. Mein erster Kommentar nachdem der Film zu Ende war, lautete: »Wow, that was dense.« Ich wollte eigentlich einen Witz machen. Keiner hat gelacht. Dann habe ich gesagt: »Okay, ich glaube, wir brauchen erstmal alle eine Pause. Wir sollten diese Arbeit nicht mehr kritisieren. Wir haben schon genug Zeit damit verbracht. Stattdessen will ich, dass jeder bis nächste Woche 750–1000 Wörter über die Erfahrung schreibt, und dann reden wir darüber.« Das war mein Versuch, das, was sich in den vergangenen fünf Stunden in allen Köpfen entwickelt hat, zu dokumentieren. Der Moment selbst war zu emotional, um darüber zu sprechen. Das fanden die Studierenden natürlich doppelt ärgerlich, weil sie sowieso schon so viel Zeit mit der Arbeit verbracht hatten und dann noch eine Hausaufgabe dazu machen mussten. Als ich die ersten Kommentare gelesen habe, die ich von den Studierenden bekam, dachte ich nur, »Ich werde gefeuert«. Zwei Studierende waren einfach nur stinksauer: »Ich habe mich immer gefragt, warum mich die Leute auslachen, wenn ich sage, ich studiere bildende Kunst. Jetzt weiß ich's.« [lacht] In jedem Fall hatten die Studierenden starke Emotionen. Ein bis zwei Tage später hatte ich den Studierenden gegenüber dann doch ein schlechtes Gewissen und wollte ihre Erfahrungen nicht unbeantwortet lassen. Deswegen habe ich auf jede 750–1000 Wörter lange Reaktion der Studenten auch eine genauso lange individuelle Antwort verfasst. Einfach um ihnen zu zeigen, dass es mir nicht darum ging, sie einfach arbeiten zu lassen, sondern dass etwas wirklich Wichtiges auf dem Spiel stand.

Das Interessante an dem Tag war, dass nach der Performance, also als der Film zu Ende war, einfach alle sitzen geblieben sind. Normalerweise, wenn ein Kurs zu Ende ist, springen die Studierenden sofort auf und gehen ihrer Wege.

An dem Tag saßen alle da. Und keiner wusste, wie er sich verhalten sollte. Sie wussten einfach nicht mehr, dass jetzt der Moment gekommen war, wo man eigentlich seine Sachen packt und geht. Das hat irgendwie keinen Sinn mehr ergeben. Und so saßen sie dann alle da. Und dann bin ich selbst nach etwa 5 Minuten gegangen.

Aber ich muss sagen: Die Woche war sehr emotional. Wir haben uns danach noch einmal die Zeit genommen, alle unsere Reaktionen zu diskutieren. In dem Kurs hat sich danach viel getan. Das Semester hat in uns allen eine große Reaktion hervorgebracht. Das werden wir, glaube ich, nie vergessen. Das habe ich damals übrigens auch gesagt: »Ich denke, wir werden mindestens 5 Jahre brauchen, um diese Erfahrung zu verarbeiten.« Und das stimmt einfach. Ich bekomme heute noch E-Mails von Studierenden, in denen sie mir schreiben, erst in diesem Moment zu verstehen, was damals passiert ist. Heute noch entwickeln sich dazu Gedanken. Aus pädagogischer Perspektive ist das wunderschön. Einer meiner besten Erfahrungen vielleicht beim Unterrichten.

Jan Hiesserich: Ist es vielleicht gerade eine Aufgabe der Kunst, Dinge offen zu lassen? Eigentlich wollen wir immer auf alles sofort eine Antwort haben. Gehört das dazu?

Kai Franz: Für mich auf jeden Fall. Das ist zumindest etwas, das ich an der Kunst unglaublich schätze. Ich glaube nicht, dass das etwas ist, das die Kunst machen muss, weil ich mich auf keine Definition festlegen will, was Kunst ist, sonst ist das, was gute Kunst ausmacht oder was die Qualitäten der Kunst ausmacht, zu vorprogrammiert. Die Kunst kann das, aber sie muss das nicht. In unserer heutigen modernen Gesellschaft, in der Produktivität und Arbeit sehr vorprogrammiert sind und das Leben dominieren, ist es vielleicht gerade Aufgabe der Kunst, dem Ganzen etwas entgegenzusetzen und Momente des Nachdenkens, des Staunens, aber vielleicht auch der Langeweile hervorzubringen.

Paula Cipierre: Vielleicht eine letzte Frage von mir: Wenn es eine Sache gibt, die deine Studenten von dir nach ihrem Abschluss mitnehmen sollten, was wäre das?

Kai Franz: Vielleicht die Zuversicht, dass Kunst alles sein kann, aber auch nichts. Ich möchte meine Studenten ermutigen, sich an dem Gedanken festzuhalten. Natürlich wollen die alle gute Kunst machen. Aber es ist auch okay, schlechte Kunst oder auch gar nichts zu machen. Ich möchte sie daran erinnern, dass man nicht zwangsläufig in die Zwänge der Produktivität hineingesogen werden muss.

Paula Cipierre: Dass man auch einfach mal fünf Stunden lang jemandem beim Falten von Papierkranichen zuzuschauen kann.

Kai Franz: Genau.

Paula Cipierre: Kai, wir danken dir für das Gespräch.

WIR MÜSSEN WIEDER LERNEN, MENSCHEN ZU SEIN

CHRIS BOOS

Wir treffen Chris Boos an einer belebten Straßenkreuzung in der Frankfurter Innenstadt. Die Kreuzung ist ein Paradebeispiel dafür, wie Städte in Deutschland beim Wiederaufbau nach dem Zweiten Weltkrieg daraufhin optimiert wurden, dem Auto »gerecht« zu werden. Möglichst wenig sollte dem Fortschritt im Weg stehen, der Mensch hatte das Nachsehen.

Chris Boos hält solche Ansätze für wenig wünschenswert. Er will, dass das Glück des Menschen, nicht die Effizienz der Maschine, im Mittelpunkt steht. Jan und Chris kennen sich bereits. Im gemeinsamen Einvernehmen duzen wir uns.

Paula Cipierre: Chris, die Idee hinter unserem Buch ist, dass wir am Beispiel der Kunst bestimmte menschliche Qualitäten herausarbeiten wollen, die Software nicht ersetzen, an denen sich Softwareentwicklung aber normativ orientieren kann. Gleichzeitig leben wir in einer Zeit, in der es überall Bestrebungen gibt, dass Computer alles automatisieren sollen oder dass die KI dahingehend programmiert wird, eigenständig zu agieren. Wir sind überzeugt, dass die Maschine immer im Dienste des Menschen handeln sollte. Aber was bedeutet das eigentlich?

Chris Boos: Also ich denke, wir sollten alles automatisieren.

Paula Cipierre: [lacht] Ach ja?

Chris Boos: Absolut! Zur Kunst komme ich gleich, aber vorab ein paar Gedanken dazu, was uns als Individuen und als Gemeinschaft Sinn verleiht. Erstens ist diese Idee, die wir spätestens seit der industriellen Revolution haben, dass jeder Mensch nur ein kleines Rad im großen Weltengetriebe ist und jeden Tag an einem festgelegten Platz eine festgelegte Aufgabe erledigen soll, aus menschlicher Sicht – im wahrsten Sinne des Wortes – unsinnig. Diese Arbeiten sollen Maschinen machen. Wir Menschen sind für sowas nicht gut ausgestattet. Deswegen brauchen wir doch überhaupt so etwas wie Qualitätsmanagement. Es liegt nicht in unserer menschlichen Natur, wieder und wieder exakt Gleiches und Vorhersagbares abzuliefern. Wir Menschen sind nicht immer in der Lage, dieselbe Leistung zu erbringen, haben zum Beispiel mal einen schlechten Tag oder schlichtweg keine Lust, und darum gibt es immer wieder unterschiedliche Ergebnisse. Wenn es für eine Arbeit einen völlig vorhersehbaren Ablauf gibt, dann sollte man diese Arbeit automatisieren.

Zweitens macht Arbeit, die man eigentlich auch automatisieren könnte, Menschen zutiefst unglücklich. Wenn du dir die Statistik mal anschaust, haben wir in Deutschland mehr Depressionsfälle pro 100 000 Einwohner als der Südsudan. Und der Südsudan ist Bürgerkriegsland. Aber die Menschen dort nehmen ihr Leben ganz anders wahr. Ich bin selbst ein großer Afrika-Fan, weil du dort oft genug erlebst, dass die Leute nichts haben, trotzdem alles miteinander teilen und dies zudem noch mit einem Lächeln im Gesicht. Trotz Inflation und aktuellen Krisen leben wir in Deutschland noch immer im Wohlstand, uns geht es vergleichsweise gut. Und dennoch sehen wir Menschen, die durchweg unglücklich sind. Ich finde, wenn wir diesen Vergleich einmal ernsthaft betrachten, dann jammern wir auf hohem Niveau.

Jan Hiesserich: Und wenn wir einen Großteil unserer Arbeit automatisieren, würde sich das ändern?

Chris Boos: Zumindest hätten wir wieder mehr Zeit, uns mit dem Menschlichen auseinanderzusetzen.

Paula Cipierre: Aber du meinst in dem Fall nur die Arbeit, die automatisiert werden soll? Oder was meinst du, wenn du sagst, dass »alles« automatisiert werden soll?

Chris Boos: Dort, wo es uns im positiven Sinne nützt. In der Wirtschaft ist dafür noch sehr viel Raum. Natürlich geht das nicht komplett ohne menschlichen Input. Wirtschaft ist kein Selbstzweck, sondern soll auf ein positives Leben der Menschen einzahlen. Augenblicklich sind wir davon aber weit entfernt, wir hängen in dieser Psychofalle, in der wir aus Klicks und Likes Dopaminschocks generieren. Und die Plattformen, mit denen wir uns täglich auseinandersetzen, sind genau so entwickelt, dass sie beim Menschen eine solche positive Signalwirkung haben, wenn wir uns verhalten, wie die Betreiber es sich erdacht haben.

Aber Dopamin ist, rein biologisch gesehen, ein Stoff mit kurzfristiger Wirkung. Deshalb sind wir immer wieder der Versuchung ausgesetzt, uns immer mehr damit zu befassen – für den nächsten Dopaminkick. Wirklich glücklich werden Menschen mit Endorphinen.

Jan Hiesserich: Was unterscheidet Endorphine von Dopamin?

Chris Boos: Endorphine werden maßgeblich durch zwei Zustände ausgelöst: Wenn man andere Menschen glücklich macht und wenn man etwas Neues entdeckt oder erlebt. Die Evolution war so schlau, dass sie uns zu sozialen Lebewesen gemacht hat. Deswegen glaube ich auch, dass wir eine Renaissance bei Dienstleistungen und Services sehen werden. Also einen Zustand, in dem es wirtschaftlich ist, wenn Menschen etwas für Menschen tun. In der industriellen Effizienz ist es genau das, was Unternehmen als Erstes aufgeben: »Wir müssen einen neuen Airbus kaufen, also lass uns mal ein paar Schalter schließen und stattdessen einen Ticketautomaten aufstellen.« Ich hingegen glaube, dass der Servicebereich zurückkommen wird, weil das nicht nur wirtschaftlich sinnvoll ist, sondern eben Menschen glücklich macht. Menschen brauchen soziale Interaktion, sie brauchen den Austausch und das Feedback ihres Gegenübers. Solche Erfahrungswerte lassen sich durch Maschinen nicht abbilden.

Dann hast du den zweiten Zustand, der Endorphine auslöst, nämlich der, etwas Neues zu entdecken oder zu erleben und die Welt mit anderen Augen zu sehen.

Jan Hiesserich: Und hier kommt die Kunst ins Spiel?

Chris Boos: Genau. Künstler sind Leute, die sich trauen, gegen den Strom zu schwimmen. Aber es gibt auch noch zwei andere Arten von Menschen, die immer etwas Neues tun. Die einen sind Tüftler, die anderen Pioniere. Tüftler nehmen Dinge, die schon da sind, und machen damit unerwartete Dinge. Mein Lieblingstüftler ist Johann Heinrich Dräger. Der saß irgendwann in seiner Werkstatt und wollte eine schönere Schaumkrone auf sein Bier zapfen. Dann hat er ein Ventil dafür erfunden und gleichzeitig festgestellt, dass er damit noch ganz andere Dinge machen kann, beispielsweise dafür zu sorgen, dass das Ventil schließt, wenn ein Feuerwehrmann einatmet, und er damit immer nur Sauerstoff aus der Sauerstoffflasche bekommt und nicht den Rauch. Zu guter Letzt gibt es Pioniere, also Leute, die zusätzlich zu dem, etwas Neues zu tun und gegen den Strom zu schwimmen, auch noch ein erhöhtes Risiko brauchen. Beispielsweise jemand, der unbedingt auf ein Schiff gestiegen ist, um neue Kontinente zu entdecken – der macht etwas Neues und schwimmt gegen den Strom und braucht aber zusätzlich, um glücklich zu sein, ein größeres Risiko.

Zusammengefasst gibt es also zwei Optionen, um Menschen nachhaltig glücklich zu machen: Entweder indem du einen anderen Menschen glücklich machst, oder indem du etwas Neues schaffst. Künstler können beides. Es ist dabei egal, ob es Künstler sind, die Bilder malen, oder Künstler, die irgendwann Manager geworden sind. Künstler sind Menschen, die zu ihrer eigenen Meinung stehen. Und Transformation, ob gesellschaftlich oder digital, bekommst du nur hin, wenn du Leute hast, die zu ihrer eigenen Meinung stehen.

Jan Hiesserich: Und das kann Software nicht?

Chris Boos: Nein. Wie auch?

Jan Hiesserich: Es gibt schon einige, die sagen, es gäbe sowas wie künstliche Kreativität.

Chris Boos: Das ist schlicht Unsinn. Was ist denn heute so eine KI, wie wir sie betreiben? Eine KI, wie wir sie heute ausrollen können, schafft lediglich Simulationen unserer Realität. Deswegen ist auch die ganze Befürchtung, dass KI die Welt übernehmen wird, komplett unnötig. Wenn du unsere ganze Welt simulieren wolltest, bräuchtest du dazu einen Computer, der größer ist als die Welt, weil eine Simulation immer Overhead hat. Ansonsten wird deine Simulation so ungenau, dass sie gar nichts mehr bringt. Deswegen finden viele KI-Anwendungen auch nur in einer geschützten Sandbox-Umgebung statt. Denn sobald die KI im echten Leben eingesetzt wird, funktioniert sie nicht mehr.

Das ist wie beim Wetter. Das Wetter ist ein natürlich-chaotisches System. Und wenn du in einem natürlich-chaotischen System irgendwo hinkommen willst, musst du den Weg dorthin selbst definieren. Die Aufgabe, den Weg zu begründen, werden dir die Daten nicht abnehmen. Können wir Entscheidungen treffen, wenn wir alle Informationen haben? Die Chaostheorie sagt: Du kannst absolut alles vorhersehen, wenn du alle Parameter kennst. Aber die Wahrscheinlichkeit, alle Parameter zu kennen, ist gleich null. Von daher ist das mathematisch machbar, aber praktisch unsinnig.

Jan Hiesserich: Also ist der KI-Hype unberechtigt?

Chris Boos: Nein, es wird nur überhaupt nicht gefragt, welche Rolle KI einnehmen kann und soll. Lange Zeit waren die Menschen getrieben von Religion. Dann kam die Industrialisierung. Und die Industrialisierung hat viel Positives bewirkt. Es gibt viel mehr wohlhabende Menschen, wir leben länger und so weiter. Uns ging es noch nie so gut wie heute. Aber es gibt Grenzen. Was haben wir die vergangenen 150 bis 200 Jahre gemacht? Wir haben den Skaleneffekt ausgenutzt. Ab einem gewissen Punkt zeitigt das aber komische Auswüchse. Dann bekommen die Menschen nicht mehr das, was sie wollen oder brauchen, sondern das, was wir produzieren. Und dafür brauchen wir Marketing, müssen also argumentieren, warum das, was wir produzieren, auch das ist, was du willst.

Damit sind wir in einer konstanten Manipulationsschleife gefangen, die eigentlich schlimmer ist als die der Religion. Die Religion hat die Menschen zwar unglaublich manipuliert. Es wurden schreckliche Verbrechen im Namen der Religion begangen. Aber sie hat immer nur etwas versprochen, was du nicht überprüfen kannst, beispielsweise das ewige Leben. Und um das zu erreichen, haben die Menschen auch ganz wundervolle Sachen gemacht, etwa Musik komponiert und Kathedralen gebaut, alles zu Ehren Gottes. Und sie konnten nie prüfen, ob ihnen dafür im Jenseits jemals etwas zugutekommt. Wenn ich dir jetzt sage, »Wenn mein Kumpel einen Porsche kauft, dann muss ich das auch«, dann will ich das sofort, im Hier und Jetzt. Wir haben ein Stück weit die Puffer aus unserem sozioökonomischen System herausgenommen, die uns dazu motiviert haben, langfristiger zu denken.

Paula Cipierre: Es geht jetzt also mehr um die Quartalszahlen als um die Ewigkeit.

Chris Boos: Ja, das auch. Schlimm ist, dass wir dieses Prinzip von Unternehmen auch auf Menschen übertragen haben. Was bringt es jemandem, der im Speckgürtel der Zivilisation wie hier in Frankfurt wohnt, dem sogenannten Islamischen Staat beizutreten? Das kann nicht ein Mangel an Freiheit sein. Ich denke, es ist genau das Gegenteil: Dieser Mensch hat alle Optionen, aber kann sich mit keiner mehr identifizieren. Er hat keinen Halt mehr, kennt seine Zukunft nicht. Und das macht genau diesen Menschen anfällig für jemanden, der zu ihm kommt und ihm das Blaue vom Himmel verspricht, solange er sich dem höheren Zweck der Organisation verpflichtet und einem genauen Ablaufplan folgt – das Gegenteil von Freiheit. So wird diesen Menschen, die sich vor lauter Optionen und Inhalt nicht mehr entscheiden können und mit nichts mehr identifizieren können ein unglaublicher Halt gegeben. Genau das, was uns in der Kurzlebigkeit fehlt.

Jan Hiesserich: Aber bleiben wir einen Moment beim Thema Automatisierung. Automatisierung als Begleiterscheinung der Industrialisierung hat zweifellos zu Produktivitätsgewinnen geführt. Früher war es sehr teuer, ein Auto zu kaufen, weil jedes Teil einzeln hergestellt werden musste. Dann wurde die Produktion zunehmend automatisiert und das Auto wurde erschwinglich.

Chris Boos: Das Schlimme ist, dass das automatisiert gebaute Auto auch noch besser funktioniert. Der Aston Martin ist beispielsweise ein viel schöneres Auto als der Golf, aber der Golf funktioniert besser.

Jan Hiesserich: [lacht] Das weißt du besser als ich! Aber KI hat Grenzen.

Chris Boos: Zunächst einmal wird KI noch einiges zur Automatisierung beitragen. Und das ist auch gut so, sofern wir das Ziel nicht aus den Augen verlieren. Unsere momentane Methode zur Automatisierung bezieht sich auf einen industriellen Kreislauf: Wir analysieren, wir standardisieren, wir konsolidieren und dann bauen wir etwas, das den Automatismus in sich hält. Das ist noch weit von dem entfernt, was uns Menschen auszeichnet, weil wir so nicht funktionieren. Wenn ich dir sage, dass du irgendwelche Probleme lösen sollst, dann fängst du auch nicht erst an zu standardisieren, konsolidieren und so weiter. Sondern du versuchst einfach eine Lösung zu finden. Und diese Lösung basiert auf deinem Erfahrungsschatz.

Das Problem am eben genannten Kreislauf ist, dass du eigentlich nur Aufgaben automatisieren kannst, die sich nicht ändern. Die werden dadurch zwar schneller und auch viel besser erledigt, aber der Sinn dahinter wird niemals hinterfragt. Das, was ein Künstler macht oder auch ein Philosoph, nämlich nach dem Sinn fragen, das ist automatisiert unmöglich, weil du immer in derselben Schleife gefangen bist: »Okay, ich habe hier schon alles konsolidiert und standardisiert. Ich muss es jetzt nur noch ein bisschen besser machen«. Die Frage, »Brauche ich das Zeug überhaupt?« hast du dir gar nicht gestellt. Denn das kann nur Kunst.

Dieses Image, das wir hier in Deutschland haben, dass wir total festgefahren sind und nie was ändern, existiert übrigens erst seit den 1970er Jahren. Vorher haben die Deutschen und Europäer die ganze Welt auf den Kopf gestellt. Aber das haben wir aufgehört, komplett, weil wir in der Wohlstandsschleife, »Wir machen es jetzt noch 2 Prozent besser«, gefangen sind. KI treibt das jetzt auf die Spitze. Denn in der erweiterten Definition bedeutet KI, dass du eine Maschine hast, die nicht eine vorgekaute Lösung abarbeiten muss, sondern genau wie du oder ich eine individuelle Lösung erzeugt. Eine Lösung, die auf dem Erfahrungsschatz basiert, den man dieser Maschine zur Verfügung gestellt hat, auch wenn dieser Erfahrungsschatz natürlich viel kleiner als der eines Menschen sein mag. Diese Art der Automatisierung ist sehr nützlich. Das, wozu es schon Erfahrungen gibt, macht eine Maschine. Das, wozu es noch keine Erfahrungen gibt, wo man sich etwas Neues ausdenken muss, wofür du Überzeugungen haben musst, das macht der Mensch.

Jan Hiesserich: Du sagst, dass dort, wo Erfahrungen schon gesammelt wurden, automatisiert werden kann. Was aber, wenn ich meine Erfahrung gar nicht artikulieren kann? Viele Entscheidungen, die ich als Mensch treffe, basieren schließlich auf Intuition.

Chris Boos: Wir müssen hier ein wenig differenzieren. KI hat klare Grenzen, aber die Grenze hat weniger mit Intuition, als mit Kontextkompetenz zu tun. Intuition ist schließlich das einfache System im Menschen. Du triffst Entscheidungen basierend auf deinem Bauchgefühl. In anderen Worten, du praktizierst evolutionär erlerntes Verhalten, etwa »fight or flight«. Dasselbe machen wir mit neuronalen Netzwerken auch. Wir bestrafen ein Netzwerk so lange, bis es weiß, was ihm guttut.

Das eigentlich Komplizierte ist nicht Intuition, sondern rationales Denken und Argumentieren. Also die Fähigkeit artikulieren zu können, warum irgendetwas besser ist. Das mischt du dann mit Intuition. Warum? Weil du nie exakt sein kannst. Also die rationale Formulierung, so wie wir das gerne aus der Rede von Sokrates hätten, die logische Welt, die in sich komplett abgeschlossen ist, existiert überhaupt nicht. Wenn wir die Logoi, also diese schöne Rede von Sokrates, nehmen und auf Donald Trump übertragen, ergibt die überhaupt keinen Sinn. Also wirklich absolut null. Und deswegen brauchst du Intuition oder diese Zusammenarbeit zwischen Ratio und Instinkt, um überhaupt zu einer konstruktiven Erkenntnis zu kommen, die nicht nur intellektuell schön, sondern auch noch in der echten Welt anwendbar ist.

Paula Cipierre: Aber um nochmal auf die normative Betrachtung zurückzukommen: Würdest du also sagen, dass Softwareentwicklung im Allgemeinen und KI-Entwicklung im Speziellen, dahingehend ausgerichtet sein sollte, uns von allen lästigen Arbeiten zu entlasten, sodass wir uns auf diese zwei Zielsetzungen konzentrieren können: andere Menschen glücklich zu machen einerseits und neue Dinge zu schaffen andererseits?

Chris Boos: Ja, weil es letztlich genau das ist, was uns menschlich macht. Wir sollten aufhören, als Menschen darauf hinzuarbeiten, wie eine Maschine zu sein, und sollten uns stattdessen wieder darauf konzentrieren, Menschen zu sein.

Jan Hiesserich: Wenn wir über KI sprechen, sprechen wir oft in Extremen. Nehmen wir beispielsweise Nick Bostrom, der argumentiert, dass die Singularität irgendwann eintritt und die KI unser Leben übernehmen wird.

Chris Boos: Wenn du ein Institut für Existenzielle Bedrohungen schaffst, musst du auch existenzielle Bedrohungen finden, sonst hat das Institut keinen Wert [lacht]. Aber das ist auch gar nicht das eigentlich relevante Problem. Nick Bostrom hat gute Argumente. Und es stimmt, dass es echte Bedrohungen gibt. Aber diese Bedrohungen hängen letztlich doch nicht davon ab, was die Maschine kann, sondern wie der Mensch sie einsetzt.

Beispielsweise arbeite ich, wie ihr auch, im militärischen Bereich. Und da werdet ihr schnell feststellen, dass Entscheidungsträger, die den Krieg nur aus der Ferne kennen, oft für autonome Waffensysteme sind, weil die nicht mit einem diskutieren. Im US-Militär zum Beispiel triffst du auf Menschen, nicht nur im Bodenpersonal, sondern auch auf der Führungsebene, die alle mal im Krieg waren. Und die wissen, dass Krieg wirklich niemand erfahren sollte. Die sind zwar bereit für ihr Land zu sterben, würden gleichzeitig aber auch alles tun, um Krieg zu vermeiden. Es gibt da ein tolles Zitat aus einer Anhörung im US-Kongress, wo ein Drei-Sterne-General sich einmal folgendermaßen gegen autonome Waffensysteme ausgesprochen hat: »I believe the person who commands the death of hundreds of people needs to have nightmares.« Und das ist richtig. Es gibt nichts Schlimmeres als die Idee, das Töten anderer Menschen einem Automatismus zu überlassen.

Paula Cipierre: Im Koalitionsvertrag spricht sich auch unsere derzeitige Bundesregierung gegen autonome Waffensysteme aus.[57] Auch auf europäischer Ebene wird das aktiv diskutiert. Denkst du, dass aus Europa im Allgemeinen und Deutschland im Speziellen heraus ein alternativer, humanistisch geprägter Weg der Technikentwicklung geebnet werden könnte? Wenn ja, wie sähe der aus? Vor allem angesichts der Tatsache, dass Deutschland im Bereich Digitalisierung, im öffentlichen Empfinden zumindest, noch arg hinterherhinkt.

Chris Boos: Das ist auch so. Aber nicht, weil wir es technisch nicht könnten, sondern weil wir es mental einfach nicht hinbekommen.

Jan Hiesserich: Warum nicht?

Chris Boos: Weil es hierzulande zu bequem ist. Wir sind nicht hungrig genug.

Jan Hiesserich: Wir sind zu satt? Aber das würde doch auf die USA prinzipiell auch zutreffen …

Chris Boos: Aber in den USA ist es trotz alledem anders. Das liegt mitunter daran, dass es in den USA dieses gigantische soziale Gefälle gibt. Das sollte man natürlich nicht glorifizieren – ganz im Gegenteil: Man sollte etwas dagegen tun. Aber das ist unter anderem dafür verantwortlich, dass es in den USA noch diesen Hunger gibt. Bei uns ist das anders.

Jan Hiesserich: Also du hältst nichts von der Vollkaskomentalität des Staates?

Chris Boos: Auf der einen Seite ist das für die Menschen gut. Aber auf der anderen Seite führt das leider auch dazu, dass uns der nötige Anreiz fehlt. Früher wurde Technik erst reguliert, nachdem schon Fehler passiert sind, zum Beispiel bei Autos, in denen bei Unfällen zig Leute umgekommen sind, weil es nicht die nötigen Sicherheitsvorkehrungen gab. In der Konsequenz wurde der Anschnallgurt zum Gesetz gemacht. Heute leben wir in einem Staat, der glaubt, dass die Menschen so bescheuert oder lebensunfähig sind, dass man immer alles vorab regulieren muss. Wie soll das gehen? Wer kennt die Zukunft? Das nullte Naturgesetz trifft bei Vorabregulierung immer zu, nämlich das der »unintended consequences«.

Jan Hiesserich: Burkhard Schwenker hat einmal gesagt, dass wir in den vergangenen Jahren auf erstaunlich effiziente Weise immer ineffizienter geworden sind. Weil wir immer nur auf Kostenoptimierung geschaut haben und darüber aber gewichtige Trends verpasst haben. Jetzt gehen wir mal davon aus, dass deine Zukunftsvision zur Realität wird und wir automatisieren alles, wo uns relevante Erfahrungen vorliegen. Was müssen wir dann tun, um wieder zu lernen, Menschen zu sein? Was können wir in dieser Hinsicht auch von Künstlern lernen?

Chris Boos: Glücksorientierter Erkenntnisgewinn. Das ist, glaube ich, genau das, was wir wieder lernen müssen.

Jan Hiesserich: Und den Erkenntnisgewinn siehst du nicht im augenblicklichen Gefüge? Oder zu wenig?

Chris Boos: Wir stehen uns einfach zu oft selbst im Weg. Nimm mal die Europahymne, die Ode »An die Freude«: Im Text heißt es, »Deine Zauber binden wieder, was die Mode streng geteilt, Alle Menschen werden Brüder, wo dein sanfter Flügel weilt«. Trotzdem sind wir in Europa nach wie vor unglaublich weit auseinander. Wenn du dir die Diskussionen im Europaparlament anschaust, dann geht es da nur um Separatismus. Bescheuert! Manche glauben, dass die Menschen sich erst einig werden, wenn sie einen wirklich gemeinsamen Feind oder eine alle betreffende – und fühlbare – Bedrohung erleben, wie bei einem Alien-Angriff.

Paula Cipierre: Bevor wir zu den Aliens kommen, was könnte uns sonst noch aus unserer Gelassenheit oder Gleichgültigkeit bringen? Vom Ukrainekrieg bis hin zum Klimawandel sehen wir bereits Entwicklungen, die eigentlich dazu in der Lage sein sollten, uns aufzurütteln. Man denke etwa an die Flutkatastrophe im Ahrtal oder die extremen Dürren insbesondere im Nordosten Deutschlands. Können wir nicht auch mit einer positiven Vision voranschreiten?

Jan Hiesserich: Mit anderen Worten: Was muss sich in der Auseinandersetzung mit Software in Deutschland ändern, damit wir eine produktivere und menschenorientiere Vision unserer Gesellschaft realisieren können? Was lernen wir dabei von der Kunst?

Chris Boos: Also, ich glaube, Software ist dabei wirklich nur das Tool. Software ist auch keine Kunst. Viele Softwareentwickler denken, sie seien Künstler. Sind sie aber nicht.

Jan Hiesserich: Warum nicht?

Chris Boos: Weil es bei Software und Algorithmen letztlich immer nur darum geht, etwas exakt zu tun und möglichst wenig der eigenen Meinung einzubringen. Ein Algorithmus, der deine Meinung reflektiert, ist ein schlechter Algorithmus. In der KI ist das bereits ausgelagert. Nicht mehr der Algorithmus hat eine Meinung, sondern der Datensatz. Das ist allerdings auch unvermeidlich. Wir simulieren nur die Realität, die zwangsläufig voreingenommen ist. Wenn nun aber ein Entwickler denkt, er produziere Kunst – und als Künstler müsste er per definitionem eine Meinung haben –, entsteht daraus im Ergebnis schlechte Software. Und es gibt wahrlich schon genug schlechte Software auf der Welt. Das sollten wir nicht multiplizieren.

Jan Hiesserich: Gut, aber damit wären wir dann wieder bei der Frage, die ein Jürgen Schmidhuber vielleicht anders beantworten würde, nämlich: Wer ist Ross und wer ist Reiter? Du sagst: Software ist ein Tool, also ein Werkzeug. Damit ist vollkommen klar, wer die Verantwortung übernimmt.

Chris Boos: Klar. Die Entscheidung, dass man vom Browsen durch Facebook-Feeds süchtig wird, hat keine Maschine getroffen.

Jan Hiesserich: Nein, die hat ein Mensch getroffen.

Chris Boos: Genau. Also ist das kein Problem der Technologie. Wenn mir Menschen sagen, »Wir müssen aufpassen, dass die Maschinen uns nicht übertreffen«, antworte ich ehrlich gesagt immer: »Hey, dafür haben wir die Maschinen doch auch gebaut!« Kein Mensch möchte vom Beruf her Schubkarre sein. Die kann auch besser Steine tragen als du.

Jan Hiesserich: Ein guter Übergang zum Thema Software als Werkzeug. Software ist doch nicht vergleichbar mit einem Hammer, oder?

Chris Boos: Ja, wobei für den, der dabei war, als der Hammer erfunden wurde, das natürlich auch eine Wahnsinnsverbesserung war.

Jan Hiesserich: Trotzdem ist es bei Software so, dass sie sich nicht notwendigerweise als Werkzeug zu erkennen gibt. Darüber hinaus erweitert sie den Erfahrungshorizont.

Chris Boos: Aber auch das ist keine besondere Eigenschaft der Software. Nimm mal Theater. Wenn du im Theater bist und dich wirklich darauf einlässt, bist du auch woanders. Dafür brauchst du keine VR. Dein Kopf kann das auch.

Paula Cipierre: Warum wolltest du dann schon im Kindesalter Softwareingenieur und nicht etwa Schauspieler oder Schreiner werden?

Jan Hiesserich: Du bist auch Musiker!

Chris Boos: Habe ich alles schon probiert! Software konnte ich aber einfach besser.

Paula Cipierre: Gut, aber was fasziniert dich daran?

Chris Boos: Vielleicht die Multiplizierbarkeit. Wenn ich ein Haus baue, baue ich ein Haus. Und wenn ich eine Fabrik baue, die Häuser baut, dann baue ich letztlich lauter kleine Häuser, wie in dem Pete Seeger-Song, »Little Boxes«. Wenn ich hingegen Software schreibe, kann ich zum Beispiel sicherstellen, dass allen Menschen die gleiche Krebsdiagnostik zur Verfügung steht. Die Multiplizierbarkeit ist doch das eigentlich Großartige an Software. Das finde ich tatsächlich richtig cool.

Jan Hiesserich: Aber wenn wir über Multiplizierbarkeit sprechen, landen wir doch auch wieder ganz schnell bei einer Art Standardisierung. Führt das nicht tendenziell dazu, dass die Welt immer monotoner wird?

Chris Boos: Das tut sie nur, wenn wir die daraus entstehende Freiheit nicht nutzen. Wenn wir die für uns entstehenden Möglichkeiten nutzen, steht uns eine vollkommen neue Welt offen.

Jan Hiesserich: Und wie sollten wir die daraus entstehende Freiheit nutzen?

Chris Boos: Etwas Nicht-Gleiches zu tun. Eigene Erfahrungen sammeln. Ich gebe dir mal ein Beispiel. Wir sind aktuell im Space Race, oder? Und das Space Race wird nicht mehr von den großen Raumfahrtagenturen, sondern von Milliardären geführt. Nicht, weil die Raumfahrtagenturen dafür nicht die intellektuelle Kapazität hätten, sondern weil das grundsätzliche Problem bisher der Launch ist und wir in unserer jetzigen Launchtechnik nach wie vor in einem physikalischen Denken wie zu Zeiten des Zweiten Weltkriegs gefangen sind. Werner von Braun ist die Grundlage für alle Raketenforschung. Und jede große »spacefaring nation« hat ungefähr 100 000 Leute im Launch beschäftigt. Keiner schafft diese Jobs ab. Milliardäre hingegen sagen: »Warum probieren wir nicht mal etwas ganz anderes?« Und dann baut der Erste ein Flugzeug, der Zweite einen Launchpad, der sich an der Rakete orientiert, ein Dritter plant einen Weltraumaufzug und vieles mehr. Und dann bekommst du eine unglaubliche Vielfalt an Projekten, die es vorher nicht gab. Einfach, weil Milliardäre sich den Luxus leisten können, viel risikofreudiger zu sein.

Also sind wir als Menschen nicht nur Meinungsgeber und Servicedienstleister für andere Menschen, sondern auch Erfahrungsgeneratoren. Auch hier hilft die Auseinandersetzung mit Philosophie und Kunst.

Jan Hiesserich: Aber trotzdem vertrauen wir im Augenblick in diesen ganzen Zukunftsdiskussionen, die wir führen, weniger auf die Philosophen und Künstler und mehr auf die Softwareentwickler und Technologievertreter.

Chris Boos: Weil Technologievertreter oft auch sehr meinungsstarke Menschen sind. Euer Boss ist sogar vom Fach!

Paula Cipierre: Genau. Unser Boss ist streng genommen Philosoph, kein Softwareentwickler.

Chris Boos: Eben. Deswegen sagt er auch, dass ihr eine »colony of artists« seid. Es geht nicht darum, wer wie gut programmieren kann, sondern ob jemand starke Meinungen hat.

Paula Cipierre: Von wessen Meinung lässt du dich beeinflussen? Oder anders gesagt: Was bringt dich morgens aus dem Bett? Wonach strebst du?

Chris Boos: Ich möchte, dass Menschen wieder menschlicher werden. Dieses Optimierungsverhalten ist zutiefst unmenschlich.

Paula Cipierre: Aber wo setzt man da an? Wie kommen wir da hin?

Jan Hiesserich: Uns wird quasi schon seit der Schule beigebracht, uns wie eine Maschine zu verhalten und nicht andersherum.

Chris Boos: Aber unser Schulsystem wurde auch zu Zeiten der Industrialisierung geschaffen. Da mussten wir dafür sorgen, dass Leute in Fabriken nicht wahnsinnig werden. Wir schieben die Leute 13 Jahre durchs Schulsystem, damit sie danach dann noch 4 bis 5 Jahre studieren. Bis dahin ist alles auf Gehorsam ausgerichtet und Uniformität. Dann kommen sie im Berufsleben an und plötzlich heißt es: Denkt jetzt out-of-the-box. Wie soll das denn gehen?

Jan Hiesserich: [lacht] Ja, wie geht das?

Chris Boos: Ja, das geht eben nicht.

Paula Cipierre: Du wachst doch aber auch einen jeden Morgen auf und bist motiviert!

Chris Boos: Aber wir sind in der Minderheit. Deswegen ist euer Projekt auch so schön. Weil wir dadurch vielleicht endlich mal das Augenmerk darauf richten, worum es uns als Menschen wirklich gehen sollte.

Ich glaube, dass wir Menschen wieder dazu bringen müssen, sich mit dem tiefgreifenden Sinn auseinanderzusetzen. Nicht nur mit kurzfristigem Komfort. Du musst die Menschen dazu bringen, dass sie herausfinden, was sie glücklich macht. Du musst ihnen die Möglichkeit geben, eine Identität zu haben, ohne dass sie zu Nazis werden. Wenn du dir die Generation Y anschaust, diese ganzen Leute, die sofort in sich zusammenfallen, wenn du denen sagst, dass das, was sie machen, Quatsch ist. Das ist ein großes Problem. Früher sind Kinder mal auf die Straße gegangen, auf die Nase gefallen, wieder nach Hause gegangen, in den Arm genommen worden und alles war gut. Und jetzt verhindern wir, dass die Leute auf die Nase fallen, bis sie dreißig sind. Und das Problem ist, wenn die dann im Beruf sind und irgendjemand sagt denen dann, »Hey, das war jetzt wirklich

Mist«, dann ist das durch In-den-Arm nehmen nicht mehr reparierbar. Es war eine saudumme Idee, Kindern und Jugendlichen nicht mehr beizubringen, dass es okay ist, zu versagen. Auch das gehört zum Menschsein dazu.

Paula Cipierre: Ist es nicht überraschend, dass ein KI-Experte wie du, der schon seit dem Grundschulalter Software programmiert, sich hier hinstellt und auf die Frage »Worauf sollten wir in der Softwareentwicklung hinarbeiten?« antwortet, dass der Mensch wieder lernen sollte, Mensch zu sein?

Chris Boos: Aber warum denn nicht? Ich werde ständig in irgendwelche Gremien eingeladen, die von mir erwarten, dass ich sage, dass wir in der Schule nur noch Mathe und Informatik lernen sollen. Dabei glaube ich, genau das Gegenteil ist der Fall. Wenn du Menschen Informatik studieren lässt und ihnen nicht gleichzeitig Philosophie beibringst, kriegst du Optimierungsfanatiker.

Die wirklich spannenden Menschen in der Technik sind nicht solche, die nichts anderes als Softwareentwicklung machen, sondern solche, die sich auch mit ihrer spirituell-künstlerischen Seite auseinandersetzen. Nur ein Experte zu sein, passt zwar gut in unsere industrielle Gesellschaft. Aber als Experte findet man nicht die Lösungen für die großen Probleme unserer Welt.

Jan Hiesserich: Also bräuchten wir eigentlich wieder viel mehr Generalisten.

Chris Boos: Genau. Die Maschine kann sich viel besser spezialisieren und automatisieren als du. Je tiefer du in etwas einsteigst, desto höher ist die Komplexität. Aber Menschen haben ein Komplexitätslimit. Maschinen haben das nicht. Du musst nur mehr Rechenpower addieren. Dann steigt zwar auch exponentiell der Elektrizitätsverbrauch, aber wenn du bereit bist, das in Kauf zu nehmen, dann hast du kein Komplexitätsproblem.

Paula Cipierre: Also ist deine Vision ein Stück weit, dass wir uns wieder diesem humboldtschen Ideal annähern, also Dinge ausprobieren, entdecken, wieder wie Kinder spielen lernen?

Chris Boos: Absolut. Jedes Kind ist auch ein Wissenschaftler. Kinder stellen eine Hypothese auf – »Das Runde muss doch ins Eckige passen« –, und dann wird empirisch getestet und werden daraus Erkenntnisse gewonnen. Aber diesen Impuls treiben wir den Menschen aus. Genau wie wir es den Menschen austreiben, ihre eigene Meinung zu haben. In der Welt, in der wir momentan leben, ziehen Menschen ihren eigenen Wert daraus, was andere über sie sagen: Wie viele

Likes sie auf Instagram haben oder ob ihr TikTok viral geht. Anstatt zu sagen: Ich glaube daran. Ich bin davon überzeugt, dass das gut ist. Außerdem geht die Diskussionskultur verloren. Wir führen viel zu wenig verbale Kämpfe aus. Das hört sich zwar immer wie Streit an, ist aber in Wirklichkeit nichts anderes als die Forderung, dass du dein intellektuelles Pulver verschießt. Wenn du dann nicht entsprechend verbohrt bist, sondern wirklich bereit bist, deine Meinung zu ändern, dann lernst du auch etwas. Diese Fähigkeit, sich auch mit intellektuellen Fragen auseinandersetzen, die weh tun, hat echt gelitten.

Jan Hiesserich: Müssten wir dann nicht viel weniger in Technologie, sondern in den Menschen dahinter investieren?

Chris Boos: Absolut. Je mehr sich Leute von den großen philosophischen Fragen wegbewegen, desto instabiler wird die Gesellschaft und desto leichter ist es gleichzeitig, die Menschen zu manipulieren. Ich saß letztens im Flugzeug neben jemandem – kein Witz –, der davon überzeugt war, dass die Erde flach ist.

Jan Hiesserich: [lacht] Hat der nicht mal aus dem Fenster geschaut?

Chris Boos: Genau das habe ich ihm auch gesagt: »Guck mal, der Horizont macht doch einen Bogen.« Und dann antwortet er: »Das macht die Regierung.« Woraufhin ich erwiderte: »Hey, tut mir leid, ich wusste nicht, neben welchen wichtigen Leuten ich sitze, dass die Regierung extra wegen dir jedes Flugzeugfenster manipuliert.« Es ist einfach unglaublich, was für einen Bullshit manche Menschen glauben wollen.

Jan Hiesserich: Aber wir suggerieren auch seit der Schule, dass es für alles eine klare Antwort gibt. Es gibt viele, die sagen, dass diese unglaublich rationalistische Weltsicht, damals von Leibniz und anderen propagiert, heute eine Renaissance erlebt, in dem wir unser Wissen in Computersprache übersetzen.

Chris Boos: Ja, aber dann tauchen doch noch so viel mehr Fragen auf, deren Antwort wir nicht kennen. Die Relativitätstheorie und Quantentheorie sind mittlerweile verhältnismäßig alt, aber wir haben es trotzdem noch nicht geschafft, beide zusammenzubringen, obwohl wir jede individuell zumindest empirisch beweisen konnten.

Früher gab es nur Doktoren der Philosophie. Mittlerweile haben wir das mühsam auseinander gefriemelt, um sowohl Doktoren der Philosophie als auch Doktoren der Naturwissenschaften zu haben. Dann stellen wir fest, dass die Naturwissenschaft die Philosophie aber nach wie vor braucht. Denn trotz allem mathematischem Wissen über das Universum, können wir nicht entscheiden, ob es jetzt den freien Willen geben soll oder nicht. Viele hochrangige Wissenschaftler sind gläubige Menschen, weil sie davon überzeugt sind, dass so viel Schönheit kein Zufall sein kann.

Paula Cipierre: Also würdest du dir im Prinzip eine Gesellschaft wünschen, in der wir wieder den Mut haben, uns mit den großen Fragen auseinanderzusetzen?

Chris Boos: Ja. Oder zumindest würde ich mir eine Gesellschaft wünschen, die von Neugier getrieben ist. Wenn du mich beispielsweise fragst, welche zwei Dinge man Kindern beibringen muss, dann ist das einerseits, dass sie neugierig sein sollen, andererseits, dass alles, was sie tun, Konsequenzen hat. Aber wenn ich mir das gesellschaftlich anschaue, haben wir momentan vier Dinge, die wir anders machen müssen, um diese Erkenntnis wieder zu erlernen.

Erstens sollten wir die Gemeinschaft wieder vor das Selbst stellen. Wir brauchen keine Schwarmgesellschaft, aber wir sollten unsere Gesellschaft schon daran orientieren, dass wir nicht nur für unsere eigene Freiheit kämpfen, sondern auch für die Freiheit der Generationen danach. Zweitens müssen wir wieder Neugier über Sicherheit stellen. Wenn wir alles verbieten, bevor es überhaupt entstanden ist, dann entsteht auch nichts. Dann versagen wir uns auch die Chance auf etwas wirklich transformativ Neues. Das Dritte ist, dass man Fakten vor Glauben stellen muss. Früher hat man gesagt: »You're entitled to your own opinion, but you're not entitled to your own facts.« Und das hat sich überholt. Menschen können gar nicht mehr miteinander reden, weil sie nicht auf der Basis derselben Fakten argumentieren. Wie soll Kommunikation dann funktionieren? Wie soll Einigkeit und Frieden herrschen, wenn wir noch nicht mal dieselben Fakten zu Grunde legen? Ich sage immer: »Science does not care what you believe.« Und das Vierte, was man ändern muss, ist, dass Wissen wieder vor Fühlen kommen muss. Du solltest deinen Namen echt erst schreiben können, bevor du ihn zu tanzen lernst.

Jan Hiesserich: Vielleicht noch eine letzte Frage zum Thema Neugier: Neugier geht oft mit Antrieb einher. Wenn wir jetzt den Fall von Blake Lemoine nehmen, der Engineer bei Google, der rausgeflogen ist, weil er LaMDA Gefühle nachweisen wollte, vielleicht auch, dass LaMDA eigene Intentionen hat. In dem Fall wäre das keine spezifisch menschliche Eigenschaft mehr. Ich vermute, ich kenne die Antwort auf die Frage, aber ich stelle sie dir jetzt einfach trotzdem: Ist das etwas, das du für realistisch hältst, oder ist das ein Stunt?

Chris Boos: Also, das was mit LaMDA passiert ist, ist definitiv ein kompletter Hoax. Dass es in absehbarer Zeit eine KI geben wird, die eigene Intentionen verfolgt, bezweifle ich doch stark. Etwas, das seine eigenen Intentionen hat, muss auch ein eigenes Ich haben. Man sieht bei Kindern wie sich das Ich in ihnen entwickelt. Wenn sie ganz klein sind, sagen sie vielleicht, »Der Martin will das jetzt nicht essen«, aber wenn sie größer werden, sagen sie, »Ich habe da jetzt keinen Hunger darauf«. Und wenn du die Fachleute fragst, beispielsweise Psychologen, »Was ist denn ein Ich?«, dann geben sie dir ellenlange Antworten, die im Endeffekt aber nur eines ausdrücken, nämlich: Sie wissen es nicht. Ingenieure bauen nur erfolgreich Sachen, die man schon verstanden hat. Solange du nicht sagen kannst, was ein Ich überhaupt ist, brauchst du diese Diskussion, die wir mit LaMDA angestoßen haben, auch nicht. Eine Maschine, die kein Ich hat, kann auch keine Gefühle haben und solange du nicht mathematisch exakt beschreiben kannst, wie das Ich zustande kam, ist die gesamte Debatte hinfällig. Also kann ich den Lemoines dieser Welt nur sagen: Seid still.

Jan Hiesserich: Ein prägnantes Schlusswort. Vielen Dank, Chris, für das aufschlussreiche Gespräch.

ERST DIE SYMBIOSE
ZWISCHEN MENSCH
UND MASCHINE
SCHAFFT MEHRWERT

TIMOTHEUS HÖTTGES

Wir treffen Tim Höttges in der Vorstandsetage der Zentrale der Deutschen Telekom in Bonn. Schon im Vorraum sind wir mit Kunst konfrontiert: eine Videoinstallation von Nam June Paik. Daneben Bücher, die sich mit den gesellschaftlichen Auswirkungen digitaler Technologien kritisch auseinandersetzen. In seinem Büro dann eine große Zimmerpflanze, in deren Ästen ein Stofftier sitzt. Ist das wohl Kunst?

Auch Tim Höttges sieht die Herausforderungen, die uns als Gesellschaft bevorstehen. Gleichzeitig ist er aber davon überzeugt, dass wir in der Verantwortung stehen, die Digitalisierung im Einklang mit unseren Werten aktiv zu gestalten. Warum die Kunst hier wertvolle Impulse liefern kann, erklärt er im Gespräch.

Jan Hiesserich: Herr Höttges, ich würde direkt mit dem Thema Kunst einsteigen, und zwar mit einer persönlichen Frage: Sie sind Pianist, leidenschaftlich sogar, und Kunstsammler. Gleichzeitig sind Sie Manager und Zahlenmensch. Ich erinnere mich noch daran, wie wir uns kennengelernt haben, da geisterte durchs Unternehmen im Zusammenhang mit Ihrer Person noch die Umschreibung »Graf Zahl« [lacht]. Was hat der rationale Manager Höttges vom passionierten Musiker Höttges gelernt und umgekehrt?

Tim Höttges: Die Improvisation. Und die Interpretation. Zahlen sind schließlich genauso bestechlich wie Emotionen und immer auch Auslegungssache. Sie sind letztlich auch nur Interpretationsgrundlagen für eine Entscheidung. Und im Übrigen auch nicht immer rational. Man denkt immer, mit der Zahl kann man irgendetwas beweisen und damit Recht bekommen. Aber so wird eine Zahl auch relativ schnell missbraucht.

Was lernt der Manager von dem Musiker? Die Leidenschaft, mit der man sich mit Musik und Kunst auseinandersetzt. Im Übrigen auch den emotionalen Zugang. Man erlaubt sich die Emotionalität in der Kunst, aber kaum je im Management. Das ist falsch. Es heißt, dass 50 Prozent der Entscheidungen, die wir treffen, emotionaler Natur sind. Ich glaube aber, dass dieser Prozentsatz noch viel, viel höher ist. Eine Kaufentscheidung eines Kunden, die Entscheidung im letzten Moment einen Deal zu machen, die Entscheidung, ein Produkt auf den Markt zu bringen – keine dieser Entscheidungen ist rein rational. Wir versuchen immer über Elastizitäten, über mathematische Modelle, über Kundenbefragungen, über statistische Analysen, über multivariate, komplexe Strukturen Kundenverhalten zu antizipieren, aber letztlich ist das in hohem Maße von Intuition und Emotionalität geprägt. Und das ist bei Kunst und Musik die Triebfeder oder auch der Antrieb. Es gibt auch Künstler, die rein rational handeln, aber ich glaube, die meisten arbeiten hochemotional und intuitiv.

Wir haben hier im Unternehmen eine Formel, die wir gerne benutzen: Performance ist Können plus Talent hoch Haltung. Und Haltung umfasst ein Stück weit auch, wie leidenschaftlich ich bin, wie emotional, wie stark ich mich für etwas einsetze. Und ich glaube, dass dieses Element, diese potenzierte Wirkung von Haltung, Einstellung und Emotionalität, dass diese für den Unternehmenserfolg, aber übrigens auch für die Kunst, von entscheidender Bedeutung ist. Und dann kommen die beiden Welten wieder ganz gut zusammen.

Jan Hiesserich: Sie haben sich in einer Rede im Bonner Münster einmal auf Gerhard Richter bezogen. Sie haben gesagt: Durch Gerhard Richter kam die Unschärfe in die Kunst. Und dass die Kunst unscharf sein muss, weil die Welt unscharf ist. Im Management hingegeben streben wir doch eher nach Eindeutigkeit?

Tim Höttges: Nein, wir leben in Unschärfe. Unsere Welt ist furchtbar unscharf. Ich lebe in einem kontinuierlichen Spannungsfeld von Ambiguität, von Zweideutigkeiten und von Unschärfen. Es gibt nicht *das* Richtige und *das* Falsche. Das gibt es auch im Management nicht. Es wäre schön, wenn das so wäre.

Jan Hiesserich: Aber es ist doch gar nicht lange her, dass wir vom *homo oeconomicus* gesprochen haben.

Tim Höttges: Ja, der *homo oeconomicus* mit seinem *Pareto-Optimum*. Theoretisch ist das richtig. Aber in der Praxis ist alles, was wir tun, eine Approximation. Natürlich gibt es unbestreitbare Fakten wie beispielsweise die Finanzzahlen, die zeigen, was du erwirtschaftet hast. Aber wie du da hingekommen bist, was du für Entscheidungen getroffen hast, um diese Zahlen zu erreichen, das ist eine Frage, die mit unglaublich vielen Unsicherheiten behaftet ist. Die Komplexität unserer Welt nimmt kontinuierlich zu. Und damit entsteht nochmal eine größere Unschärfe in unserem System. Von daher ist Gerhard Richter ein gutes Beispiel, weil das, was du bei Richter siehst, nicht immer das ist, was es zu sein scheint. Und das ist in der Kunst geläufig. Und ich glaube letztlich, dass das im Management genauso ist. Auch im Management muss man lernen, mit dieser Unsicherheit und Unschärfe umzugehen.

Meiner Erfahrung nach sind Menschen, die Perfektionisten sind, selten fähig, gute Manager zu sein. Die gehen kaputt. Mir sind in meiner Karriere immer wieder Menschen begegnet, die sicherlich brillant an der Universität waren, die brillante Akademiker waren, die im Job aber komplett gescheitert sind, weil sie mit der Imperfektion nicht umgehen konnten. Die sind daran kaputtgegangen. Regelrecht psychisch kaputtgegangen. Hinzu kommt auch noch die Komponente Zeit. Wir müssen Entscheidungen nicht nur unter großer Unsicherheit und Unschärfe, sondern auch mit hoher Geschwindigkeit treffen. Dabei ist der Fehler vorprogrammiert. Deswegen ist die Zahl auch nur eine Hilfestellung, vielleicht auch irgendwo das gute Gewissen. Dabei dürfen wir aber nicht unserer eigenen Bestätigungstendenz, also dem »confirmation bias«, erliegen. Das ist die größte Gefahr für Fehlentscheidungen. Denn der Mensch neigt immer dazu, dem zuzustimmen, was er seit jeher glaubt.

Jan Hiesserich: Ich würde gerne ein Thema aufgreifen, dass Sie gerade schon angesprochen haben, nämlich dass die Komplexität um uns herum stetig und unaufhaltsam steigt. Ist es wirklich so sehr die Komplexität, die steigt, oder die Distanz zu den Erklärmodellen, die uns bisher Halt versprochen haben? Müssen wir nicht nur weniger perfektionistisch und damit agiler sein, sondern ein Stück weit auch umlernen?

Tim Höttges: Also ich würde das noch schärfer formulieren: Derjenige, der meint, gelernte Modelle noch ewig weiter zu tradieren, scheitert. Keine Innovation hätte stattgefunden, wenn wir einfach so weitergemacht hätten wie zuvor. Es sind stattdessen immer wieder Disruptoren gewesen, die letztlich Verbesserungen und Innovationen in unsere Gesellschaft gebracht haben. Deswegen ist es logisch, dass es in Unternehmen diejenigen geben muss, die diese Disruptionen permanent am System betreiben.

Wir haben in Stanford mal eine Diskussion darüber gehabt, dass es in Unternehmen jeweils die blaue und die grüne Welt gibt. Die blaue Welt, das sind diejenigen, die das tun, was das Unternehmen schon immer gemacht hat – übrigens auch diejenigen, denen wir unseren wirtschaftlichen Erfolg verdanken, weil sie das Produkt bauen, das sich gerade am besten verkauft. Dann hast du die grüne Welt. Das sind diejenigen, die die Disruption ins Unternehmen bringen, die neue Ideen haben – übrigens oft auch diejenigen, die bestehende Prozesse infrage stellen. Die beiden Welten vertragen sich überhaupt nicht. Die grüne Welt ist permanent dabei, die blaue zu kritisieren: Ihr könnt es nicht, ihr wisst es nicht, wir wissen es besser. Und die blaue Welt hat so etwas wie ein Immunsystem aufgebaut, um die grüne Welt abzustoßen. Wenn Sie mich fragen, ist die größte Fähigkeit als Manager, die grüne und die blaue Welt miteinander zu verheiraten. Und wir haben stundenlang, nächtelang diskutiert, was dafür der richtige Weg ist. Du kannst jetzt sagen, wir machen die grüne Welt wie Cisco, kaufen also Unternehmen, setzen die erstmal beiseite und übernehmen dann irgendwann das grüne Geschäftsmodell für die blaue Welt. Alternativ kannst du sagen, wir nehmen die grüne Welt und setzen sie ins Gewächshaus und lassen sie erstmal gedeihen. Und dann holt sich die blaue Welt irgendwann die grüne Welt und setzt sie bei sich für die Produktentwicklung ein. Meine persönliche Meinung ist: Das funktioniert nicht. Du kannst das weder über einen »spin-in« machen noch über »in-house labs«. Du kannst der blauen Welt die grüne nicht von außen überstülpen, wenn es nicht sowieso schon lange Teil der DNA der blauen Welt ist, permanent nach der grünen Welt zu fragen. Wenn ich hier nicht sitzen und permanent sagen würde, »Dieses oder jenes Geschäftsmodell funktioniert nicht mehr«, dann wäre ich nicht der Richtige für den Job. Derjenige, der die blaue Welt betreibt, der muss diese Innovationsgier, diese Neugierde für neue Innovationen befeuern. Ansonsten wirst du dein Unternehmen nicht innovieren, weil diese blaue Welt so mächtig und so stark ist, dass sie die grüne Welt immer unterdrücken wird.

Das ist übrigens kontraintuitiv für ein Geschäft. Stellen Sie sich einmal vor, Sie beschäftigen jemanden, der einen Prozess bis zum Gehtnichtmehr optimiert und perfektioniert. Und plötzlich bekommt diese Person die Aufgabe, sich 20 Prozent seiner Zeit Gedanken darüber zu machen, wie er seine Arbeit komplett neu erfinden kann. Das ist doch eigentlich genau nicht das, was wir haben wollen, denn wir wollen ja den Perfekten in dem Job haben, der das macht. Aber das ist genau meine Antwort: Du brauchst in den blauen Welten diese Innovationsneugierde oder zumindest Bereitschaft, denn ansonsten wird das Immunsystem immer wieder alles abstoßen, was anders ist.

Jan Hiesserich: Wie finden wir hier den Anschluss zur Kunst?

Tim Höttges: In der Kunst ist es genauso. Wenn wir immer das Gleiche produzieren, so wie es früher in den verschiedenen »Schulen« gelehrt wurde, wo alle letztlich in verschiedenen Varianten dasselbe malen mussten. Oder wenn alles, was sich außerhalb dieser Norm bewegt, als abnormal bezeichnet wird – oder noch schlimmer »entartet«. Das Wort an sich ist absurd. Und ich glaube, es ist genau diese Neugierde, diese Innovationsfähigkeit, die bewusste Entscheidung auch Querulanten im Unternehmen zu haben, die permanent den Status quo hinterfragen, die mich permanent in Unruhe halten. Die Frage, die es braucht, lautet: »Muss ich nicht eigentlich mein Unternehmen infrage stellen?«

Ich könnte Ihnen jetzt eine x-beliebige Unterlage von meinem Schreibtisch geben. Da ist zum Beispiel das Thema B2B Target Picture. Wie muss eigentlich unser Geschäftsmodell von morgen aussehen? Oder ich habe hier eine andere Unterlage, da stellt sich die Frage, wie wir unser Geschäftsmodell, das heute in Ländern Mobilfunknetze baut, in ein Geschäftsmodell gewandelt werden kann, das globale Connectivity für alle Kunden ermöglicht, unabhängig davon, ob wir jetzt das Netz besitzen oder nicht. Diese Transformation machen wir gerade massiv durch.

Oft geht es darum, über den Tellerrand des bestehenden Geschäftsmodells zu schauen und sich zu verbinden mit anderen im Unternehmen. Das ist letztlich auch kein neuer Hut, denn es geht darum, die berühmten Silos zu überwinden. Die Leute, die in den jeweiligen Silos sitzen, wehren sich natürlich dagegen. Die Diskussion, unsere Funktürme zu verkaufen – und das haben wir gerade für 17,5 Milliarden Euro gemacht – ist für diejenigen, die die Türme gebaut haben, ein Riesenthema gewesen. Wir brauchen aber das Geld, um neue Geschäftsmodelle über die Silos hinweg zu bauen. Wir bewegen uns sozusagen von den verschiedenen Vertikalen in die Horizontalen – quer über Bereiche und Geschäftsmodelle. Da ist das, was die Kunst macht, oder zumindest das, was sie heute fordert, nämlich immer wieder neue Impulse zu generieren, immer wieder neue Ideen zu haben, die Triebfeder für jede Evolution.

Auch bei unseren ganzen Big-Data-Modellen müssen uns ständig hinterfragen, ob sie uns tatsächlich einen Mehrwert bringen oder ob da nicht immer genau dasselbe rauskommt, was ich sowieso schon weiß. Die Kunst liegt eigentlich im »enforced learning«, das heißt in der Gruppierung von Datenmengen, die es in der Kombination noch nicht gibt. Und da kann mir die Künstliche Intelligenz natürlich helfen, neue Impulse aus immer komplexeren Datenmengen zu gewinnen. Aber wir machen Big Data doch auch nur, um neue Ideen zu bekommen und Dinge anders zu lösen, als es vorher der Fall war.

Jan Hiesserich: Jetzt kann der Computer natürlich den Faden nur dort auslegen, wo das Denken schon war. Ein Punkt, den wir bei diesen ganzen Diskussionen, die wir haben, immer spannend fanden, war die Idee des irritierenden Moments. Jemand sagte einmal, Kunst habe die Aufgabe, die Gegenwart aufzuwühlen. Dieser störende Moment, den Sie gerade schon erwähnt haben. Leben wir nicht schon in Zeiten, die aufgewühlt genug sind? Brauchen wir dafür überhaupt noch die Kunst? Und welche Rolle spielt die Kunst in der Vorbereitung einer Managerkarriere? In der Regel ist Kunst nicht Teil akademischer Curricula.

Tim Höttges: Ich persönlich habe immer Kunst gemacht. Was ich an Kunst als junger Mann alles versucht habe! Ich war auch immer in jeglichen Kunstaustellungen. Kunst war also schon immer ein Bestandteil meiner Persönlichkeit. Von daher musste ich das auch nicht lernen. Das hat sich einfach so entwickelt. Ich glaube, dass der Versuch, alles zu versachlichen, zu rationalisieren, eine Katastrophe ist, weil wir damit verlernt haben, der Kunst den nötigen Stellenwert einzuräumen. Ich fürchte sogar, dass sich unsere Gesellschaft zum jetzigen Zeitpunkt nicht in eine Pro-Kunst-Gesellschaft entwickelt, die den Wert der Kunst erkennt, sondern ganz im Gegenteil, sich von der Kunst immer weiter wegentwickelt. Das sehen wir im Übrigen auch daran, dass die Förderung der Kunst überhaupt nicht mehr den Stellenwert hat, die sie in einer wohlhabenden Gesellschaft wie der unsrigen haben sollte. Ich hingegen glaube, dass wir Kunst, Kreativität und Rationalität unbedingt miteinander verbinden müssen. Ich glaube übrigens auch, dass Digitalisierung dafür ein gutes Mittel, eine gute Brücke ist. Ich würde sogar so weit gehen zu behaupten: Wer erfolgreiche DigitalisiererInnen ausbilden will, muss in der Schule nicht nur Naturwissenschaften, Mathematik und Informatik fördern. Sondern gerade auch die künstlerischen und musischen Fächer.

Paula Cipierre: Eine schöne Überleitung zum nächsten Thema, nämlich Digitalisierung. Natürlich müssen Sie sich als Manager mit der Digitalisierung hauptsächlich sachlich und fachlich auseinandersetzen. Die öffentliche Debatte um die Digitalisierung wird hierzulande aber nach wie vor hochemotional geführt. Ist Digitalisierung für Sie hauptsächlich eine Frage der Technik? Wie geht man auch auf die Wünsche, Hoffnungen und Ängste der Mitarbeitenden und der breiteren Bevölkerung ein?

Tim Höttges: Digitalisierung ist für uns multivariat im Nutzen. Beispielsweise setzen wir Digitalisierung dazu ein, Routinetätigkeiten zu automatisieren und dadurch die Monotonie der Arbeit zu begrenzen und Kapazitäten von Menschen für höherwertige Aufgaben freizusetzen. Dafür gibt es unheimlich viele Beispiele. Eine Firma, die mich in dieser Hinsicht fasziniert, ist die israelische Firma Zebra, die sich zum Ziel setzt, alle Röntgenbilder mit KI zu analysieren. Und da, wo die Anamnese klar ist, liefert sie das Ergebnis. Denn sobald ich den dritten Kreuzbandriss analysiert habe, weiß ich auf dem Röntgenbild sofort, ob das ein Kreuzbandriss ist oder nicht. Und das kann die Maschine lernen. Aber es gibt sehr viele kompliziertere medizinische Anamnesen, und dafür hat der Arzt dann wieder Kapazitäten, statt im Massenbetrieb eine Standardanalyse durchzuführen.

Was bei der Analyse übrigens besonders interessant war, war die Bestätigungstendenz der Ärzte. Ich sehe etwas, analysiere es, hake es ab. Zebra hat gezeigt, dass die meisten Analysen, die die Ärzte gemacht haben, richtig waren, dass die Ärzte aber gleichzeitig enorm viele Krankheiten übersehen haben, die auf den

Röntgenbildern erkennbar waren. Ich sehe das, was ich sehen will. Ich sehe, der hat einen Kreuzbandriss. Aber ich sehe vielleicht nicht, dass er gleichzeitig einen Tumor oder andere Krankheiten hat, die auf dem Bild erkennbar waren. Der Computer erkennt viel mehr als das, was das menschliche Gehirn in der Problemlösung gleichzeitig abarbeiten kann. Die Symbiose Mensch-Maschine schafft Mehrwert.

Digitalisierung hat bei uns aber auch viel mit Kunden zu tun. Ich kann bei der Telekom guten Service mit freundlichen Menschen machen. Hier ist das Team, der Mensch entscheidend. Aber damit er seinen Job bestmöglich machen kann, braucht es eine verlängerte, digitale Werkbank. Digitalisierung hilft uns auch, Produkte deutlich schneller auf den Markt zu bringen. Die Skalierung von Produkten, auch im globalen Maßstab, ist durch Software erst möglich geworden. Das sind vielleicht alles noch relativ naheliegende Beispiele. Aber letztlich haben wir – vielleicht noch zu wenig – jetzt erst angefangen, Digitalisierung dazu einzusetzen, kreative Kräfte freizusetzen. Den digitalen Vorstand, der mit mir im Raum sitzt und mir Ideen gibt, den haben wir noch nicht. Aber den wünsche ich mir.

Paula Cipierre: Und dann gibt es auf der anderen Seite all die Ängste, die das Stichwort Digitalisierung in Menschen auslöst …

Tim Höttges: Angst ist ein großes Thema. Viele Menschen haben erstens Angst davor, überfordert zu sein von der Maschine, die manche Dinge besser plötzlich besser kann als sie selbst. Eine Monte-Carlo-Simulation kann von uns wahrscheinlich keiner mehr, während ein technisches System damit keinerlei Probleme hat. Wir sind dem System also unterlegen, wenn es um solche Dinge geht. Zweitens haben die Leute Angst davor, dass sie mit der Aufgabe, die Systeme zu bedienen, überfordert sein werden. Drittens ist da noch die Angst um Arbeitsplätze, die durch die Maschine ersetzt werden könnten. Das ist in unserer arbeitsteiligen Gesellschaft auch oft passiert. Schauen Sie sich heute mal an, wie viele Roboter in der Automobilproduktion involviert sind. Die Angst, um den Arbeitsplatz ist durchaus ein Thema. Obwohl wir aus der Technikgeschichte eigentlich wissen, dass Innovation immer zu mehr Jobs geführt hat, statt Arbeitsplätze weg zu substituieren. Zu guter Letzt gibt es eine Angst vor einem digitalen Überwachungsstaat, der mich meiner individuellen Freiheit beraubt. Und mit diesen Ängsten muss man natürlich umgehen.

Das ist mit Technologie im Übrigen schon immer so gewesen. Ich glaube, dass sich das irgendwann von allein rauswächst. Aber als Unternehmer haben Sie natürlich eine enorme Verantwortung gegenüber Kunden, aber auch gegenüber

Mitarbeitern. Sie müssen erklären, warum Sie neue Technologien im Unternehmen einsetzen und wie Sie die Ängste adressieren. Damit kann man auch kreativ umgehen. Um ein Stück weit die Angst vor digitalen Technologien zu nehmen, haben wir beispielsweise Beethovens unvollendete 10. Sinfonie mit KI weitergeschrieben. Einerseits wollten wir zeigen, dass eine Maschine Beethoven nicht ersetzen kann. Andererseits wollten wir zeigen, dass eine Maschine trotzdem tolle Musik komponieren kann und dass die Inspiration, die wir von KI bekommen können, einen Mehrwert für die Gesellschaft hat, sofern der Mensch nach wie vor im Mittelpunkt der Technikentwicklung steht.

Paula Cipierre: Könnte dieses Verständnis von der Digitalisierung, also, dass sich Mensch und Maschine gegenseitig ergänzen, eine europäische Alternative zu dem, was uns in Amerika oder China vorgelebt wird, darstellen? Und kann Deutschland hier vielleicht aufgrund seines stark humanistisch geprägten Erbes besonders spannende Impulse bieten?

Tim Höttges: Wir genießen in Deutschland momentan vielleicht den höchsten Grad individueller Freiheit unserer Geschichte. Aber wir leben auch in einer Welt mit bald 9 Milliarden Menschen. Die Komplexität dieses Zusammenlebens erleben wir schon jetzt. Und in Zukunft werden wir nur in der Lage sein, unser Zusammenleben zu organisieren, wenn wir mehr Sicherheit vermitteln können: für unsere Logistikströme, für unser privates Leben, für unser Zusammenleben in den Städten. Dafür brauchen wir digitale Tools, auch wenn wir manches davon vielleicht als Einschränkung unserer Individualität empfinden.

Darum braucht es eine Digitalisierung im Einklang mit unseren Werten. Deswegen begrüße ich zum Beispiel die Kritik, die es immer im Zusammenhang mit der Corona-Warn-App gibt. Ich habe überhaupt kein Problem damit, wenn die Menschen sehen wollen, was das für ein Software-Code ist, und wenn bei Github gezeigt wird, was in der App eigentlich passiert. Ich finde das richtig. Mir wurde zunächst unterstellt, dass wir mit der Software einen Überwachungsstaat bauen. Deswegen sage ich: Lasst uns das öffentlich machen. Denn dann sehen auch alle, was wir bei der Telekom tun. Das entspricht unseren Werten. Aber irgendwann ist die Diskussion dann auch zu Ende. Wer die Verantwortung von anderen einfordert, sich zu erklären, der muss sich auch seiner Verantwortung bewusst sein, zuzuhören. Ich kann nicht immer nur apodiktisch Nein sagen, sondern muss auch das Gemeinwohl im Auge behalten. Und genau an dieser Schnittstelle zwischen individueller Freiheit und Gemeinwohl können wir als Gesellschaft sicherlich wichtige Impulse für eine werteorientierte Digitalisierung geben. Wir haben geradezu eine Verpflichtung dazu.

Jan Hiesserich: Um das einmal zusammenzufassen, Sie würden also sagen: Wir haben es in der Hand. Wir sind nicht nur Zuschauer in der Digitalisierung, die von anderen vorangetrieben wird, sondern können selbst definieren, was für eine Art der Digitalisierung wir uns wünschen. Gleichzeitig dürfen wir dabei nicht in Aktionismus verfallen, sondern sollten, genau wie in der Auseinandersetzung mit der Kunst, einen Moment innehalten, bevor wir unseren eigenen Weg finden.

Kommen wir damit zur Software: Kunst kann unglaublich hilfreich dabei sein, neue Ideen zu entwickeln. Aber Ideen müssen auch in die Tat umgesetzt werden. Sie haben in einem Gespräch einmal suggeriert, wir hätten in Deutschland ein Umsetzungsproblem. Ist Software dabei nur ein Tool? Oder ist Software mehr als nur ein Werkzeug?

Tim Höttges: Marshall McLuhan hat einmal gesagt, dass ihm zufolge neue Technologien Erweiterungen des Menschen sind. Sobald der Mensch an physische Grenzen gerät, amputiere er das betroffene Körperteil und ersetze es durch leistungsfähige Technik. Das Rad ist demnach eine Erweiterung der Beine. Der Buchdruck ist eine Erweiterung der Hand. Der Computer und das Internet sind Erweiterungen des zentralen Nervensystems. Bei jeder dieser Erweiterungen gerate der Mensch zunächst in einen Schockzustand. Die Amputation werde nur durch Narkotisierung bewerkstelligt. Der Mensch ist also zunächst betäubt, doch in dem Maße, wie der Einfluss der Technik auf den Menschen zunehme, nehme auch die Fähigkeit des Menschen zu, die neue Technik als Erweiterung seiner selbst anzunehmen und damit zu leben und damit irgendwann umzugehen und sie dann Schritt für Schritt sinnvoll in seinen Lebensalltag zu integrieren.

Unsere Werte und die bewusste Entscheidung, den Menschen in den Mittelpunkt zu stellen, geben uns die Richtung im digitalen Raum vor. Und deswegen betone ich an dieser Stelle auch: Ich bin absolut technologieoffen. Ich bin nicht derjenige, der sagt: Jetzt gehen wir in den Schockzustand. Um Gottes willen. Wir erleben diese Amputation gerade. Wir sind überfordert. Wir haben gemerkt, wir kommen mit der Komplexität unserer Welt ohne Computer nicht mehr klar. Auf der anderen Seite sind wir mit dem Medium nach wie vor überfordert. Nehmen wir für einen Moment die Diskussion um das Metaverse. Ich bin vom Marktpotenzial des Metaverse überzeugt. Warum? Weil es für viele ein Fluchtpunkt zu sein scheint. Menschen suchen eine Welt, die perfekt nach ihren Wünschen und Ideen funktionieren könnte, weil sie in ihrer jetzigen Welt überfordert sind. Das Marktpotenzial ist also sicherlich da. Aber was ist mit den gesellschaftlichen Fragen?

Ich glaube, dass wir in Deutschland einen Zustand erreicht haben, in dem wir uns schwertun, über den Schockzustand hinwegzukommen. Sicherlich gibt es hierfür auch historische Gründe. Für uns ist der Mensch, um es mit Thomas Hobbes zu sagen, dann häufig dem Menschen ein Wolf. Der Amerikaner denkt da anders. Er glaubt an den *homo ludens*, der spielerisch sagt: Ich probiere das einfach mal aus. Wir hingegen wollen alles im Voraus regulieren. Ich denke, dass auch wir wieder lernen müssen, spielerischer mit der Digitalisierung umzugehen, anstatt dass wir immer versuchen, alles von vornherein zu regulieren. Das schaffen wir sowieso nicht. Dafür ist die Welt zu schnelllebig geworden.

Jan Hiesserich: Aber wenn ich den Aspekt nochmal kurz aufgreifen darf: Ja, Marshall McLuhan hat das als »age of anxiety« beschrieben. Auch Thomas Kuhn spricht in *The Structure of Scientific Revolutions* von Unsicherheitsphasen, die mit gesellschaftlichen Umbrüchen einhergehen. Aber wenn ich jetzt mal das Bild nehme, das Sie skizzieren, dass der Computer die Erweiterung des Gehirns ist, liegt das Problem dann nicht schon darin, dass ich dem Computer zu viel zutraue und dem Menschen zu wenig? Ist die augenblickliche Debatte nicht zu sehr von einem Konkurrenzgedanken, Mensch versus Maschine, geprägt?

Tim Höttges: Also diesen Minderwertigkeitskomplex habe ich nicht, und ich halte ihn auch für vollkommen überzogen.

Jan Hiesserich: [lacht] Dass Sie den nicht haben, überrascht mich nicht!

Tim Höttges: Ja, aber da schwingt die Idee eines generellen Minderwertigkeitskomplexes gegenüber digitalen Tools mit, und den müssen wir überwinden. Mir fällt der Name gerade nicht ein, aber ein Wissenschaftler hat mal das folgende Paradoxon entwickelt: Alles, was für den Menschen schwer ist, ist für den Computer leicht. Und alles, was für den Menschen leicht ist, ist für den Computer schwer. Beispielsweise Haptik. Bestimmte Dinge, die wir intuitiv lernen und die in unserem System verankert sind, sind Computern unglaublich schwer vermittelbar. Aber dem Computer eine mathematische Berechnung, ein komplexes System beizubringen, das geht normalerweise viel einfacher als beim Menschen. In diesem Paradoxon steckt eine unglaubliche Kraft. Und deswegen bin ich der festen Überzeugung, dass die Symbiose zwischen Computer und Mensch die eigentliche Evolution ist, die eigentliche Stärke. Wir dürfen uns nicht als Gegner betrachten – wir gegen den Computer und der Computer gegen uns –, sondern wir müssen die Chance in der Kombination der Fähigkeiten sehen, die diese beiden Systeme jeweils haben. Deswegen bin ich auch nicht der Meinung, dass Computer und Mensch miteinander konkurrieren. Sondern wir müssen eine andere Herangehensweise entwickeln, um den Computer effektiv für uns zu nutzen.

Jan Hiesserich: Aber wir befinden uns doch oft zwischen den Polen der Technik-Utopien und -Dystopien. Muss der Hype um KI nicht zwangsläufig enttäuscht werden? Und führt nicht genau das wieder zu dem Technikverdruss, den wir eigentlich tunlichst vermeiden wollen?

Tim Höttges: Es gibt diese berühmte Hype-Cycle-Kurve, nach der Innovationen normalerweise verlaufen. Demnach sind wir anfangs in einer Phase, in der wir absolut euphorisch sind. Aber dann liefert das System nicht, und wir stürzen in eine Depression. Gleichzeitig überschätzen wir die Depression, insbesondere auch die Dauer. Und dann erreichen wir irgendwann die Phase, in der das System sein Plateau erreicht und seinen eigentlichen Nutzen zeigt. Das ist bei KI, wie bei allen anderen Innovationen auch, der Fall gewesen. Deswegen bin ich gar nicht so ernüchtert. Wir werden auch beim Metaverse, bei der Blockchain, bei NFTs diese Phasen durchleben. Das ist normal. Für alle, die viel mit Innovationen arbeiten: »We have seen it a hundred times.« Ich glaube nur, dass wir als Menschen nie zufrieden sein werden mit dem Status quo, den wir erreicht haben, denn es liegt in unserer DNA, immer wieder neue evolutionäre Schritte zu tun.

Überlegen Sie mal, was wir heute alles machen können. Ich kann heute mit jedem Menschen auf der Welt kommunizieren, sofern er eine Internetverbindung hat. Vor 20 Jahren habe ich noch das erste Mobilfunkgerät in meiner Hand zelebriert. Das ist jetzt einen Zyklus her, der vielleicht 25 Jahre lang war. Trotzdem sitzen wir gerade hier und beschweren uns über den Fortschritt, den wir gerade durch Software im Speziellen und Innovation im Allgemeinen erfahren. Übrigens, wenn wir uns in 20 Jahren wieder treffen und ich dann frage, »Wie hieß nochmal das Paradoxon?«, dann kommt wahrscheinlich eine Stimme aus dem Off und kann mich daran erinnern, dass es das Moravecsche Paradoxon war und mir gleichzeitig auch erklären, was es eigentlich besagt. Vermutlich kommt das noch schneller. Diese Innovationen werden wir alle noch sehen, aber wir werden auch dann immer noch unzufrieden sein. Und ich denke, das ist auch der Frust, den wir momentan mit der KI haben. Vielleicht kennen Sie beide auch Chris Boos?

Paula Cipierre: [lacht] Wir haben ihn gerade gesprochen!

Tim Höttges: Ein spannender Gesprächspartner, vor allem im Bereich KI. Die meisten KI-Applikation heute sind lediglich Ableitungen von einem Fall auf der analogen Seite zum nächsten, aber im selben Bereich. Interessant wird es aber eigentlich erst, wenn man Erkenntnisse aus der KI bereichsübergreifend anwenden kann. Das ist die zweite Form der KI. Und die dritte Form ist, wenn man durch KI besser verstehen kann, wie ein System im Allgemeinen funktioniert und man sich auf dieser Basis eine eigene Meinung bilden kann. Wenn das Kind auf die heiße Herdplatte fasst, weiß es, dass ihm ein heißes Autodach vielleicht auch die Finger verbrennen kann. Diese Art Erkenntnisgewinn durch KI ist heute aber noch selten. Und bevor wir uns auf der Basis von KI ethische Urteile erlauben können, wird noch viel mehr Zeit vergehen.

Paula Cipierre: Gleichzeitig führen Sie hier einen interessanten Punkt an. Nämlich dahingehend, dass wir als Menschen den Wert digitaler Innovationen immer wieder neu beurteilen und rechtfertigen müssen. Hannah Arendt hat in einem Aufsatz über Kants Kritik an der Ästhetik mal gesagt, dass Kunst politisch sei, weil sie uns immer wieder dazu zwingt, unsere eigene Meinung zu begründen.[58] Es gibt keine rationale Begründung dafür, ob ich ein Kunstwerk schön oder hässlich finde. Ich könnte Ihnen aber Gründe für meine Meinung nennen. Gleichzeitig steckt dahinter die Idee, dass es eben nicht nur die eine richtige Meinung gibt. Für Sie im Unternehmen spielt natürlich das Thema Konnektivität, die Fähigkeit miteinander zu kommunizieren, eine enorm wichtige Rolle. Wenn Kunst uns lehrt, konstruktiv miteinander zu kommunizieren, welche Rolle spielt dann Kunst vielleicht auch in Ihrer Vision, eine Welt zu erschaffen, in der Konnektivität konstruktiv gestaltet wird?

Tim Höttges: Konnektivität ist für mich ein Menschenrecht. In einer Gesellschaft, in der Digitalisierung als symbiotisch zu uns wahrgenommen wird, muss ich auch die Möglichkeit haben, diese Digitalisierung für meine eigenen Zwecke zu nutzen. Ohne Konnektivität ist Software irrelevant. Das muss man sich vergegenwärtigen. Wenn ich keine Straßen habe, dann muss ich auch keine Autos bauen. All die Applikationen, die wir heute bauen, funktionieren nicht ohne Konnektivität. Deswegen ist für uns Konnektivität ein Menschenrecht, und deswegen sagen wir als Telekom auch, dass wir erst dann zufrieden sind, wenn jeder Zugang zum Netz hat und somit auch von den Möglichkeiten, die sich dort heute bieten, profitieren kann. Das ist die Vision, die wir haben. Und die treibt uns an, weil wir sagen, dass es ein Menschenrecht ist. Wenn du an der Gesellschaft teilhaben willst, dann musst du verbunden sein. Und so muss Konnektivität konstruktiv gestaltet sein.

Der Begriff ist übrigens nicht ethisch vorbehaftet. Ich erlaube mir kein Urteil darüber, wer verbunden sein darf und wer nicht. Stellen Sie sich einmal vor, demnächst würden Sie nicht mehr mit einem Knöllchen bestraft, sondern mit einem 10-tägigen Konnektivitätsverbot. Das wäre für Menschen wahrscheinlich schlimmer als eine Geldstrafe, weil sie dann nicht mehr Teil der Gemeinschaft wären. In Krisensituationen wie diesen wird es viele Beobachter geben, die Ihnen sagen, die Welt geht unter wegen der Inflation, weil die globalen Märkte zusammenbrechen und vieles mehr. Ich sitze hier mit 290 Millionen Kunden, und ich weiß, dass das Letzte, was sie aufgeben werden, noch bevor sie nicht mehr in den Urlaub fahren, die Konnektivität ist. Die Krisenresilienz der Konnektivität ist so hoch, dass wir selbst heute noch gute Zahlen haben. Das sieht man auch an unserem Börsenkurs. Diese Industrie ist hochresilient. Dabei erhebe ich mich aber nicht zum Regulator über den Content. Ich sehe mich aber in der Verpflichtung, jedem die Möglichkeit zu geben, an der Konnektivität immer und überall konstruktiv teilzuhaben.

Jan Hiesserich: Software, genau wie Konnektivität, schafft Möglichkeitsräume. Da entsteht natürlich sofort die Frage, wie fülle ich die? Konnektivität per se hat zunächst keinen eigenen Wert. Die Frage ist: Was mache ich dann damit? Ich will jetzt nochmal den Bogen zu der Kunst schlagen. Im öffentlichen Diskurs besteht manchmal die Neigung dazu, zu behaupten, dass alle Programmierer werden müssen, damit Digitalisierung gelingt. Wir hingegen glauben, dass wir geistes- und kulturwissenschaftliche Fächer genauso brauchen, um den digitalen Wandel sinnvoll zu gestalten, also genau das Gegenteil, was im Bereich digitale Bildung typischerweise gefordert wird. Wie sehen Sie das?

Tim Höttges: Also erstmal sprechen Sie damit ein unglaublich wichtiges Thema an, nämlich Bildung. Denn wir leben momentan in einer Zwei-Klassen-Gesellschaft von den Digital Natives und denen, die noch von der Digitalisierung abgehängt sind. Wenn man Chancengleichheit will, müssen alle die gleichen Chancen haben, das Netz so zu nutzen, wie sie es brauchen. Von daher fehlt uns in der Bildung eine Disziplin, die uns nicht alle zu Programmierern macht, sondern eine Disziplin, die uns ein besseres Verständnis darüber schafft, was gerade um uns passiert. Wir versuchen das ganze Thema auch bei der Telekom immer wieder voranzutreiben, indem wir zum Beispiel an die Schulen gehen, uns dort vorstellen, einen Leitfaden für Eltern entwickeln. Das ist ein spannendes Phänomen: Die Kinder wissen auf einmal mehr über die Digitalisierung als die Eltern. Normalerweise ist es genau umgekehrt. Also findet eine Entmündigung der Autoritätsperson statt, die eigentlich Wissen übermitteln soll. Sind sie sich dessen überhaupt bewusst? Das ist eine Frage, mit der wir uns beschäftigen müssen und schon beschäftigen. Aber letztlich ist das natürlich eine hoheitliche Aufgabe, die Schulträger und auch die Bildungslandschaft zu verantworten haben. Das Wichtigste ist das Verständnis des Einzelnen davon, was im Netz eigentlich passiert und was mit den eigenen Daten passiert, sodass wir wieder Eigenverantwortung übernehmen können. Ich glaube, wir sind naiv. Und natürlich könnte man sagen, solange ich nichts Unanständiges mache, passiert mir auch nichts. Aber das ist, glaube ich, zu einfach gedacht. Die Menschen suchen immer einfache Antworten auf komplexe Fragen.

Dementsprechend muss nicht jeder programmieren können. Worüber aber in jedem Fall jeder verfügen muss, sind Lesefähigkeit, Skeptizismus und Kritikfähigkeit. Diese drei Fähigkeiten müssen wir unterrichten, wenn es um die Nutzung von digitalen Plattformen geht. Ich bin übrigens kein Kritiker digitaler Plattformen. Ich gucke beispielsweise lieber TikTok als Fernsehen. Warum? Weil die Kreativität des Einzelnen dabei im Mittelpunkt steht, der sich anstrengt, innerhalb einiger Sekunden etwas Spannendes zu vermitteln. Der eine zeigt einen Schatz, den er gefunden hat, der zweite zeigt eine Handwerkerleistung, der dritte zeigt, wie man seinen Golfschlag verbessern kann. In jedem Fall bemüht sich jeder, seine Idee auf den Punkt zu bringen. Wenn ich hingegen eine Bildungssendung gucke oder ein Buch lese, dann muss ich mich über mehrere Stunden mit etwas beschäftigen, was ich, wenn ich klug wäre, eigentlich in einer Minute zusammenfassen oder auf einen Absatz reduzieren könnte. Und deswegen liebe ich diese Kanäle so, weil sie mich befeuern mit Kreativität.

Aber wir blockieren uns oft selbst. Das fängt in den Schulen bei den Jugendlichen an, die nur Nutzer digitaler Plattformen sind, ohne sich darüber Gedanken zu machen, was da eigentlich passiert. Und das hört in unserem späteren Leben als Entscheidungsträger wieder auf. Wie oft habe ich schon erlebt, dass mittelständische Unternehmer zu mir gesagt haben: »Passen Sie mal auf, Herr Höttges, ich mach das jetzt schon seit 30 Jahren so. Das mit der Digitalisierung, das macht mein Sohn.« So kann ich doch ein Unternehmen nicht in die Zukunft führen. Das schlägt auch wieder den Bogen zu den grünen und blauen Welten. Wir müssen das Bewusstsein in der blauen Welt stärken, dass das Neue etwas Gutes und Notwendiges ist.

Jan Hiesserich: Vielen Dank, Herr Höttges, für das Gespräch.

IMMER SCHÖN GESCHMEIDIG BLEIBEN

MIRIAM MECKEL UND LÉA STEINACKER

Als wir mit Miriam und Léa telefonieren scheint es um den Status quo der Digitalisierung nach wie vor schlecht bestellt. Die Bundesregierung interpretiert Anforderungen an die Transparenz in der nationalen Implementierung der EU-Arbeitsschutz-Richtlinie kurzerhand dahingehend, dass Arbeitsverträge künftig immer gedruckt und per Hand unterschrieben werden müssen.[59] Ein Rückschritt sowohl aus Digitalisierungs- als auch Klimaschutzperspektive. Trotzdem schauen Miriam und Léa positiv der Zukunft entgegen. Als CEO und CIO der ada Learning GmbH wollen sie den Digitalisierungsrückstand im deutschsprachigen Europa mit ihrem Erwachsenenweiterbildungsprogramm Schritt für Schritt abbauen. Im Gespräch lernen wir, welche Rolle dabei auch Kunst und sogenannte »playfulness« einnehmen. Und dass Geschäftsleute in Deutschland scheinbar Angst vor Knete und Lego haben. Da wir uns alle schon kennen, duzen wir uns.

Paula Cipierre: Léa, Miriam, ihr habt beide einen interessanten Hintergrund: Léa, du hast ursprünglich mal internationale Beziehungen und Public Policy studiert, danach im humanitären Bereich gearbeitet, bevor du Chief Innovation Officer bei der *Wirtschaftswoche* wurdest. Miriam, du blickst auf eine beeindruckende Karriere im Journalismus zurück und bist seit langer Zeit Professorin an der Universität St. Gallen sowie Co-Gründerin, zusammen mit Léa, der ada Learning GmbH, die sich digitale Weiterbildung zum Ziel gesetzt hat. Wann habt ihr in eurem jeweiligen Werdegang angefangen, euch näher mit den gesellschaftlichen Auswirkungen digitaler Technologien auseinanderzusetzen?

Miriam Meckel: Bei mir war das schon im Laufe des Studiums. Da habe ich früh angefangen, mich nicht auf klassische Medienthemen, die damals en vogue waren, sondern Technologiethemen zu fokussieren. Anfang der 90er Jahre wurden in Zeitungsverlagen und Druckereien erste, damals riesige, Computer hingestellt, um den Herstellungs- und Druckprozess zu automatisieren. Schon damals gab es endlose Diskussionen und eine riesige Aufregung darüber, dass die kulturelle Welt jetzt vermutlich unter- und alle Arbeitsplätze verlorengehen würden. Was mich dabei aus heutiger Perspektive fasziniert, ist die Wiederholung:

Man könnte diese Diskussionen zum Teil ausstanzen, ins Heute einsetzen und nur zwei oder drei Begriffe ändern – vielleicht statt Druckmaschine KI – und es würde kaum auffallen. Das finde ich schon erstaunlich.

Der Diskurs ist immer mal wieder sehr technikfeindlich, insbesondere in Deutschland. Gleichzeitig sehe ich, dass sich mittlerweile schon eine differenziertere Wahrnehmung ausbildet, vor allem was die sozialen, ökonomischen und ethischen Auswirkungen neuer Technologien angeht. Wir haben heute auch eine sehr viel größere Spannbreite an Akteuren, die am technologischen Fortschritt beteiligt sind. Sei es die Europäische Kommission mit ihrer Vielzahl an regulatorischen Ansätzen, aber auch NGOs und andere nichtstaatliche Akteure, wie beispielsweise Hugging Face[60], die versuchen gewisse Öffnungen in der Technologie, also fast eine Demokratisierung der Technologie, einzuleiten. Da machen wir also Fortschritte. Aber manchmal ist es trotzdem lustig zu sehen, dass manche Argumente der Debatte von vor 30 Jahren dieselben geblieben sind.

Léa Steinacker: Ich hingegen hatte das große Glück, dass ich im Alter von zwölf Jahren einen Verwandten hatte, der mir damals das Coden beigebracht hat. Ich habe erst HTML und Visual Basic gelernt, ganz klassisch auf so einem schwarzen Terminal, und das hat mich damals so begeistert, dass ich stundenlang abends bis tief in die Nacht programmiert habe.

Während des Studiums hat es mich erstmal in die Welt der Menschenrechte und der Sozialforschung gezogen. Mich haben die politischen, soziologischen, psychologischen Dimensionen unseres Zusammenlebens fasziniert. Die Schnittstelle zum Digitalen kam dann wieder auf, als ich im Kongo für eine NGO arbeitete, die Technologie mit der Arbeit für soziale Gerechtigkeit verbunden hat. Da war meine Neugier endgültig entfacht: Wir können dank Technologie Dinge erreichen, die außerhalb der Reichweite menschlichen Vermögens liegen. Gleichzeitig haben die Maschinen, die wir bauen, aber auch wesentliche Auswirkungen auf die Gesellschaft. In einem kongolesischen Projekt beispielsweise wurden Mobiltelefone an die Menschen in abgelegenen Dörfern verteilt, um zu schauen, ob schon die Tatsache allein, dass sie nun über die Distanz miteinander kommunizieren können, gewisse Menschenrechtsverletzungen reduziert, also einen abschreckenden Effekt haben würden. Bei Kleinstdelikten hat das durchaus funktioniert. Gegen größere Verbrechen, wie etwa Vergewaltigungen, hat es allerdings kaum geholfen.

Das zeigt wieder: Technologie allein löst keine tiefsitzenden gesellschaftlichen Probleme. Es spielen immer auch strukturelle Faktoren eine Rolle. In meiner Doktorarbeit habe ich deswegen die sozialen Dimensionen von Künstlicher Intelligenz untersucht und einen Kollektivbegriff für sie entwickelt: Codekapital.

Die Technologiegeschichte zeigt deutlich, wie stark die technischen Werkzeuge, die wir bauen, gesellschaftlich geprägt sind. Individuell von den Menschen, die sie programmieren und entwickeln, aber auch strukturell durch die Gruppen, die sie dann nutzen. Technologie ist eingebettet in die Systeme, in denen sie entsteht und genutzt wird. Das ist gewissermaßen die Schnittstelle, in der die ada Learning GmbH entstanden ist.

Paula Cipierre: Was hat euch dazu inspiriert und auch motiviert, die ada learning GmbH zu gründen, also eine Gemeinschaft an Menschen, die sich in diesen Bereichen weiterbilden wollen?

Miriam Meckel: Erstens wollen wir einen Beitrag dazu leisten, die Einstellung zu technologischer Entwicklung und dem gesellschaftlichen Potenzial neuer Technologien positiv zu verändern. Denn das, was wir eben besprochen haben, also diese Negativhaltung, »Es ist immer alles gefährlich, und morgen wird es noch schlimmer«, diese Einstellung hilft niemandem. Vor allem nicht den Menschen, die bereit sind, etwas ausprobieren, und offen dafür sind, dass es uns im positiven Sinne weiterbringen kann, von neuen Technologien Gebrauch zu machen. Wir führen in vielerlei Hinsicht immer noch eine sehr einseitige Diskussion, und das würden wir mit ada Learning gerne ändern.

Zweitens haben wir festgestellt, dass man Ängste und Berührungsängste eigentlich nur dann abbauen kann, wenn man Menschen hilft zu verstehen, was um sie herum eigentlich passiert. Wissen hilft gegen Technologiedepression.

Und drittens haben wir in den vergangenen 10 bis 20 Jahren, eine Entwicklung erlebt, bei der sich relativ klar ein Zweifrontenkampf herausgebildet hat: Die USA waren lange der Frontrunner in der Technologieentwicklung und haben viele Trends setzen können, basierend auf einem wirtschaftlichen Modell, das man zuweilen als techno-libertär beschreiben könnte. Jüngst ist dann China dazugekommen, ein Land, das extreme Fortschritte auf der Basis eines politischen Systems macht, das ein autoritärer Staatskapitalismus ist, in dem es also keine Menschenrechte, keine Bürgerrechte, kein Recht auf Privatsphäre gibt. Das sind die beiden Leitplanken in der Technologieentwicklung, und dazwischen klafft eine große Lücke. Die kann Europa füllen. Wir sind leider bislang nicht schnell genug in der Entwicklung, aber wir haben etwas beizutragen: eine erfolgreiche Industriegeschichte, auf die man aufbauen kann, bei IoT-Entwicklungen etwa, aber auch bei KI. Wir haben auch ein Wertegerüst, das ich gerade mit Blick auf KI oder Quantumcomputing sehr wertvoll finde. Deshalb, finde ich, könnte es auch einen dritten Weg geben zwischen dem, was die USA machen und dem, was China macht. Das haben Regulierungsansätze, wie beispielsweise die Datenschutz-Grundverordnung oder der Entwurf zur KI-Regulierung schon gezeigt – bei allen Schwierigkeiten, die damit manchmal einhergehen.

International ist plötzlich eine andere Diskussion in Gang gekommen. Sie speist sich aus der Erfahrung, welche zuweilen gefährliche Auswirkungen soziale Medien auf die Demokratie in den USA haben und wie der staatlich geführte Überwachungskapitalismus die Gesellschaft in China verändert. Vielleicht müssen wir uns mehr um einen dritten Weg bemühen an der Schnittstelle unserer europäischen Werteorientierung und dem, was wir an Innovation und Fortschritt gesellschaftlich erreichen wollen. Das ist der dritte Grund, warum wir ada gestartet haben. Wir fokussieren uns in dem, wie wir technologisches Wissen vermitteln, also in unserem Lern- und Entwicklungsprogramm, auf die europäische Perspektive. Gemeinsam mit großen und kleineren Unternehmen, aber auch Regierungsbehörden und gesellschaftlichen Organisationen möchten wir den nötigen Beitrag dazu leisten, um auch in Europa technologisch wieder in Schwung zu kommen.

Léa Steinacker: Gleichzeitig möchten wir dem Trend entgegenwirken, dabei Silos zu befeuern, also bloß nicht gemeinsam zu lernen, zu wachsen, uns weiterzuentwickeln. Unsere Grundidee ist die einer Community, denn Wachstum passiert selten allein. Interaktion, Diskussion und Inspiration bereichern und verstärken eigene Lernprozesse. Außerdem erlauben sie den Blick über den Tellerrand. In unserem ada Fellowship-Programm bringen wir daher diverse Menschen aus ganz unterschiedlichen Organisationen zusammen: Regierungen, Unternehmen, gesellschaftliche Akteure.

Das geschieht auch im Spirit von Ada Lovelace, unserer Namensgeberin, denn die war extrem begabt in mindestens zwei Bereichen: Auf der einen Seite war sie Poetin und konnte wahnsinnig gut mit Worten umgehen. Auf der anderen Seite war sie Mathematikerin und hat diese beiden Welten, die der Kreativität und die der Logik, beeindruckend miteinander vernetzt. Genau an dieser Schnittstelle hat sie die Idee für etwas Brillantes formuliert, bevor die Maschinen technisch dazu in der Lage waren, ihren Ideen gerecht zu werden. Das war eine riesige Inspiration für uns: Dass jemand 1834 schon dazu in der Lage war, sich etwas vorzustellen, was erst rund 100 Jahre später in die Praxis umgesetzt wurde. Ada Lovelace hat es schon im frühen 19. Jahrhundert mit ihrer Wortkunst geschafft, grundlegende Fragen zur Künstlichen Intelligenz zumindest theoretisch vorauszudenken. Das fanden wir eben absolut visionär, zukunftsweisend und kreativ.

Miriam Meckel: Ada Lovelace war tatsächlich die Erste, die so explizit prognostiziert hat, dass ein Computer nicht nur rechnen, sondern auch Musik machen,

Poesie verfassen können würde. Also, dass eine Maschine wirklich auch Kunst schaffen kann. Wie Léa eben erwähnt hat, ist das wirklich bahnbrechend. Und doch ist Ada lange unterschätzt worden. Frauen hatten es in der Technologieentwicklung nicht immer leicht. Auch daran wollen wir mit ada etwas ändern.

Paula Cipierre: Gleichzeitig, um direkt daran anzuknüpfen, hat Ada Lovelace Computern die Fähigkeit, selbst kreativ zu sein, abgesprochen. Sie nahm an, dass ein Computer letztlich nur das kann, was wir ihm befehlen, dementsprechend selbst keine Fähigkeit zur Erkenntnis analytischer Verhältnisse hat. Das ist eine Frage, die wir oft auch in unseren Gesprächen ansprechen, nämlich inwiefern Computer kreatives Denken letztlich ersetzen oder auch übernehmen können. Wie ist eure Meinung dazu und hat sich eure Meinung über die Jahre vielleicht geändert?

Miriam Meckel: Ich denke, dass das letztlich eine philosophische Frage ist, die davon abhängt, wie man selbst erkenntnistheoretisch unterwegs ist. Wer eher positivistisch geprägt ist, also davon ausgeht, dass es so etwas wie eine objektive Welt gibt, die da ist und von Menschen wahrgenommen werden kann, wird sich relativ schwertun, Computern kreative Fähigkeiten zuzusprechen. Weil gerade in dieser objektiven Welt bei uns Menschen die Beziehung zwischen den Leistungen unseres Bewusstseins, unseres Gehirns und unserer physischen Erfahrung eine wesentliche Rolle spielt. Und das ist natürlich, bislang jedenfalls, keine Erfahrung, die ein Computer machen kann. In dem Fall würde man wahrscheinlich sagen: »Die Kreativität des Computers oder der Maschine ist darauf begrenzt, Kreativitätsmuster der Menschen zu entschlüsseln und zu imitieren, und damit ist es keine wahre Kreativität.« Eben weil diese menschliche Bewusstseinserfahrung an der Schnittstelle unserer kognitiv-emotionalen-physischen Erfahrung entsteht und eine eigene objektive Entität ist. Ich persönlich glaube allerdings, dass wir vermutlich eher konstruktivistisch damit umgehen müssen: Das, was eine Maschine, ein Computer, eine KI produziert, ist dann kreativ, wenn wir es so empfinden. Weil wir an vielen Stellen gar nicht mehr die Unterscheidung zwischen Mensch und Maschine machen können. Und wenn eine KI lernt, auf der Basis von Daten etwas entstehen zu lassen, das wir als kreativ oder als Kunst wahrnehmen, dann ist es letztlich auch Kunst. Ob die Maschine den kreativen Turing-Test besteht, entscheiden die Menschen über ihre Wahrnehmung und Interpretation.

Viele Menschen haben mit dieser konstruktivistischen Perspektive durchaus Probleme, weil sie impliziert, dass wir als Menschen nichts Besonderes sind. Mit dieser narzisstischen Kränkung sollten wir lernen umzugehen. Dabei bin ich fest davon überzeugt, dass es viele Gründe gibt, aus denen wir uns als Menschen von

Computern unterscheiden, aber vielleicht nicht in der Frage, ob wir Kunst produzieren können, was die KI im Zweifelsfall auch kann. Das ist sicherlich eine Diskussion, die wir noch Jahrzehnte weiterführen werden, aber darin steckt sozusagen die Kernfrage: Ob wir fähig sind zu sagen, dass etwas, was eine Maschine geschaffen hat, konstruktivistisch betrachtet, einfach schön ist.

Léa Steinacker: Und ganz praktisch noch hinzugefügt: Wo liegt das Problem darin, zu sagen, dass es einerseits computergenerierte und andererseits menschengemachte Kunst gibt? Ich verstehe den Drang nicht, die Kunst an sich als Wertungslabel für uns Menschen vorzubehalten. Viele Künstlerinnen und Künstler sehen das mittlerweile auch nicht mehr so. Vor einigen Jahren habe ich ein Interview mit Björn Ulvaeus geführt, einem der vier Abba-Stars. Er war derjenige, der innerhalb eines Abends *The Winner Takes It All* geschrieben hat, also einen absoluten Welthit, der heute noch viele Menschen zum Weinen oder auch Tanzen bringt. Auf der Bühne damals habe ich ihn gefragt, ob das Lied für ihn auch Kunst gewesen wäre, wenn er es von einer KI im fertigen Zustand zugeworfen bekommen hätte. Seine Meinung: Wenn dieses Lied dasselbe in mir und dem Weltpublikum ausgelöst hätte, was es aus menschlicher Hand in mir ausgelöst hat, dann wäre auch das für mich Kunst. Es geht also um den Empfindungseffekt beim zuhörenden, zuschauenden, mitfühlenden Publikum, sagte er. Das finde ich bei so einem Weltstar schon bemerkenswert. Dazu muss man auch wissen, dass gerade Abba als Band schon wahnsinnig früh mit sehr viel technologischer Unterstützung in der Musikproduktion gearbeitet hat. Sie haben die Möglichkeiten als Bereicherung ihrer Kunst angesehen.

Gleichzeitig ist doch strittig, was überhaupt aus menschlicher Perspektive als wirklich kreativ gilt. Auch bei ganz berühmten Bildern, wie etwa Monets *Seerosen*, kann man sich fragen – hat er die womöglich faktisch einfach von der Natur abgemalt? Ist das jetzt schon Kreativität? Oder einfach gute Malkunst? Denn gute Malkunst hat KI auch drauf. KI kann mittlerweile ein digitales Foto aus meinem Urlaub nehmen und mir davon Variationen in zahlreichen Kunststilen ausspucken, die ich mir wiederum ausdrucken und einrahmen kann. Sind das Kunstwerke? Und wir Menschen: Schaffen wir tatsächlich immer etwas völlig Neues oder kombinieren wir, wie Miriam zu Beginn schon sagte, einfach Elemente aus unserem Bewusstsein, aus der Natur, aus unseren Erfahrungen und aus unserem Unterbewusstsein? Wir kombinieren das, was wir fühlen, wissen, gesehen, gedacht haben. Das kann die Maschine auch. Die Grenze zwischen Mensch und Maschine verläuft klarer im Bereich der Emotionen und dem Bewusstsein. Das ist eine völlig andere Diskussion, die wir momentan beispielsweise im Zusammenhang mit LaMDA erleben.

Jan Hiesserich: Es gibt also verschiedene Arten von Kreativität, zum Beispiel kombinatorische und explorative Kreativität, die wohl auch Maschinen leisten können. Die seltenste und vielleicht auch herausforderndste Art der Kreativität ist aber transformativ, das heißt, sie stellt unser Weltbild an sich in Frage. Die großen Brüche gerade in der Kunstgeschichte – aber man kann das sicherlich auch auf die Gesellschaftsgeschichte übertragen – waren das Ergebnis von Handlungen, in denen mit alten Weisheiten gebrochen wurde. Kann eine Maschine das auch?

Miriam Meckel: Ich glaube schon, dass sie das kann. Wie du gerade sagst, beinhaltet Kreativität oft eine Grenzüberschreitung. Und die kann eine Maschine auch hervorrufen. Sie kann beispielsweise im Sinne der angereicherten Intelligenz oder **Augmented Intelligence** in der Beziehung zwischen Mensch und Maschine den nötigen Impuls geben, anders an Sachen heranzugehen, Dinge anders umzusetzen. Und ich glaube, darin liegt ein ziemlich interessantes Spannungsfeld. Es gab 2018 doch dieses KI-Porträt, das von einem neuronalen Netzwerk angefertigt wurde und bei Christie's für recht viel Geld versteigert wurde. Das Bild ist irgendwie eine Mischung aus einem Tintenklecks, einem Monster und einem Porträt von Oscar Wilde. Daran war im Prinzip wenig innovativ – außer der Tatsache, dass es als Kunstwerk durch ein renommiertes Auktionshaus versteigert wurde. Diese »Grenzüberschreitung« hat die Diskussion um KI, Kunst und Kreativität richtig angekurbelt. Wenn man also Grenzüberschreitung als einen Push für uns Menschen versteht, etwas Neues zu diskutieren oder zu kreieren, und KI kann einen solchen Push geben, dann ist das eine Augmented Creativity. Darin liegt meines Erachtens viel Potenzial.

Jan Hiesserich: Was macht das mit unseren Vorstellungen von Intention und Autorenschaft und letztlich auch Verantwortung? Die KI entzieht sich doch der gesellschaftlichen Diskussion, da sie nicht weiß, was sie tut.

Léa Steinacker: Guter Punkt. Sie entzieht sich der Diskussion, aber nehmen wir mal eine Parallele: Die Coronapandemie hat uns gesellschaftlich eine Riesentransformation gebracht und viele Innovationen angestoßen. Corona an sich, das Virus, entzieht sich aber leider der gesellschaftlichen Diskussion. Das heißt, es gibt andere externe Gegebenheiten, externe Schocks, die transformativ wirken und uns Menschen zu Debatten anregen. Trotzdem würde sicher kaum jemand behaupten, dass diese Begebenheit, diese Provokation der Natur – beschleunigt übrigens durch menschliches Verhalten – uns gesellschaftlich nicht einige transformative Impulse gegeben hätte. Es braucht also nicht immer eine Intention in der Provokation, um eine Transformation anzustoßen.

Jan Hiesserich: Aber wir diskutieren letztlich nur untereinander.

Léa Steinacker: Genau. Die Transformation in uns kann eine Reaktion sein auf das, was eine KI geschaffen hat, ohne dass die Ursache der Provokation, also die KI, uns Rechenschaft schuldig ist.

Paula Cipierre: Was wir aber diskutieren, kann dann in die KI-Entwicklung einfließen, womit wir wieder bei dieser Wechselwirkung zwischen Mensch und Maschine sind. Bevor wir aber auf das Thema Augmented Intelligence zurückkommen, würde mich interessieren, welche Rolle Kunst für euch in der digitalen Weiterbildung spielt. Ihr organisiert jedes Jahr die Konferenz »Morals & Machines«, zu der ihr regelmäßig Künstlerinnen und Künstler einladet. Wir haben auch mit anderen Unternehmerinnen und Unternehmern gesprochen und sie gefragt, wie sie Kunst und Spiel in den Unternehmensalltag einfließen lassen, um beispielsweise kreatives Denken zu ermöglichen. Kreativität braucht schließlich Freiräume, die aber vor allem in börsennotierten Unternehmen, für die es zuallererst um die Quartalszahlen und Investoren geht, oft wegrationalisiert werden. Welche Relevanz hat Kunst und Spiel sowohl in Unternehmen aber auch in der digitalen Weiterbildung?

Léa Steinacker: Eine Offenheit für spielerische Kreativität ist auch im Unternehmensalltag wichtig. Von Menschen, denen dieses Mindset fehlt, hören wir oft: »Bitte bloß keinen Sitzkreis oder Lego bauen.« Ich frage mich manchmal, was für Kindergartentraumata die Teilnehmenden wohl haben, dass sie auf gar keinen Fall im Kreis sitzen wollen – in dem sich eine Gruppe nun mal sehr viel besser in die Augen schauen kann. Oder auch, wenn sie kategorisch nicht mit Knete spielen oder ihre individuellen Herausforderungen in der Gruppe besprechen wollen. Wenn sie es dann doch einmal wagen, sind die Reaktion in den allermeisten Fällen wider das eigene Erwarten sehr positiv. Da hält dann der 45-jährige Abteilungsleiter seine mit Lego dargestellte Business-Challenge in die Kamera und erklärt: »Das bin ich. Und ich renne gerade gegen diese Wand. Und ich brauche von Euch mehr Feedback.«

Natürlich löst es in uns Menschen etwas aus, wenn wir nicht immer nur in diesen begrenzten methodischen Mauern denken und vor allem agieren müssen, sondern gelegentlich einmal spielen dürfen. Kreativität als Zugang zur Kunst sollte auch in Unternehmen eine große Rolle spielen, weil sie uns auf Gedanken bringen kann, die wir niemals mit drei Sätzen oder mit einer Checkliste hätten beantworten können. Noch dazu werden technische oder politische Inhalte, in jedem Fall höchst sachliche Themen, durch die kreative Perspektive bereichert.

Ein Beispiel: Wir hatten auf einer unserer ersten »Morals & Machines«-Konferenzen Christian Mio Loclair als Speaker eingeladen, den Co-Founder und Co-CEO von Journee, ein Start-up, das Metaverse-Welten baut. Die Biografie von Mio ist spannend, da er nicht nur Coder, sondern auch ein begnadeter Tänzer ist und er auf der Bühne die Beziehungen zwischen Algorithmen und Tanz auch als Choreografie darstellen kann. Solche ungewöhnlichen und kreativen Kombinationen bleiben natürlich beim Publikum hängen.

Paula Cipierre: Ihr habt kürzlich ein Gespräch mit der belgischen Psychologin Esther Perel geführt, in dem ihr sie unter anderem gefragt habt, wo man in diesen unsteten Zeiten noch Quellen der Führung und Stabilität finden kann. Ihre Antwort auf die Frage war: »Beim Spiel der Kinder.« Was meinte sie damit? Kann das Spielen Menschen helfen, zuversichtlicher in die Zukunft zu schauen?

Miriam Meckel: Ich bin davon überzeugt, dass darin ein riesiges Potenzial steckt. Esther Perel hat in dem Gespräch mit uns argumentiert, dass wir tatsächlich riskieren, unsere Fähigkeit zur »playfulness« zu verlieren, weil es als etwas wahrgenommen wird, das nicht in die erwachsene Berufswelt passt. Aber das stimmt natürlich überhaupt nicht, weil man sich im Zuge der »playfulness« gerade erst die kreativen Prozesse erschließt, die heute jedes Unternehmen braucht, um innovativ zu sein und mit der permanenten Veränderung umzugehen. Die antiken griechischen Philosophen hatten übrigens noch ein Konzept, das uns heute zunehmend verlorengeht: das Konzept der Muße. Muße heißt nicht, dass man faul auf dem Sofa liegt, sondern dass man sich einen Moment lang von all den Dingen befreit, die permanent auf einen einprasseln, sodass man den eigenen Geist und vielleicht auch das Herz für neue Ideen erst öffnen und sich dadurch weiterentwickeln kann. Wenn wir alle nur von morgens bis abends durcharbeiten, dann sind wir für nichts mehr offen. Dann sind wir in unseren Standards und Routinen gefangen und machen einfach immer mit dem weiter, das wir sowieso schon machen. Daraus kann nichts Neues entstehen, sicherlich keine Kreativität, dadurch lassen sich keine Probleme lösen, und daraus entsteht auch keine echte Produktivität, sondern allein eine Aktivitätsinszenierung. Das ist einfach nur »hussle«, und dabei ist es unerheblich, ob ich letztlich einen produktiven Beitrag leisten oder etwas wirklich Neues in die Welt bringen kann. Diese Kombination von Muße und »playfulness« hat einen Wert an sich. Diese »playfulness«, von der Esther Perel spricht, ist extrem wichtig. Deshalb ist es schade, wie verklemmt wir damit im Unternehmensalltag mittlerweile umgehen. Viele haben schlicht verlernt, spielerische Ansätze in ihre beruflichen Rollen zu integrieren.

In dem Zusammenhang finde ich sehr schön, was Esther über die Frage der heute notwendigen Anpassungsfähigkeit gesagt hat. Adaptivität hängt damit zusammen, dass man Kreativität dazu nutzen kann, sich selbst weiterzuentwickeln und in Kontakt mit dem zu bleiben, das in der Welt passiert und wohin man sich bewegt. In dem Zusammenhang hat sie ein schönes Bild verwendet: Wir alle müssten eigentlich so beschaffen sein wie eine Weide, die im Wind schwingt. So kann die Weide immer auf ihre Umwelt, auf Wind und Sturm reagieren, ohne zu brechen. Funktionsträger in Unternehmen hingegen versteifen und erstarren oft und stecken dann in ihren systemischen Begebenheiten und Errungenschaften fest. Wenn da mal ein kräftiger Windstoß kommt, dann knackt es kräftig. Und manchmal war's das dann. Wer nicht biegsam, flexibel und anpassungsfähig ist, der bricht im Sturm. Und diese innere, geistige Beweglichkeit kann man sich durch »playfulness« erhalten – im Erleben, im Fühlen, im Reagieren auf Andere, im Reagieren auf die Umwelt. Das ist eine großartige Kompetenz, von der wir mehr bräuchten, nicht weniger. Wenn jemand zu mir sagt, »Ich will nicht mit Lego spielen, und ich will auch nicht im Stuhlkreis sitzen«, dann denke ich manchmal: »Wie schade für dich, wie kann ich dir helfen, dich aus dem Korsett zu befreien, in das du dich über Jahre hast einzwängen lassen? Wie kann ich dir helfen, die Verklemmung aufzulösen, die dich von all dem abhält, was gut sein kann, womit du besser werden und für dein Team und dein Unternehmen etwas Gutes bewirken kannst?«

Léa Steinacker: Ich glaube, Esther Perel würde womöglich auch allen Menschen, die keinen Bock auf Lego und Knete haben, Probleme im Bereich der Erotik und Intimität diagnostizieren, denn auch dort sagt sie, muss man biegsam sein. Deswegen muss ich immer innerlich grinsen, wenn jemand sagt, »Es gibt fünf Dinge, die wir kategorisch nicht machen, und die haben alle mit Spielen zu tun«.

Paula Cipierre: Um vielleicht einen Moment bei der Biegsamkeit zu bleiben: Von COVID-19 über den Klimawandel bis hin zum russischen Angriffskrieg in der Ukraine sind wir auch in Deutschland in den vergangenen Jahren mit vielen tiefgreifenden Krisen konfrontiert worden. Krisen stehen normalerweise mit Innovationsschüben in Verbindung. Trotz alledem hinkt die Digitalisierung in Deutschland im öffentlichen Empfinden nach wie vor stark hinterher. Es ist fast zum Volkssport geworden, den Zustand der Digitalisierung in Deutschland zu kritisieren. In unserem Buch wollen wir zeigen, dass es auch hier in Deutschland viele spannende Beispiele dafür gibt, was an der Schnittstelle zwischen Mensch und Maschine erreicht werden kann. Wie empfindet ihr das? Welche Prognose habt ihr für die kommenden Jahre? Wird sich in Deutschland endlich etwas bewegen, oder bleiben wir nach wie vor in einer Art Schockstarre? Und wenn wir nach wie vor in der Schockstarre sind, was müssen wir machen, um hierzulande wieder etwas beweglicher zu werden?

Léa Steinacker: Zunächst einmal: Wir hinken in Deutschland nicht nur im öffentlichen Empfinden, sondern ganz faktisch hinterher. Worin wir aber tatsächlich sehr gut sind, ist der Bereich der Forschung. Beispielsweise waren wir vor einigen Jahren mit einer Delegation aus Unternehmer:innen und Aufsichtsräten beim DFKI[61] und haben uns da wirklich bahnbrechende deutsche Forschung im Bereich Künstliche Intelligenz angeschaut. Ich habe damals zum Beispiel die Geschichte eines Google Bildalgorithmus gehört, der unter anderem am DFKI entwickelt worden ist. Unternehmerisch umgesetzt wurde die Idee aber erst in den USA. Wir haben hier wieder diese typische Situation, dass wir zwar in der wissenschaftlichen Entwicklung stark sind, uns und unsere Ideen aber weniger gut verkaufen können.

Zum zweiten fällt mir hier ein Bereich ein, der zwar vielleicht auf den ersten Blick nicht so sexy ist wie verbraucherorientierte Technologien, aber trotzdem enorm wichtig, nämlich die Industrie 4.0. Der Begriff, der die Vernetzung von Produktionsprozessen, Maschinen und riesigen Datenmengen in der Industrie umschreibt, wurde schließlich in Deutschland benannt und maßgeblich vorangetrieben. Sei es im Bereich Smart Factories oder auch Robotics – viele dieser Forschungsvorhaben und praktischen Implementierungen sind bahnbrechend. Also sind wir im industriellen Bereich durchaus gut unterwegs. Wir hinken aber deutlich in der Vermarktung und im Tempo der unternehmerischen Umsetzung hinterher.

Jan Hiesserich: Miriam, du hast kürzlich in einem Post auf LinkedIn über Augmented Intelligence geschrieben.[62] Du hast dafür plädiert, dass »[d]as praktische Miteinander von Mensch und Maschine […] dringend Teil unseres Alltags werden [muss]«. Du suggerierst dabei, dass in Zukunft nicht mehr von künstlicher, sondern angereicherter Intelligenz, eben der Augmented Intelligence, gesprochen werden soll. Auch wir benutzen den Begriff der Augmented Intelligence schon lange.[63] Was verstehst du darunter und welche Beispiele sind für dich wegweisend?

Miriam Meckel: Ich verstehe darunter die Verbindung von menschlicher Intelligenz und technologischer Anreicherung, also ein »enhancement«, eine »augmentation« des Menschen durch Technologie. Denn letztlich können sich Mensch und Maschine doch mit ihren unterschiedlichen Dimensionen von Intelligenz gut ergänzen: einerseits die Maschine, angetrieben durch KI, in ihrer Kapazität, riesige Datenmengen zu prozessieren und unbekannte Muster zu finden; und andererseits der Mensch mit seiner Erfahrung, Intuition und seinem Bewusstsein. Wenn man diese miteinander verbindet, dann kommt dabei nicht 1+1=2 raus, sondern 1+1=3 aus, weil eine Zusatzebene entsteht. Wenn man sich etwa anschaut, was mit komplexen KI-Systemen, wie AlphaGoZero, oder den großen Sprachmodellen, wie LaMDA oder GP3T, alles möglich ist, dann sind das potenziell enorme Quellen der Inspiration. Die Herausforderung dabei ist: Wie kann ich beispielsweise neue Erkenntnisse auf der Basis von Daten gewinnen, die ich menschlich gar nicht verarbeiten kann, weil das Gehirn diese Rechenleistung so nun einmal nicht vollbringen kann. Und wie reichere ich das dann an mit menschlicher Intuition, Erfahrung und Emotion – also all den Dingen, die wir als Teil eines größeren Kontextes von menschlicher Intelligenz beitragen können. Wir Menschen können KI nutzen, um uns kreativ inspirieren und intellektuell herausfordern zu lassen. Darin liegt eine Riesenchance.

Ohnehin glaube ich, dass die Geschichte der Künstlichen Intelligenz vermutlich anders verlaufen wäre, wenn wir nicht diesen Begriff genutzt hätten. »Künstliche Intelligenz«, das klingt an sich schon wie eine Bedrohung für den Menschen, weil es suggeriert, dass wir menschliche Intelligenz ersetzen können. Ich glaube, das können wir nicht, weil es tatsächlich eine Menge Dimensionen gibt, seien es Kreativität, Emotion, Intuition, die eine Maschine nicht ersetzen kann. Gleichzeitig kann man heutzutage nicht mehr ignorieren, dass neuronale Netzwerke Leistungen erbringen, etwa in der Datenauswertung, der medizinischen Analytik oder der Prozessoptimierung, die wir als Menschen so nicht leisten können. In dem Fall kann die KI uns Menschen helfen, alternative Ideen zu generieren. Sie kann uns helfen, Grenzen zu überschreiten, Neues zu kreieren und damit Innovation möglich zu machen. Und das kann uns auch helfen, blinde Flecken in der eigenen Wahrnehmung zu finden, die »unknown unknowns«, die oft Ursache für »schwarze Schwäne«, also für böse Überraschungen sind, wie beispielsweise eine Pandemie. Ob der Mensch dann immer schlau genug ist, etwas aus der durch KI gewonnen Erkenntnis zu machen, ist eine andere Frage. Aber all das gehört für mich zum Komplex der Augmented Intelligence. Das hat ein Riesenpotenzial.

Jan Hiesserich: Das bedeutet aber auch, dass wir, wenn wir das ernst nehmen, den Fokus wieder vermehrt auf den Menschen legen sollten. Wir reden momentan viel über Technologie, aber viel weniger darüber, welche Fähigkeiten es beim Menschen braucht, damit das in genau dieser Komplementarität funktionieren kann. Viele der Herausforderungen, mit denen wir heute konfrontiert sind, bahnen sich schon lange an, zum Beispiel unsere Energieabhängigkeit. Wir wollten sie nur nicht wahrhaben.

Ich würde gerne noch einmal auf den Beginn unseres Gesprächs zurückkommen und zwar auf das Thema Werte: In deiner Einleitung hast du gesagt, dass es bei der Technologiedominanz zwei Blöcke gibt: die Amerikaner und die Chinesen. Aber dann gibt es auch einen möglichen dritten Weg mit Europa. Kreativität braucht Freiheit, nämlich die Freiheit, aus Konventionen auszubrechen, die Freiheit sich auszuprobieren. Wie wichtig ist Freiheit für das Gelingen der Augmented Intelligence? Und könnte das einer der Erfolgsfaktoren des dritten Weges sein? Ich will jetzt nicht sagen, dass die Amerikaner keine Freiheit haben, aber ich glaube, dass gerade die Muße, also die Fähigkeit innezuhalten und nachzudenken, hierzulande viel leichter möglich ist als dort, wo man immer gleich der nächsten Chance hinterherrennt und erst später über Konsequenzen nachdenkt. In China hingegen muss Technologieentwicklung innerhalb eines staatlich festgelegten Rahmens stattfinden. Könnte es einer der Erfolgsfaktoren des dritten Weges sein, dass wir in Europa auf ein starkes humanistisches Erbe zurückschauen, nach dem Freiheit einen hohen Stellenwert genießt und wo Kreativität perfekt ansetzen könnte, wenn wir es nur wieder lernten, kreativ zu sein?

Miriam Meckel: Absolut. Ich bin fest davon überzeugt, das kann ein echter Vorteil sein. Ein wertebasierter Humanismus muss Voraussetzung und Grundlage für die Verwirklichung der Möglichkeiten sein, über die wir gesprochen haben. Von diesem Ideal haben wir uns in den vergangenen Jahren entfernt, weil es im Technologiewettbewerb unter Beschuss steht. Schauen wir doch einmal in die USA mit ihrem techno-libertären Ansatz. Inzwischen beobachten wir dort die Folgen einer wachsenden Zerrüttung der Zivilgesellschaft, die im Wesentlichen durch eine unkontrollierte Wirkweise von sozialen Medien befeuert wurde. Das war sicherlich so nicht beabsichtigt, aber es hat stattgefunden. Ein Algorithmus, der eigentlich Menschen kommunikativ verbinden soll, radikalisiert und spaltet die Kommunikation, was in den Sturm aufs Kapitol am 6. Januar 2021 mündet. Warum? Weil ein Algorithmus sich nicht fragt, ob die Mittel, die er für immer mehr Engagement auf der Plattform einsetzt, Nebenwirkungen haben könnten. Diese Frage müssen schon wir Menschen stellen. Und die Antwort lautet in diesem Fall: Wenn ich mehr Engagement nur durch immer mehr radikalisierte Inhalte erreiche, dann kann das nicht der Weg sein. Deshalb bin ich überzeugt, dass Europa hier einen anderen Akzent setzen sollte, wie es die EU-Kommission inzwischen erfolgreich tut. Gleiches gilt unter ganz anderen Voraussetzungen für China. Dort gibt es viel Kreativität, Unternehmertum, Innovationskraft und viele junge Menschen, die an unserer Technikwelt weiterbauen wollen. Aber das System ist auf Unfreiheit aufgebaut: keine Bürgerrechte, keine Privatsphäre. In China entsteht rund um Gesichtserkennungstechnologien und KI eine Technokratie, also ein moderner Überwachungsstaat, in dem ich nicht leben möchte. China exportiert all diese technologischen Systeme aber in andere Länder, nach Südamerika, Afrika und Osteuropa. Und mit diesen Technologien wird auch ein sukzessiver Systemwandel exportiert. Das macht mir durchaus Sorgen, und da können und sollten wir in Europa etwas dagegensetzen.

Wir haben gute Rahmenbedingungen, denn wir schauen auf viel Erfindergeist, auf eine erfolgreiche Industriegeschichte und auf die Aufklärung mit allen verbundenen Werten zurück. Wir haben in Deutschland und Europa viel zu bieten für einen dritten Weg einer freiheitlichen, technologiebasierten Zukunft, in der Mensch und Maschine erfolgreich zusammenarbeiten. Das sollten wir jetzt mit Schwung voranbringen.

Paula Cipierre: Ein Aufruf, den wir uns gerne zu Herzen nehmen. Léa, Miriam, vielen Dank für das Gespräch.

MIT DER KUNST DIE GEGENWART AUS DER ZUKUNFT SEHEN

SEBASTIAN DETTMERS

Zu dem Zeitpunkt, an dem wir Sebastian Dettmers interviewen, veröffentlicht das ifo Institut gerade die neuesten Zahlen zum Fachkräftemangel in Deutschland: 49,7 Prozent der befragten Unternehmen sagen von sich selbst, dass sie unter Personalmangel leiden – ein Rekordwert seit Beginn der Befragung 2009.[64] Eine Entwicklung, die Sebastian als CEO von Stepstone, einem der weltweit führenden Online-Jobplattformen, schon lange mit Sorge verfolgt. Ein guter Zeitpunkt insofern, um mit Sebastian über den Einfluss von Software und Kunst auf das Arbeiten der Zukunft zu sprechen. Jan und Sebastian sind alte Bekannte. Im gemeinsamen Einvernehmen duzen wir uns.

Jan Hiesserich: Sebastian, du hast in einer Folge des *Handelsblatt Disrupt*-Podcasts mit Sebastian Matthes[65] einmal gesagt, dass du mit 32 Jahren deine Karriereplanung zunächst für 10 Jahre auf Eis legen willst. Das hat bekanntermaßen nicht geklappt. Heute bist du CEO von Stepstone, eine der erfolgreichsten Jobplattformen weltweit. Wieso hast du dich dagegen entschieden?

Sebastian Dettmers: Mit 32 hatte ich einen Altersbias gegenüber mir selbst. Ich kam mir viel zu jung für den Job vor, den ich gerade angefangen hatte. Ich hatte mir vorgestellt, dass man mindestens 40 Jahre alt sein muss, bevor man gewisse Karriereschritte machen kann. Das viel einschneidendere Ereignis hatte ich aber mit 36, als ich irgendwann festgestellt habe, dass ich alle wichtigen Entscheidungen im Leben schon getroffen habe: welchen Beruf ich ausüben würde, wen ich heiraten würde, die Entscheidung, Kinder zu bekommen. Ich habe mein Leben von 0 bis 18 Jahren durchdacht, darauf von 18 bis 36 Jahren und dann festgestellt, dass nach 72 Jahren vielleicht nicht mehr viel kommt.

Jan Hiesserich: Vielleicht ja doch [lacht]!

Sebastian Dettmers: Vielleicht! Wobei ich ehrlich gesagt gar nicht weiß, ob das wünschenswert wäre. In jedem Fall habe ich ungefähr ein Jahr lang in mir selbst gesucht und mir die Frage gestellt, was ich die kommenden 36 Jahre eigentlich erreichen will. Dann habe ich Hermann Hesse gelesen, erst *Siddhartha* und dann

Narziß und Goldmund. Ihr erinnert euch vielleicht aus der Schule, aber Narziß und Goldmund sind zwei Jungen, die in die Klosterschule gehen. Narziß ist der rationale Denker und Bewahrer, der die Welt mit seinem Intellekt durchdringen möchte, während Goldmund in die Welt hinauszieht, um sich mit allen Sinnen dem ewigen Werden und Vergehen allen Lebens hinzugeben. Am Ende des Buches treffen Narziß und Goldmund gealtert wieder aufeinander und mit ihnen auch zwei Lebensentwürfe. Es ist keine dogmatische Gegenüberstellung, es ist keine Wertung darüber, ob das Leben des Narziß oder das von Goldmund besser ist. Und doch erlaubt der Kontrast einen Blick auf das eigene Leben. Ich habe erkannt, dass das Glück weder in der Vergangenheit noch in der Zukunft liegt. Dass es nichts zu bewahren gibt, außer der Freiheit, die Dinge heute neu zu denken und neu zu gestalten. Dass das Glück nicht irgendwo in der Zukunft auf uns wartet, sondern im Hier und Jetzt. Daher spielt Karriere für mich keine Rolle mehr. Ich lebe im Jetzt. Und ich fokussiere mich auf das, was ich heute bewirken und verändern kann. Das heißt nicht, dass ich nicht an die Zukunft denke, nur dass das Handeln im Jetzt für die Zukunft eine größere Rolle für mich spielt als die Zukunft an sich.

Jan Hiesserich: Was ein schönes Beispiel dafür ist, welche Rolle Kunst – hier in Form der Literatur – in deinem persönlichen Werdegang gespielt hat. Bleiben wir einen Moment bei dem Gedanken der Zukunftsplanung. Um noch einmal einen anderen Literaten zu bemühen: Dürrenmatt hat in seinen »21 Punkten zu den ›Physikern‹« geschrieben: »Je planmäßiger die Menschen vorgehen, desto wirksamer vermag sie der Zufall zu treffen.«[66] Das ist eigentlich ein Plädoyer gegen Scheuklappen. Gleichwohl beobachten wir, dass Unternehmen gerade in Krisenzeiten nichts, aber wirklich gar nichts dem Zufall überlassen wollen. Du leitest nun nicht nur selbst ein sehr erfolgreiches Unternehmen, du spürst auch immer wieder dem Puls der Manager in Deutschland nach. Fürchten wir den Kontrollverlust? Oder brauchen wir nicht eigentlich noch mehr Zufälle?

Sebastian Dettmers: Zufälle sind so oder so unvermeidlich. Dürrenmatt sagt auch nicht: »Du erleidest mehr Zufälle.« Sie passieren einfach, sind aber wirkungsvoll, weil sie dich aus deinem linearen Leben herausreißen. Derjenige, der schon Goldmund ist, wacht jeden Morgen auf und akzeptiert, dass die Welt voller Zufälle ist. Oder um es mit Siddhartha zu sagen: »Wenn jemand sucht […], dann geschieht es leicht, dass sein Auge nur noch das Ding sieht, das er sucht, dass er nichts zu finden, nichts in sich einzulassen vermag, weil er nur immer an das Gesuchte denkt, weil er ein Ziel hat, weil er vom Ziel besessen ist. […] Finden aber heißt: frei sein, offen stehen, kein Ziel haben.«[67]

Das ist allerdings kein Plädoyer für die Planlosigkeit. Wir brauchen Annahmen über die Zukunft, an denen wir etwa unsere Unternehmen heute ausrichten. Wir müssen Annahmen darüber treffen, wohin sich Märkte entwickeln, wohin sich Konsumentenbedürfnisse entwickeln, wohin sich Kapitalmärkte entwickeln, um heute die richtigen Entscheidungen zu treffen. Ohne einen Planungsprozess komme ich nicht aus. Der darf aber natürlich nicht dazu führen, dass ich die Zufälle, die jeden Tag passieren, die in meiner eigenen Organisation, aber auch um mich herum passieren, im positiven wie im negativen Sinne, nicht wahrnehme, und jederzeit offen bin, darauf zu reagieren. Ich glaube, ich kann nicht das eine tun, ohne das andere zu lassen. Ich brauche die Planung, muss aber gleichzeitig dazu in der Lage sein, wahnsinnig spontan auf unvorhergesehene Umstände zu reagieren. Sei es die dramatische geopolitische Lage, die wir momentan durchleben, aber auch andere große Entwicklungen, etwa die durch die niedrigen Geburten ausgelöste Arbeiterlosigkeit. Sie zwingt uns umzudenken. Uns die Frage zu stellen: Wie können wir in Zukunft noch wachsen, wenn das knapp wird, was Unternehmen und ganze Volkswirtschaften so lange wachsen ließ: der Mensch? Wie bestehen wir in einer Welt, wo Talente zum erfolgskritischsten Faktor im Wettbewerb werden?

Paula Cipierre: Aber gerade das zeigt doch, dass man sich vielleicht als Arbeitgeber umstellen muss, was das mentale Modell bezüglich beruflicher Werdegänge und Qualifizierungen betrifft. Du hast gerade gesagt, dass sich das, was man auf der Arbeitgeberseite sucht, schnell ändern kann. Sollte man sich dann nicht weniger auf lineare Lebensläufe und Rollenbeschreibungen festlegen, sondern Bewerberinnen und Bewerber nach Qualitäten aussuchen, die zwischen verschiedenen Berufsbereichen übertragbar sind? Wie definiert man diese Qualitäten, auch bei Stepstone? Wie kann man dieses dynamische Matching zwischen Arbeitgebern und Arbeitnehmern erleichtern?

Sebastian Dettmers: Das ist eine gute Frage, auf die ich zwei Antworten habe: Eine auf der gesellschaftlichen Ebene und eine auf der Ebene unseres Unternehmens. Auf der gesellschaftlichen Ebene gebe ich euch völlig recht. Wenn man sich das mal überlegt, sind wir momentan in einer historisch geradezu einzigartigen Nicht-Gründersituation. Die große Gründerzeit in Deutschland war Ende des 19. Jahrhunderts. Da wurden unglaublich viele Unternehmen gegründet, insbesondere Aktiengesellschaften, wie seitdem nicht mehr. Das war eine Zeit, in der allerorts Aufbruchstimmung herrschte. Städte sind entstanden, Menschen sind dorthin gezogen, um dort zu arbeiten. Berlin ist wahnsinnig gewachsen, das Ruhrgebiet ist wahnsinnig gewachsen. Aber das hat auch viele andere Denkprozesse ausgelöst, zum Beispiel: Wie organisieren wir eigentlich Bildung? Und das Bildungssystem, wie wir es heute kennen, wurde eigentlich geschaffen, um die Menschen auf die damalige Zeit vorzubereiten. Also auf ein Leben in großen industriellen Betrieben. Deswegen sind im Stundenplan bestimmte Skills wichtig, die man damals brauchte, also fleißig zu sein, gehorsam zu sein, gut lesen zu können, gut Mathe zu können und so weiter. Das brauchte man damals, um in einer Fabrik das zu tun, was von einem erwartet worden ist. Und weil die Zeit damals so dynamisch war, war sie auch unglaublich offen: Es gab kein gutes Bildungssystem, also wurde ein gutes Bildungssystem geschaffen. Es gab keine großen Industriebetriebe, also wurden Industriebetriebe geschaffen. Es haben sich also schlaue Menschen darüber Gedanken gemacht, wie sie Veränderungen optimal passend für ihre Zeit gestalten können.

Diese Fragen stellen wir uns heute gar nicht mehr. Wir leben in einer Linearität und nehmen an, dass die Bildungssysteme, die wir heute haben, immer noch die richtigen sind, ohne uns die Frage zu stellen, wofür das Bildungssystem oder auch das Weiterbildungssystem einmal geschaffen wurden, nämlich für die Erfordernisse des 19. und 20. Jahrhunderts. Daher müssen wir uns diese Fragen heute wieder stellen. Was sind die Erfordernisse der heutigen Zeit, und wie reagieren wir darauf? Was sind die Bedürfnisse der Schülerinnen und Schüler? Sollte eine gute Note in Deutsch, Englisch oder Latein ausschlaggebend dafür sein, ob ich Arzt, Handwerker, Pflegekraft oder Programmierer werde? Sind das eigentlich die entscheidenden Skills? Was muss ich über den Menschen im 21. Jahrhundert wissen?

Und jetzt auf der Ebene unserer Plattform: Auch da beobachten wir, dass die Linearität in Lebensläufen nach wie vor eine wichtige Rolle spielt, im Denken der Recruiter, aber auch im Denken der Arbeitgeber. Viele Menschen ziehen überhaupt nicht in Betracht, auf einmal in einer völlig anderen Industrie tätig zu sein, neue Fähigkeiten zu erlernen, in anderen Jobfunktionen tätig zu sein. Das ist nicht im relevanten Mindset, weder der Menschen, die sich beruflich verändern wollen, noch der Unternehmen. Alle Recruitingprozesse sind im Grunde darauf ausgelegt, eine semantisch-logische Folge von Berufsbegriffen zu entwickeln. Du bist Junior Controller, dann bist du Controller, dann bist du Senior Controller, Leiter der Controlling-Abteilung und irgendwann, wenn es besonders gut läuft, CFO. Diese Linearität müssen wir unbedingt durchbrechen. Das Umdenken findet schon statt auf der Seite der Arbeitnehmer. Beispielsweise sehen wir, dass »Quereinsteiger« der Topaufsteigerbegriff, also einer der meistgesuchten Begriffe auf unserer Plattform im vergangenen Jahr war. Die Menschen wollen sich weiterentwickeln. Gerade die, die aus Bereichen kommen, in denen es in den vergangenen Jahren schlecht lief. Es findet jetzt ein Umdenken statt, das man vorher so nicht gesehen hat. Aber auch das widerspricht noch komplett den Erwartungen auf Arbeitgeberseite. Das beobachten wir also.

Die Frage ist dann: Was machst du damit? Das ist nicht nur ein Prozessthema, sondern auch eine Frage, wie wir es schaffen, dass die Menschen tatsächlich erfolgreich neue Fähigkeiten erlernen. Und ich glaube, da müssen wir tatsächlich neue Bildungskonzepte jenseits von Schule und Ausbildung entwickeln. Wir haben diese beiden Elemente im Kern gut geschafft, aber wir müssen sie anpassen. Die wesentliche Frage ist: Was ist unsere Antwort als Gesellschaft auf lebenslanges Lernen? Überlassen wir es den Betrieben oder den Menschen, die lernen wollen? Wir wissen eigentlich aus allen unseren Studien, dass sich Mitarbeitende nicht automatisch weiterbilden. Selbst wenn kostenlose Bildungsangebote zur Verfügung stehen, gerade in Deutschland, wo Bildung per se kostenlos ist. Was wir aber auch festgestellt haben ist, dass kuratierte Lernangebote sehr gerne genutzt werden. Wenn ich etwa einen Pfad definiere, der auf die Skills passt, die jemand hat, ausgerichtet auf ein Ziel, das jemand erreichen möchte, dann wird das gerne genutzt. Wie schaffen wir es, das anzubieten? Und schaffen wir es, die duale Berufsausbildung auf lebenslanges Lernen ausgerichtet weiter auszubauen? Die großen Konzerne können sich das vielleicht leisten. Aber wie können wir in der Breite auch dem Mittelstand ermöglichen, die eigenen Mitarbeiter weiterzuentwickeln? Diese Frage halte ich für extrem wichtig.

Paula Cipierre: Vor allem, weil der duale Ausbildungsweg eine der Erfolgsgeschichten des deutschen Bildungssystems war.

Jan Hiesserich: Du hast kürzlich ein sehr lesenswertes Buch zum Thema Arbeiterlosigkeit veröffentlicht. Dort sagst du, dass Kreativität eine der wichtigsten Qualitäten sein wird, die wir in Menschen suchen und fördern müssen. Das bedeutet aber auch, auf der unternehmerischen Seite Freiräume zu erschießen, Freiräume zu ermöglichen, um der Kreativität den notwendigen Raum zu geben. Wie macht ihr das bei Stepstone? Wie schaffst du es, Kreativität ins Unternehmen zu bringen und für eine Kultur zu sorgen, in der Menschen kreativ sein können?

Sebastian Dettmers: Das ist eine wahnsinnig wichtige Frage. In meinem Buch erkläre ich, dass es in Zukunft einfach immer weniger Menschen gibt. Damit wir in Zukunft aber mit weniger Menschen mehr schaffen, braucht es Automatisierung und Digitalisierung. Wir müssen den Weg weitergehen, Maschinen für uns arbeiten zu lassen, Algorithmen für uns arbeiten zu lassen. Im Grunde ist es die Verheißung unserer Zeit, dass wir nicht mehr an irgendeiner großen Maschine stehen, an der wir Knöpfe drücken müssen, sondern dass wir die Maschine für uns arbeiten lassen, dass wir repetitive Arbeiten automatisieren. Insofern ist, glaube ich, eine der entscheidenden Fragen: Was ist eigentlich die Arbeit, die der Mensch in Zukunft macht? Was ist die Rolle des Menschen im Zusammenspiel zwischen Mensch und Maschine?

Die Arbeitsteilung zwischen Mensch und Maschine wird in Zukunft neu definiert. Der Mensch wird sich auf die Fähigkeiten konzentrieren, die uns Menschen einzigartig machen. Menschen sind sozial und emphatisch. Viele Mensch-zu-Mensch-Berufe in der Pflege und Bildung lassen sich nicht automatisieren. Da braucht es den Menschen mehr denn je. Aber auch im direkten Zusammenspiel von Mensch und Maschine gibt es Fähigkeiten, die eine Maschine nicht entwickeln kann, und die wichtigste davon ist Kreativität. Warum aber sind Unternehmen so wenig kreativ? Weil nur wenige klar definierte Ziele haben, die sie zudem aus der Vergangenheit ableiten, zum Beispiel »Ich möchte 10 Prozent wachsen.« Jeder interpretiert in diese Aussage hinein: »Ich muss 10 Prozent mehr machen, als ich heute schon mache.« Wenn ich Schläuche produziere, produziere ich eben 10 Prozent mehr Schläuche oder verlange 10 Prozent mehr Geld dafür. Wenn ich ein Reisebüro habe, verkaufe ich 10 Prozent mehr Reisen oder mache sie 10 Prozent teurer. Also ein totales Linearitätsdenken, das jeden im Grunde genommen zwingt, nur mehr von dem zu tun, das sie schon in der Vergangenheit getan haben. Das macht uns aber nicht besser. Das führt nur zur mehr Effizienz.

Das Wichtigste ist, dass wir uns mehr hinterfragen. Kreativität beginnt mit Fragen. Aber die richtigen Fragen stecken nicht im Umsatzziel, sie stecken nicht im Kosteneinsparungsziel. Sondern sie stecken in der Zielsetzung des Unternehmens selbst: Was wollen wir als Unternehmen eigentlich erreichen? Welches Problem wollen wir lösen? Welchen gesellschaftlichen Beitrag wollen wir leisten? Das sind die entscheidenden Fragen, wahrscheinlich gerade jetzt, aber viele Unternehmen haben darauf keine Antwort. Und leider können auch die meisten Menschen in Unternehmen diese Frage wahrscheinlich nicht beantworten. Nur 40 Prozent der Mitarbeiter im Unternehmen wissen, was das Ziel des eigenen Unternehmens eigentlich ist. Und das ist natürlich ein riesiges Problem: Wie willst du kreativ sein, wenn du nicht mal weißt, wo du hingehst? Wir sollten uns ein Beispiel an unseren Vorfahren nehmen. Auf dem Acker ist es ganz klar: Das Ziel ist, mehr zu ernten, satt zu werden. Aber in großen, komplexen Unternehmen heute kann man sich das kaum mehr vorstellen. Also, zunächst einmal muss ich mir die richtigen Fragen stellen. Das ermöglicht erst Kreativität.

Und dann brauche ich natürlich die nötigen Freiräume, um kreative Antworten umsetzen zu können. Und das ist die große Frage, auf die es kein allgemeingültige Antwort gibt. Jedes Unternehmen löst das anders. Manche sagen, ich source meine Kreativität aus und schaffe irgendwie einen Innovation Hub mit meinen kreativsten Mitarbeitern in Berlin, und wenn die dabei entstehenden Ideen eine gewisse Schwelle überschreiten, bringe ich das zurück in meine Organisation. Daran glaube ich nicht, weil diese Innovation Hubs letztlich doch immer nur ein kleiner Wurmfortsatz sein werden, der den Kern des Unternehmens nie erreicht. Alternativ schaffst du tatsächlich Freiräume, wie etwa bei dem klassischen Beispiel Google, wo die Mitarbeitenden freitags eine Zeitlang tun und lassen konnten, was sie wollten.

Jedes Unternehmen im Wettbewerb wird für sich eine Möglichkeit finden. Das Entscheidende ist: Schaffe Freiräume dafür, dass du nicht nur über neue kreative Antworten nachdenkst, sondern diese auch in der konkreten Umsetzung ausprobieren kannst. Und, vielleicht banal, aber wichtig: Schaffe auch die nötigen Ressourcen dafür. Das kann Geld sein. Das kann aber auch Aufmerksamkeit sein. Das kann sein, dass du einen Teil des Traffics dafür bekommst, um dein Experiment umsetzen zu können. Oder dass du 10 Prozent deiner Vertriebstätigkeiten in den Vertrieb innovativer Produkte investieren kannst, die noch keine Marktreife haben. Das ist echtes Investment, und dann wirst du neue kreative Antworten auf deine Fragen finden.

Jan Hiesserich: Du hast gerade einen interessanten Punkt vorgebracht. In einer analog ausgerichteten Welt scheint es einfacher, das Ziel zu definieren: vom Acker, den der Bauer bestellt, bis hin zum Auto, das der Mechaniker repariert. Aufgrund der Digitalisierung bewegen wir uns aber in einer immer komplizierteren und vor allen Dingen abstrakteren Welt. Es gibt manche, die sagen, dass dieses Kommunikationsproblem, von dem du sprichst, nicht so sehr darin begründet liegt, dass Unternehmen ihre Ziele schlecht formulieren oder dass ihre Mitarbeiter nicht zuhören, sondern einfach darin, dass Ambivalenz und Ambiguität in einer digitalisierten Welt immer mehr zunehmen. Weil wir vielleicht über dieselben Dinge reden, aber unterschiedliche Dinge darunter verstehen. Weil wir es nicht anfassen und begreifen können. Ist das etwas, das wir auch entwickeln müssen? Eine höhere Toleranz für Ambiguität?

Sebastian Dettmers: Ich würde das anders beantworten. Ich denke schon, dass wir uns in Unternehmen mehr Mühe geben müssen, die Dinge zu vereinfachen. Wir können nicht erwarten, dass alle Menschen immer eine immer komplexere, sich wandelnde Welt verstehen. Stattdessen glaube ich, dass gerade wir als Dienstleistungsunternehmen verdeutlichen müssen, welchen Beitrag jeder Einzelne zum Erfolg leisten kann, nicht nur zu dem, was wir als Unternehmen insgesamt erreichen wollen.

Und einmal volkswirtschaftlich betrachtet: Dieses Produktivitätsproblem, das wir haben, ist primär ein Dienstleistungsproblem. Über Jahrzehnte hinweg ist uns das nicht aufgefallen, weil wir immer einen Produktivitätsschub hatten, wenn die Menschen etwa aus der Landwirtschaft in die Produktion und dann in die Dienstleistung gegangen sind. Das war tatsächlich richtig gut. Aber jetzt sehen wir: Die Bauern sind tatsächlich die, die jetzt am kreativsten und innovativsten sind. Für mich sind das tatsächlich die Paradeunternehmer. Auch die Industrie ist superkreativ und innovativ. Nur die Dienstleister sind es eben nicht. Und da gebe ich dir recht: Viele Menschen verstehen sicherlich gar nicht, was diese ganzen Dienstleistungsunternehmen eigentlich leisten.

Und da sind wir wieder bei der Frage: Was ist eigentlich das Ziel, das ich mit meinem Unternehmen erreichen möchte? Vielleicht geht damit einher, dass ich die Ziele neu definieren muss. Nehmen wir die Reisebranche: Hier zählt doch eigentlich nicht nur, wie viel Umsatz, sondern auch wie viele Menschen ich mit meinen Reisen glücklicher gemacht habe. Ich glaube sowieso, dass Glück ein wichtiges Ziel für viele Unternehmen im B2C-Bereich ist. Und daran kann man Mitarbeitende messen. Wir werden nächstes Jahr zum ersten Mal in der Geschichte von Stepstone ein nicht-finanzielles Budget parallel zum finanziellen Budget aufstellen. Das heißt, wir werden ein Budget für nicht-finanzielle Targets haben. Diese werden wir aber gleichzeitig kontinuierlich mit Mitarbeitenden im Finance-Bereich messen. Mit Monatsreporting und monatlichen Calls. Wir werden nicht-finanzielle Kennzahlen also genauso handhaben wie finanzielle Kennzahlen. Dabei merken wir: Wir reden zwar viel über diese Ziele, sind aber nicht immer konsistent. In einem Quartal ist eines wichtig, im nächsten etwas anderes. Im Finanzbereich ist das Ziel immer dasselbe: mehr Umsatz und weniger Kosten. Denn Kosten sind immer gut definiert. Die Zielsetzung bei nicht-finanziellen Zielen ist da schwieriger.

Paula Cipierre: Um nochmal auf das Thema zurückzukommen, dass viele Menschen vielleicht gar nicht mehr verstehen, was der Sinn ihrer Arbeit eigentlich ist, vor allem im Dienstleistungsbereich. Das sind, wie du in deinem Buch beschreibst, manchmal die Arbeiten, die einfach automatisiert werden könnten, die also keinen konkreten, kreativen Output mehr haben. Und du sprichst dich in deinem Buch stark für die Automatisierung aus. Kurzfristig macht das aber vielen Menschen Angst, weil sie befürchten, dass ihre Qualifikationen nicht mehr übertragbar sind. Ich selbst komme aus dem Ruhrgebiet. Dort haben wir den großen Strukturwandel miterlebt, der zumindest mittelfristig zu einer großen Arbeitslosigkeit geführt hat. Wie können wir denn deiner Meinung nach den Strukturwandel hin zu einer produktiveren Gesellschaft effektiv gestalten, effektiv auch im Sinne, dass wir die Mitarbeiter in tendenziell eher unproduktiven Bereichen mitnehmen?

Sebastian Dettmers: Erst einmal muss man Digitalisierung und Automatisierung entdämonisieren. Es bestand schon immer die Angst, dass Roboter und Algorithmen dem Menschen den Job wegnehmen. Ich war vor einigen Jahren im de Young Museum in San Francisco. Und da gab es eine Ausstellung mit dem Titel *The Cult of the Machine*. Im Mittelpunkt standen Werke des Präzisionismus, etwa von Charles Sheeler, einer der Pioniere dieser Kunstform, die ihren Höhepunkt etwa zwischen 1910 und 1930 hatte. Also zu einer Zeit, als die großen Industrieunternehmen entstanden. Eine Zeit, in der die organischen Formen der Natur nach und nach durch die Geometrie der Industrie ersetzt wurden, eine Welt voller rechter Winkel. Charles Sheelers Bilder zeigen die Fabriken von Henry Ford, riesige Maschinen, Umspannwerke, monumentale Bauwerke. Andere Bilder zeigen aber auch leere Farmen, leere Innenstädte, die Entvölkerung der Stadt. Die Anonymisierung der bis dahin dörflichen Welt. Im Zusammenspiel lösen diese Bilder zwei fast widersprüchliche Emotionen aus: die Begeisterung für Technik und Fortschritt auf der einen Seite. Und die Angst vor dem, was der Fortschritt für die Gesellschaft bedeutet, auf der anderen Seite. Die Ausstellung endete mit einer Collage von US-amerikanischen Zeitungsartikeln vom Anfang des 20. Jahrhunderts. Ich erinnere mich an einen Artikel aus der New York Times aus dem Jahr 1928 mit dem Titel »March of the machine makes idle hands«.

Die Furcht vor dem Fortschritt ist nicht neu. Der Fortschritt war immer begleitet von der Angst vor der Veränderung. Heute wissen wir, dass die Automatisierung nicht zu mehr Arbeitslosigkeit geführt hat, sondern zu damals noch ungeahntem Wohlstand. Heute sind es die Länder mit der höchsten Roboterdichte, in denen die geringste Arbeitslosigkeit herrscht: Südkorea, Japan, Deutschland. Warum ist das so? Erstens, weil du so ganz neue Jobs und Industrien schaffst. Gleichzeitig wirst du produktiver und wettbewerbsfähiger als solche Länder, die weniger in Automatisierung und Digitalisierung investieren. Also treiben Automatisierung und Digitalisierung auch den internationalen Wettbewerb voran. Zweitens erhöhst du nicht nur die Quantität, sondern auch die Qualität der Arbeit, weil wir unproduktive Tätigkeiten durch Maschinen und Algorithmen ersetzen und den Menschen sich auf das fokussieren lassen können, was der Mensch am besten kann, nämlich kreativ sein, Probleme lösen und so weiter. Das sind allesamt höherwertigere Arbeitsleistungen.

Jan Hiesserich: Als Kritiker könnte ich aber doch sagen, dass es zwar toll ist, wenn die Maschine lästige Arbeiten übernimmt, aber warum sollte es da aufhören? Sind wir irgendwann nicht alle nur noch Beiwerk eines großen Algorithmus? Was macht dich so zuversichtlich, dass nicht Kreativität beispielsweise auch irgendwann von einer Maschine übernommen werden kann? Woher kommt dein Glaube an den Menschen?

Sebastian Dettmers: Ironischerweise diskutieren wir als Gesellschaft gerade fast das Gegenteil. Das BDI fordert die 42-Stunden-Woche. Dabei hat John Meynard Keynes schon 1930 prognostiziert, dass wir 2030 nur noch 15 Stunden die Woche arbeiten. Wir waren auch kurz davor, das zu erreichen, nur haben wir dann dummerweise bemerkt, dass wir gleichzeitig immer weniger Menschen werden und im augenscheinlichen Umkehrschluss daher doch wieder mehr arbeiten müssen.

Also ich glaube erst einmal, dass wir unbedingt mehr automatisieren müssen, damit wir als Menschen weniger arbeiten können, um irgendwann vielleicht doch diese positive Vision einer 15-Stunden-Woche zu erreichen. Doch danach sieht es momentan einfach nicht aus. Wir sind, wie schon gesagt, kaum produktiver geworden, und jetzt werden wir auch immer weniger, also droht uns die Gefahr, dass wir immer mehr arbeiten müssen, wenn wir jetzt nicht wirklich konsequent anfangen, Arbeit zu digitalisieren und zu automatisieren. Ich habe mich gerade beim Mittagessen mit einem Kollegen unterhalten, dessen Schwester Ärztin ist und die sagte, dass, wenn sie sich eine Sache wünsche, dies die digitale Patientenakte sei, weil sie unfassbar viel Zeit mit der Verwaltung von analogen Patientenakten verbringe, die entweder irgendwo im Krankenhaus verbaselt worden seien oder schlimmstenfalls überhaupt nicht im Krankenhaus seien. Da brauchen wir gar nicht über Künstliche Intelligenz zu reden, sondern erst einmal über solch elementare Herausforderungen. Denn wir verschwenden das Talent einer ausgebildeten jungen Ärztin damit, dass sie analoge Patientenakten zusammensuchen muss. Das kann nicht unsere Vision von Fortschritt sein.

Zu deiner Frage, ob Algorithmen oder Künstliche Intelligenz uns vollständig ersetzbar machen: Daran glaube ich nicht, denn Algorithmen werden immer nur gut strukturierte Probleme lösen. Wir geben ihnen vor, was sie für uns tun sollen. Und wir merken, wie sehr das in den Anfängen steckt, wenn wir beispielsweise auf die Straßen schauen: Wie viele autonome Fahrzeuge fahren da? Jetzt kann man sagen, es wird vielleicht irgendwann ein Fahrzeug geben, das autonom von der Autobahneinfahrt bis zur Autobahnausfahrt fährt, aber wie viel Zeit wird noch vergehen, bis wir einmal eine automatische Zustellung von Waren haben? Was ich mir übrigens unglaublich wünschen würde, weil ich merke, dass immer mehr Menschen auf den Straßen mit Fahrrädern unterwegs sind und Waren ausliefern. Und dieses Ausliefern von Waren mit dem Fahrrad erinnert mich irgendwie an Entwicklungsländer vor 20 Jahren, wo auch viele Menschen mit dem Fahrrad unterwegs waren. Und das ist unsere Vision von Fortschritt? Das ist doch kein Fortschritt, wenn Menschen zu schlechten Löhnen irgendwelche Dinge herumfahren! Unbedingt wünsche ich mir, dass das automatisiert wird.

Aber da müssen wir noch ganz schön viel arbeiten, weil Algorithmen heute noch wahnsinnig weit davon entfernt sind, sich tatsächlich autonom auf den letzten 10 Metern einer Lieferung zurechtzufinden, zum Beispiel ein Klingelschild zu verstehen, was zu tun ist, wenn ein Anwohner nicht da ist. Da wird noch sehr viel Zeit vergehen. Aber wir können uns nur wünschen, dass die Entwicklung der Algorithmen und der Künstlichen Intelligenz schneller vonstatten geht. Und wenn es in 50 Jahren tatsächlich einmal dazu kommen sollte, dass Algorithmen uns vollständig ersetzen, dann müssen wir die Frage ethisch beantworten. Aber bis jetzt können wir sie ganz ökonomisch beantworten: Unbedingt brauchen wir mehr Digitalisierung und Automatisierung, damit wir erstens nicht mehr arbeiten müssen und uns zweitens auf das konzentrieren können, was uns einzigartig macht, und das ist Kreativität, die Fähigkeit komplexe Probleme zu lösen und natürlich sozial zu sein.

Paula Cipierre: Um vielleicht einen Moment bei dem Beispiel der elektronischen Patientenakte zu bleiben, wo wir noch lange nichts von einer superintelligenten KI zu befürchten haben, sondern erst einmal die grundlegenden Schritte machen müssen, um zu einer produktiveren und effektiveren Gesellschaft zu werden. Hierzulande tun wir uns damit nach wie vor schwer. In anderen Ländern hingegen, wie etwa den USA, heißt man diese Entwicklung willkommen und treibt sie aktiv voran. Warum denkst du ist das bei uns nicht der Fall?

Sebastian Dettmers: Erst einmal herrscht bei uns generell ein großer Mangel an Flexibilität. Das sieht man zuallererst einmal am Arbeitsmarkt. Du hast in Deutschland eine durchschnittliche Betriebszugehörigkeit von über 11 Jahren. In den USA liegt die bei durchschnittlich 4 Jahren, das heißt, in den USA wechseln Leute durchschnittlich dreimal so oft den Job wie in Deutschland. Nun könnte man natürlich argumentieren, Stepstone hat auch ein Interesse daran. Aber jeder Jobwechsel führt auch dazu, dass Menschen neue Skills lernen, neue Herausforderungen bewältigen, neue Organisationen und eine neue Art und Weise zu denken kennenlernen und sich dadurch weiterentwickeln. Ich glaube, das ist ein ganz wesentlicher Aspekt: Kein sklavisches Festhalten an diesen linearen Erwerbsbiografien innerhalb ein und desselben Unternehmens und stattdessen mehr Flexibilität im Sinne des Geistes.

Aber ich glaube, das ist nicht alles. Zweitens ist es tatsächlich auch eine Mentalitätsfrage. Die USA waren immer das Land der Einwanderer. Das war immer das

Land, wo Leute hingegangen sind, wenn sie etwas Neues gestalten wollten. 50 Prozent der 500 wertvollsten Start-ups in den USA wurden von Migranten gegründet. Und warum ist das so? Weil die USA Menschen, die etwas neu gestalten wollen, anzieht. Und das tun wir in Deutschland nicht. Nicht in der Form. Wir sind zwar auch ein attraktives Einwanderungsland, aber wir sind nicht attraktiv für Gründer.

Der dritte Grund ist: Wir haben eine Art Konservatismus entwickelt, der darauf abzielt, Altes zu bewahren. Das ist vielleicht auch einfach die Eigenschaft einer alternden Gesellschaft. Es gibt kaum alternde Gesellschaften, in denen es noch zu Revolutionen kommt. Gesellschaften, in denen es zu Revolutionen kommt, haben generell ein sehr junges Durchschnittsalter. Wir versuchen eher, an Altem festzuhalten. Und das merkt man auch, wenn man sich die aktuelle Politik anschaut. Wir versuchen in der Pandemie, gerade die Industrien zu unterstützen, die unproduktiv sind, die wirtschaftlich nicht erfolgreich sind. Wir erhalten Arbeitsplätze, die unproduktiv sind. Wir bezahlen mit Steuergeldern Menschen in Jobs, in denen sie gerade nicht gebraucht werden und lassen es zu, dass diese Menschen nicht den Job wechseln, hin zu produktiveren Unternehmen, oder zumindest diese Zeit nutzen, um etwas Neues zu lernen. Ich glaube, es braucht den fundamentalen Glauben daran, dass Fortschritt nicht nur immer mit Neuem zu tun hat, sondern auch mit Loslassen von Altem.

Da sind wir natürlich gleich bei Joseph Schumpeter und seiner schöpferischen Zerstörung. Ich glaube, das ist ganz wichtig. Dass wir die Bereitschaft entwickeln, Altes aufzugeben und Neues zu entwickeln. Wann ist beispielsweise zuletzt in Deutschland eine neue Stadt gegründet worden? Wir machen uns Gedanken über Wohnkonzepte, aber wir könnten auch einfach eine neue Stadt gründen. Aber das kommt uns gar nicht in den Sinn. Die letzte Stadt, die wir gegründet haben, war wahrscheinlich Wolfsburg. Das ist jetzt kein Plädoyer, neue Städte zu gründen [lacht]. Aber so haben unsere Vorfahren gedacht: »Lass uns doch für die Firma eine Stadt bauen.« Und alte Städte einfach abreißen und restrukturieren. Genauso wie wir das mit Kohleregionen gemacht haben. Wir reißen sie ab und bauen etwas Neues, etwas Energieeffizienteres, etwas Sozialeres, etwas Produktiveres.

Paula Cipierre: Genauso wie die damals sicherlich von vielen als verrückt bezeichnete Idee, Menschen auf den Mond zu schicken. Diese Idee des Moonshots, die du auch in deinem Buch ansprichst, also dass man viele Menschen hinter einer Idee vereint und allein daraus schon unglaublich spannende Innovationen entstehen können. Du plädierst in deinem Buch, in Anlehnung an den »American Dream«, auch für einen neuen »German Traum«. Was denkst du denn, um auch einmal etwas Positives zu sagen, welche bestimmten Qualitäten hierzulande wir uns dafür zunutze machen könnten? Wie könnte ein »German Traum« deiner Meinung nach konkret aussehen?

Sebastian Dettmers: Also, ich glaube, dieser »American Dream« oder auch »German Traum« ist nicht etwas, was sich auf die Frage bezieht: Wo bin ich in 2 Jahren? Es bezieht sich immer auf Generationen: Wie wird es einmal meinen Kindern gehen? Diese Einstellung hilft dir in längeren Zeiträumen zu denken und ein stückweit von den Problemen zu abstrahieren, die du heute hast. Stattdessen denkst du darüber nach, wo wir als Land oder gar als Kontinent einmal hinmöchten.

Wenn du dich heute mit Amerikanern unterhältst, dann wird eines ganz klar: Wir haben in Europa funktionierende Demokratien. Wir haben hier ein Maß an Freiheit, auch an geistiger Freiheit, die du nirgendwo anders auf der Welt findest. Und das ist sehr attraktiv. Ich habe gerade in den vergangenen paar Monaten mit vielen Amerikanern gesprochen, die ernsthaft darüber nachdenken, wie sie eine europäische Zweitstaatsbürgerschaft bekommen könnten. Das gab's vorher noch nie. Und wir erkennen gar nicht, dass Freiheit ein Wert ist, der kaum irgendwo auf der Welt so geschützt wird wie aktuell in Europa. Trotz der Herausforderungen, die wir natürlich auch haben, beispielsweise in Hinblick auf Rechtspopulismus. Gerade Deutschland wird wahrgenommen als ein Land mit extrem hohem Freiheitsgrad, mit extrem hohen Sicherheitsstandards, mit einer immer noch extrem guten Bildungsinfrastruktur, zumindest was die Ressourcen angeht. Wir müssen nur diese Ressourcen jetzt richtig nutzen. Was wir jetzt brauchen, ist die Fähigkeit, Neues zu schaffen.

Aber dafür brauchen wir eine Plattform. Und ich glaube, diese Plattform sind nicht alte Industrien, diese Plattform sind nicht alte Bildungskonzepte. Diese Plattform ist nichts, was wir uns in der Vergangenheit aufgebaut haben, außer eben unsere Freiheit und die Sicherheit. Auf dieser Plattform können wir aufbauen. Und das ist für viele Menschen in einer immer unsicherer werdenden Welt, in einer Welt, in der Länder immer autokratischer werden, eine große Verheißung. Gerade für Menschen, die sich nicht einfach unterordnen wollen, die nicht einfach Dienst nach Vorschrift machen wollen, sondern die etwas Neues schaffen wollen. Hierfür brauchen wir eine Vision. Warum lohnt es sich, hierher zu kommen? Was ist die Verheißung der Zukunft?

Jan und ich waren kürzlich bei einem Innovationswettbewerb für Gründerinnen und Gründer mit Migrationshintergrund, und es ist wirklich spannend, sich mit ihnen zu unterhalten und zu hören, mit welchen Herausforderungen sie konfrontiert sind, wenn sie hierzulande eine Firma gründen wollen. Wenn ich hier eine Firma gründen möchte, brauche ich genau drei Dinge: 500 Euro, ein deutsches Bankkonto und einen Notartermin. That's it. Da würde man eigentlich sagen: Das kann fast jeder. Man bekommt aber als Ausländer kein deutsches Bankkonto. Daran hatte ich überhaupt nicht gedacht. Aber das ist eine Herausforderung, vor der Menschen, die hier gründen wollen, stehen. Das betrifft Menschen aus den USA genauso wie Menschen aus Entwicklungsländern. Ich habe mich neulich mit der Digitalministerin von Togo unterhalten, und die plant bis 2025 alle essenziellen Bürgerservices auch digital zur Verfügung zu stellen. Also da ist Togo uns wirklich weit voraus.

Paula Cipierre: [lacht] Vielleicht ist das der »German Traum«: dass wir das auch bis 2025 oder überhaupt irgendwann einmal schaffen.

Sebastian Dettmers: Nein, aber mal im Ernst: Ich denke, dass so etwas wie die Energiewende einen massiven Produktivitätsschub auslösen wird. Heute ist das eine Herausforderung, aber unter großem Druck entstehen oft die besten neuen Ideen. Heute ist vielleicht Europa besonders betroffen, aber in Zukunft wird das Thema der Energiesicherheit auch global eine wichtige Rolle spielen. Keiner wird sich mehr in eine solche Abhängigkeit begeben wollen, wie es Deutschland über die vergangenen Jahrzehnte getan hat. Insofern glaube ich, dass der Wunsch nach nachhaltiger Energieversorgung ein globales Thema werden wird.

Und wenn wir jetzt dabei sind, Konzepte und Lösungen dafür zu entwickeln, haben wir eine riesige Vision, die gut für die Wirtschaft ist, aber natürlich auch gut für das Klima. Deutschland war einmal Weltmarktführer in Solarkraft. Mittlerweile liegen 80 Prozent dieser Industrie in chinesischer Hand, von der Rohstoffbeschaffung bis hin zur Produktion von Solarmodulen. Oder denken wir an Fusionsreaktoren, die viele von uns aus ideologischen Gründen ablehnen, weil Kernkraft darüber entsteht. Dabei entsteht bei Kernfusionsreaktoren – im Gegensatz zur herkömmlichen Kernspaltung – praktisch kein radioaktiver Abfall. Die Physiker scherzen zwar: »Es dauert immer noch 50 Jahre bis zur guten Kernfusionsforschung.« Ja, vielleicht. Aber es ist genau wie mit der Mondmission: Auf dem Weg dahin ein solches Ziel zu verfolgen, erzeugst du einen Wunsch im Menschen, zum Gelingen dieser Vision beizutragen. Die Mondmission hat dazu beigetragen, dass unzählige Menschen auf einmal Astronauten werden wollten, Ingenieure werden wollten, Computerwissenschaftler werden wollten. Neben den unmittelbar mit der Mission verbundenen Innovationen hat die Mondmission den Aufbau eines massiven Bildungspotenzials gefördert und den Wunsch von Menschen geschürt, etwas neu zu gestalten.

Und ich glaube, das kann in der Energiewende ebenso gelingen: Im Zentrum der Debatte steht der Verzicht. Was aber, wenn wir Lösung im Fortschritt suchen?

Wenn unsere Kinder nicht Hilflosigkeit spüren, sondern Ingenieur werden wollen, oder Softwareentwickler. Mit dem Ziel, nachhaltige Lösungen für die Energiegewinnung und -nutzung zu schaffen. Denn die brauchen wir ganz sicher, vor allem zu einer Zeit, wo die Weltbevölkerung noch weiterwächst.

Jan Hiesserich: Um noch einmal auf das Thema Kreativität zurückzukommen. Du schreibst in deinem Buch: »Zukünftige Generationen müssen [...] vor allem mit Nichtwissen umzugehen lernen. Oder wie es das Zukunftsinstitut aus Frankfurt sinngemäß formuliert: Wer die richtigen Fragen stellt, ist in einer modernen Arbeitswelt im Vorteil.«[68] Suchen Unternehmen denn wirklich Menschen, die Fragen stellen? Vor allem in Zeiten des Fachkräftemangels suchen wir doch eher nach Experten, die keine Fragen stellen, sondern Antworten geben.

Sebastian Dettmers: Wenn du als Unternehmen eine klare Vorstellung davon hast, wo du hinwillst, dann möchtest du im Unternehmen auch kreative Menschen haben, die Fragen stellen und neue Lösungen entwickeln. Aber: Menschen, die Fragen stellen, brauchen Unternehmen, die eine gemeinsame Vision von der Zukunft haben, die ein gemeinsames Verständnis davon haben, welche Rolle dieses Unternehmen in der Welt spielt und in welche Richtung es möchte. Dann kannst du als Mitarbeiter auch die richtigen Fragen stellen, beispielsweise »Wie erreiche ich dieses Ziel?«

Das ist keine Kritik an denjenigen, die Fragen stellen, sondern eine Kritik an Organisationen, die nicht kommunizieren können, wo sie eigentlich hinwollen.

Jan Hiesserich: Also Eindeutigkeit in der Frage des Problems, das du umsetzen möchtest, aber Mehrdeutigkeit in der Umsetzung.

Sebastian Dettmers: Genau. Ich gebe dir mal ein praktisches Beispiel von Stepstone. Unser wichtigster KPI von vor 10 Jahren war Klicks auf Stellenanzeigen. Das Ziel der Produktabteilung war Klicks auf Stellenanzeigen zu steigern. Und in dieser Linearität gefangen, passieren auf einmal ganz komische Dinge. Du fokussierst dich auf die Jobs, bei denen es sowieso schon ein Überangebot an Kandidaten gibt, weil du damit ganz leicht Klicks bekommst. Du kannst die Ergebnisse dann so gestalten, dass nur noch die bekanntesten Firmen als Antworten auf die Suchanfrage erscheinen. Und die ganzen guten Mittelständler lässt du damit verschwinden.

Damit löst du aber das Problem nicht. Du löst das Problem mit den Klicks auf die Stellenanzeigen, aber du löst nicht das Problem, für Menschen einen Job zu finden, der sie glücklich macht. Doch das muss unser Ziel sein. Sind wir eine Marketingagentur, die möglichst viele Klicks auf Stellenanzeigen generieren möchte? Oder sind wir eine Plattform, auf der Menschen Jobs finden? Das müssen wir unseren Mitarbeitern erklären, und dafür müssen wir uns Ziele setzen. Vielleicht wird »Glück« dann irgendwann unser wichtigster KPI.

Jan Hiesserich: Vielleicht ganz kurz zum Thema Skills: Wir leben in einer Welt, in der wir immer mehr Zugriff auf Wissen haben. Und dieses Wissen lässt sich auch immer leichter abrufen. Trotzdem sind unsere Fähigkeiten grundsätzlich limitiert, gleichzeitig ist die Komplexität unserer Umgebung drastisch gestiegen. Wenn uns immer mehr Wissen über Technologie zur Verfügung steht, wir dieses Wissen aber oft nicht prüfen oder in die Praxis umsetzen können, bedeutet das nicht zwangsläufig, dass wir von Technologie auch immer abhängiger werden? Wie verhält sich das zur gleichzeitig zunehmenden Abschottung, die wir beobachten, sowohl bei Unternehmen als auch bei Staaten etwa in Hinblick auf digitale Souveränität? Wir wollen die zunehmende Vernetzung, haben aber gleichzeitig Angst davor. Wie passt das zusammen?

Sebastian Dettmers: Grundsätzlich hast du natürlich Recht. Die Welt wird immer komplexer. Wir können uns natürlich auch alle in die Zeit zurücksehnen, in der wir als Steinzeitmenschen morgens aufgewacht sind und nur ein Ziel hatten, nämlich zu überleben. Aber wollen wir in diese Welt zurück? Natürlich nicht. Fortschritt ist zwangsläufig mit zunehmender Komplexität verbunden. Und da gibt es auch immer mehr Wissen. Gleichzeitig haben wir aber auch immer mehr belastbares Wissen, das falsifizierbar ist. Damit gibt es eine wahnsinnig gute Grundlage für Menschen, auf diesem Wissen aufzubauen.

Die wirkliche Herausforderung für die Menschen ist: »Wie greife ich auf dieses Wissen zu? Wie wende ich dieses Wissen an? Vor allem in einer Welt, in der ich auch mit sehr viel Schrottwissen überflutet werde. Wie kann ich eigentlich die Qualität dieses Wissens beurteilen und Fake News von Real News unterscheiden? Und falsche wissenschaftliche Erkenntnisse von richtigen?« Und das ist dabei ganz wichtig: Mit Nichtwissen richtig umgehen, heißt nicht nur »Wie recherchiere ich richtig bei Google oder in einer anderen Online-Bibliothek«, sondern auch »Wie plausibilisiere ich Annahmen?« Entweder durch eigenes Verstehen, aber notfalls einfach auch durch Nachfragen: »Wie komme ich aus meiner eigenen Bubble heraus?« Und ich denke, das ist letztlich extrem wichtig. Denn das erfordert vernetztes Wissen. Und dass das die Welt vernetzter und kleiner macht, hat die Wissenschaft schon seit Jahrhunderten bewiesen. Wissenschaftliche Communities haben länder- und kulturübergreifend immer gut funktioniert. Selbst in den dunkelsten Momenten der Menschheitsgeschichte gab es gemeinsame wissenschaftliche Expeditionen: von Russen und Amerikanern zum Beispiel, dafür ist die ISS ein wunderbares Beispiel, eigentlich die gesamte Weltraumforschung, wo es jenseits jeglicher geopolitischen Themen immer wieder Zusammenarbeit gab.

Deswegen glaube ich, dass die zunehmende Abschottung in der Welt nicht an einer zunehmenden Abhängigkeit des Wissens liegt, sondern an Machtkalkülen. Lange gab es den unausgesprochen Deal, dass es unproduktive Länder mit billiger Arbeitskraft gab, von der produktive Länder profitiert haben. Jetzt werden diese Länder selbst immer produktiver und reicher und haben ihre eigenen Erwartungen, die teils aus einem völlig anderen politischen System stammen, das wir vielleicht ablehnen. Es findet also gerade eine massive Transformation statt. Aber ich glaube nicht, dass das etwas mit der Abhängigkeit von Wissen oder der Vernetzung der Welt zu tun hat, sondern damit, dass sich dieses temporäre Ungleichgewicht, wovon wir Europäer und Nordamerikaner stark profitiert haben, gerade auflöst, genauso wie unsere uneingeschränkte Machtposition, nicht nur im militärischen, sondern auch im ökonomischen Sinne.

Und das zu Recht. Was wir jetzt erleben, ist, dass wir unproduktive Tätigkeiten, die wir, ganz egoistisch betrachtet, in den vergangenen Jahrzehnten outgesourct haben, wieder zurückholen, und das in eine schrumpfende Bevölkerung hinein. Das ist doppelt schlecht. Wir brauchen eigentlich das totale Upgrade auf Arbeit. Stattdessen bekommen wir das totale Downgrade. Und nein, wir wollen keine Textilfabriken mehr hier haben, so sympathisch das manchen Menschen vielleicht vorkommt. Denn wir wollen hierzulande doch nicht wieder Näherinnen und Näher beschäftigen, die 60 Stunden die Wochen in künstlichem Licht sitzen und irgendwelche T-Shirts zusammennähen. Das wollen wir natürlich auch nicht in Asien haben, aber gerade deswegen brauchen wir den technologischen Fortschritt. Und nicht zuletzt angesichts der Desintegration der globalen Wertschöpfungsketten brauchen wir unbedingt den Automatisierungs- und Digitalisierungsschub, damit uns das Thema der Desintegration der Welt nicht auf die Füße fällt.

Jan Hiesserich: Ich denke, das hängt auch stark vom Kategoriendenken ab. Das sehen wir auch etwa bei »just-in-time«. Wenn »just-in-time« nicht klappt, dann muss es »just-in-case« heißen. Aber da gibt es viele Möglichkeiten dazwischen. Aber sobald ich in diesem Denkmodell gefangen bin, ist zwangsläufig nur noch das Gegenteil möglich und richtig.

Paula Cipierre: Und um daran gleich anzuknüpfen: Gerade um aus bestehenden Denkmodellen auszubrechen, brauchen wir doch oft die Inspiration von außen.

Das könnte das Denken über verschiedene Disziplinen hinweg sein. Wie schaffen wir es, nicht in den eigenen Denkmustern gefangen zu bleiben?

Sebastian Dettmers: Weil ihr den Begriff Kunst angesprochen habt: Ich finde Kunst ist deswegen interessant, weil Künstler oft die Fähigkeit haben, Dinge wahrzunehmen und in ihrer eigenen Sprache zu artikulieren, derer wir uns oft noch gar nicht bewusst sind, geschweige denn, dazu in der Lage sind, sie in eigene Worte zu fassen. Und diese Ausstellung mit Charles Sheeler war in dieser Hinsicht wahnsinnig augenöffnend, weil ich nachfühlen konnte, was die Menschen am Anfang des 20. Jahrhunderts gespürt haben könnten. Wenn du mich bis dahin gefragt hättest, was meine emotionale Reaktion auf die Industrialisierung ist, wären das alles positive Dinge gewesen: Aufbruch, Autos, Maschinen, größerer Wohlstand, bessere Bildung. Aber die Menschen hatten damals in erster Linie Angst. Und das konnten die Künstler mit ihrer Kunst artikulieren zu einer Zeit, in der die Menschen das noch nicht in ihren eigenen Worten sagen konnten. Wenn du dir Gustav Mahlers 9. Sinfonie anhörst, dann spürst du die Angst der Menschen vor dem Ende der Alten Welt kurz vor Ausbruch des ersten Weltkriegs. Oder Erich Kästners Buch *Fabian*, das er um 1930 geschrieben hat. Wenn du dieses Buch liest, glaubst du niemandem mehr, dass die Leute 1933 nicht schon wussten, was in diesem Land los war, weil Erich Kästner das Jahre vorher schon aufgeschrieben hat. Bevor die NSDAP an der Macht war.

Der Austausch mit der Kunst ist unglaublich sinnvoll, weil du dadurch die Gegenwart besser verstehst. Wofür stehen die 70er Jahre? Eine Zeit der Umbrüche, der zunehmenden Gleichberechtigung. Wofür stehen die 80er Jahre? Computer, elektronische Musik. Wofür stehen die 90er Jahre? Wiedervereinigung, Love Parade, das Träumen vom ewigen Frieden. Wofür stehen die 2000er? Fällt mir ein bisschen schwerer. Wofür stehen die 2010er Jahre? Darauf kann ich keine Antwort geben. Warum? Weil mir noch der Abstand fehlt, diese Zeit einzuordnen. Wir können nicht einordnen, was jetzt grade passiert, wohin es führt. Wir werden erst in 20 bis 30 Jahren sagen können, wofür die 2020er Jahre standen. Also lohnt es sich, sich mit Künstlern auseinanderzusetzen, die uns mit ihrem Gespür für Epochen und ihrer gesellschaftlichen Bedeutung oft einen großen Schritt voraus sind. Daher glaube ich, dass wir den Kreativen mehr zuhören sollten. Sie werden uns helfen, die Gegenwart besser zu verstehen.

Jan Hiesserich: Ein schönes Schlusswort. Herzlichen Dank, Sebastian, für deine Zeit.

DER WEG ZU EINER NACHHALTIGEREN GESELLSCHAFT FÜHRT ÜBER DAS ENTWICKELN VON KOLLEKTIVER INTELLIGENZ

ADINA POPESCU

Wir treffen Adina in einem Café in Berlin Mitte. Wir haben Glück, Adina noch hierzulande zu erwischen. Sie ist auf dem Sprung zurück in die USA. Mit ihr besprechen wir die Möglichkeiten, an der Schnittstelle zwischen Software und künstlerischen Innovation eine positivere Zukunft zu erschließen. Im gemeinsamen Einvernehmen duzen wir uns.

Paula Cipierre: Adina, du bist Pionierin im Bereich immersiver Technologien wie Augmented und Virtual Reality, Digital Twins und Gamification. Gleichzeitig bist du Künstlerin und Aktivistin. Erzähl mir doch ein wenig mehr über deinen Werdegang. Was verbindet diese Bereiche? Und was kann die Unternehmensgründerin von der Künstlerin und Aktivistin lernen?

Adina Popescu: Ich habe zunächst einmal Philosophie studiert, hatte aber gleichzeitig immer ein starkes Bedürfnis zu verstehen, wie ich die Welt, in der ich lebe, selbst mitgestalten kann. Und so bin ich zeitgleich zur Kunst gekommen. Ein Ort, an dem ich das Gefühl hatte, dass ich Tools entwickeln konnte, die es mir ermöglichen, neue Sichtweisen zu entwickeln – etwas auszudrücken, das so noch nicht in der Welt existiert. Vielleicht erst einmal als Konzept oder Idee. Ich habe sehr viel Konzeptkunst gemacht. Und da ich weder malen noch zeichnen kann, ist es bei mir sehr schnell die Digitalkunst geworden [lacht].

Gleichsam habe ich mich aber auch schon früh aus der Philosophie heraus mit SciFi und Technologie beschäftigt, dabei unter anderem Asimov, Shannon, Turing und Jaron Lanier gelesen, eine meiner größten Inspirationen. Und dabei habe ich mich immer stark für datenbasierte Simulationen interessiert: Wie können wir unglaublich viele Datenpunkte sammeln, die auf den ersten Blick nichts miteinander zu tun haben, und sie miteinander in Verbindung bringen? Wenn wir diese Beziehungen sehen können, wenn wir verschiedene Szenarien ausprobieren und visualisieren können, dann können wir vielleicht besser verstehen, wie wir unsere Gesellschaft auf der sozialen Ebene, auf der ökologischen Ebene, und vor allem auf der planetarischen Ebene verbessern können. Das ist etwas, was mich immer schon sehr früh interessiert hat. Ich bin aus anderen Gründen um 2013 in den Bereich Virtual Reality reingerutscht. Ich hatte damals drei Virtual-Reality-Filmskripte geschrieben, zu einer Zeit als es noch gar keine Virtual-Reality-Filmskripte gab [lacht].

Paula Cipierre: In Deutschland oder in den USA?

Adina Popescu: In den USA. Und zwar habe ich die Struktur von einem Computerspiel mit Entscheidungsbäumen mit stärkeren emotionalen Motiven, also filmischen Erzählungen, verbunden. Und einzig und allein, weil ich mich damals mit meinem Ansatz allein auf weiter Flur befand, habe ich Leute wie Scott Ross, den Partner von James Cameron[69], bei Digital Domain[70] kennengelernt. Er hat damals gemeinsam mit Brett Leonard ein Filmstudio namens Virtuosity gegründet, welches Virtual Reality Content als Zukunft des Kinos entwickeln sollte. Das war damals aber noch vor seiner Zeit, und ich bin mir nicht sicher, was aus dem Vorhaben geworden ist. Im Zuge dessen bin ich von New York nach Los Angeles gezogen, habe angefangen, mit diesen ganzen spannenden Leuten zusammenzuarbeiten, und habe Zugriff auf die tollsten Tools bekommen. Das Erste, was ich im Bereich VR gemacht habe, war Musik zu visualisieren: Ich habe Stem-Dateien gehashed und einer bestimmten Bewegung im Raum sowie einer Farbe zugeordnet. Das Ganze war dann interaktiv. Da ich so früh in dem Bereich tätig war, habe ich dann damals schon MAL, die Apple Agentur, zu Virtual Reality und dem Metaversum beraten. Das war 2014. Es folgten Consulting Gigs für Tom Hayes bei Paramount und vielen anderen Firmen wie McKinsey, welche die Zukunft von VR, AR und holographischen Technologien erkunden wollten.

Der Grund, warum ich mich 2016 wieder rausgezogen habe, waren ethische Bedenken über die Art und Weise, wie mit Daten umgegangen wird und die zunehmende Beeinflussung von Menschen durch Online-Inhalte in einer Zeit, in der Populismus immer stärker wird. Es ist eine Sache, ob du Zugriff auf den Fingerabdruck oder die Kamera oder die GPS-Daten deiner Kunden hast – was an sich schon fragwürdig ist. Es ist aber eine komplett andere Sache, wenn du Zugriff auf ein Headset hast, das Eyetracking, Temperaturveränderungen und Mikromimik registrieren kann. Das intrusive Potenzial immersiver Technologien ist einfach enorm.

Zur gleichen Zeit habe ich aber den Leiter von Conservation International kennengelernt. Der eigentliche Gründer, Henry Arnold, war damals 94 Jahre alt und lebte an der Upper West Side. Wir haben eine kuriose Freundschaft zueinander entwickelt. Ich habe einmal die Woche mit ihm Tee getrunken und über Philosophie gesprochen, bis ich so langsam verstanden habe, dass er der Gründer einer bedeutenden Investmentfirma in den USA war. Eine der NGOs, die er gegründet hat, war Conservation International. Sein Neffe, Peter Seligmann, ist Chair of the Board. Ich hatte Peter damals gezeigt, wie 360-Grad-Videos funktionieren und wie man diese für »empathetic story telling« verwenden kann, was dann später im NGO-Bereich breit adaptiert wurde. Aber das war auch der Moment, in dem ich mich gefragt habe, was wir damit eigentlich erreichen. Eigentlich haben wir weiterhin nur Storytelling gemacht. Zwar haben wir eine Kampagne kreiert, die einen größeren Eindruck auf Menschen macht, weil sie eben immersiv ist und zum Beispiel die Degradation des Regenwaldes hautnah erlebbar gemacht hat. Gleichsam haben solche Kampagnen aber recht wenig Impact, weil sie nur die Symptome behandeln, die darunterliegenden strukturellen Probleme – die Wurzel des Übels – aber kaum antasten. Und das strukturelle Problem ist nach wie vor enorm. Eine Frau mit zwei Jobs und drei Kindern in Michigan wird trotzdem für 22 Cent Plastikflaschen kaufen – mit oder ohne »empathic storytelling« –, solange diese noch produziert werden und es dazu keine praktischen Alternativen gibt. Aber genau dieses strukturelle Problem wollte ich angehen. Und das hat mich letztlich zu ÆRTH, meiner jetzigen Firma, geführt.

Paula Cipierre: Auf den ersten Blick scheint ÆRTH vor allem einer ethischen Haltung zu entsprechen …

Adina Popescu: In allen Facetten meiner Karriere war ich immer früh bei der Entwicklung eines neuen Marktes dabei und habe zunächst an der Kommerzialisierung dieser Tools teilgehabt. Gleichzeitig möchte ich aber auch Teil der Lösung dafür sein, dass diese Tools auf eine gesellschaftlich produktive Art und Weise genutzt werden. Oftmals, wenn man dann hinter die Kulissen schaut, kann man leicht enttäuscht werden. Bezogen auf die Kunstwelt war das der Moment, in dem ich festgestellt habe, dass ich, um mich im Kunstmarkt zu bewähren, immer ein Stück von mir verkaufen muss, weswegen ich letztlich das Interesse daran verloren habe. Ähnliches galt für Virtual Reality, wo ich mich irgendwann gefragt habe: »Okay, aber wo ist die größere gesellschaftliche Vision? Oder ist das einmal mehr ein Tool, an dem sich irgendeine Firma gegenüber einer anderen bereichert?« Und ich glaube, es ist letztlich immer ein Stück weit diese Enttäuschung, die mich dazu geführt hat, zu überlegen: »Okay, wie kann ich dieses Tool jetzt nehmen und in einen Kontext bringen, in dem das Tool effektiver ist und einen größeren, universelleren Impact hat? Anstelle lediglich einem Partikularinteresse zu nützen.«

Dabei gab es in meinem Leben immer den folgenden roten Faden: Egal, was ich mache, ich muss mir die Tools eigentlich selbst aneignen. Wenn ich unternehmerisch sein möchte, muss ich mir beibringen, unternehmerisch zu sein. Wenn ich finde, dass wir Daten speichern müssen und dafür dezentrale Datenspeicher brauchen, muss ich mich mit Blockchain und Distributed Ledgers auseinandersetzen und so weiter. Ich bin dabei Autodidaktin, weil mir das ermöglicht, in den Sphären, in denen ich mich bewege, effektiv zu operieren. Aber alles, was ich mache, hat eigentlich immer eines zum Zweck – und das wusste ich selbst lange Zeit nicht über mich –, nämlich auf die größere gesellschaftliche Vision hinzuarbeiten, wie man datenbasierte, kommunikative Tools verfügbar machen kann, um die Zusammenarbeit zwischen Mensch, Maschine und Natur für alle Beteiligten zu verbessern. Und nicht nur für einige.

Paula Cipierre: Vielleicht eine Rückfrage: Was ich sowohl an dem Bereich Kunst als auch Software spannend finde, ist, dass sowohl das eine als auch das andere für Laien zunächst abschreckend wirken kann. Kunst verbinden wir oft damit, ins Museum zu gehen und dann vielleicht auf die Probe gestellt zu werden, was die Künstlerin mit ihrem Werk eigentlich meint. Auch im Bereich Software erleben wir, dass Mitarbeitende sowohl in Behörden als auch Unternehmen vor Digitalisierung oft Angst haben, weil sie mit diesen Tools vielleicht nicht aufgewachsen sind, weil sie keine Programmierer sind. Wie bist du in diese beiden Welten hineingekommen? Du hast erzählt, dass du dir viele der technischen Skills selbst beigebracht hast. Aber wie eignet man sich das in der Praxis eigentlich an?

Adina Popescu: Also zunächst einmal habe ich eine ziemlich dicke Haut [lacht]. Ich bin eine Person, die sich nicht leicht abschrecken lässt, aber ich verstehe auch, warum sich viele Menschen davon abschrecken lassen. Denn es ist nicht einfach. Es ist nicht einfach in Bereiche reinzugehen, die sich oftmals selbst willentlich obfuskieren. Wenn man mit Softwareingenieuren arbeitet oder mit Codern, gibt es teilweise sogar den Wunsch, nicht richtig verstanden zu werden. Um sagen zu können: »Hey Normis, wir wissen was, was ihr nicht wisst, denn wir machen hier Virtual Reality und Künstliche Intelligenz.« Das ist eine Einstellung, die es in der Kunst auch gibt: Die heiligen Hallen der Kunst. Ich lasse mich von so etwas nicht abschrecken. Diese Erfahrung war für mich gerade als Frau in der Tech-Welt interessant. Wie die Menschen auf mich reagierten. Du wirst teilweise angegriffen oder beleidigt, dass du dies oder das angeblich nicht genau verstehst. Das geht vielen bei Frauen leichter über die Lippen als bei ihren männlichen Kollegen. Aber ich mache dann einfach trotzdem immer weiter, weil ich denke, dass das einfach genau die Tools sind, die man verstehen muss. Das ist für mich immer ein Teil der Emanzipation: sich diese Tools aneignen zu können. Aber dazu muss man natürlich willens sein. Es ist nicht immer leicht, diese Tools zu verstehen, in diese Welt einzutauchen und mit Gruppen zu arbeiten, die erst einmal finden, du gehörst nicht dazu.

Paula Cipierre: Vielleicht noch eine andere Frage zu deinem Werdegang: Wie und warum bist du dann in die USA gezogen? Du bist in Deutschland aufgewachsen, wenn ich das richtig verstehe.

Adina Popescu: Genau. Gute Frage. Ich war damals noch Studentin, hatte aber schon meine Kunstkarriere. Ich hatte zum Beispiel eine kleine Show bei der Venediger Biennale mit PS1 kuratiert, und ich war auf der Moskauer Biennale vertreten. Ich habe damals immer internationaler gearbeitet, auch mit vielen US-amerikanischen Künstlern zusammen. Und dann hat mich eines Tages das SculptureCenter[71] eingeladen, einen Vortrag zu halten. Dafür bin ich nach New York geflogen und wollte danach einfach nicht mehr zurückkommen. Ich habe mir also Universitäten angeschaut, mich für Stipendien beworben, mein Studentenvisum bekommen und bin dann dort geblieben. Das war für mich wirklich das Land der Möglichkeiten und ein Ort, an dem ich das Gefühl hatte: Ich kann wachsen. Oder sogar: Ich darf wachsen. Wo mein Ehrgeiz, der in Deutschland eher ungern gesehen wurde, unglaublich gefördert wurde. Das hat sich für mich gut angefühlt.

Paula Cipierre: Also hattest du schon das Gefühl, dass das kulturelle Umfeld für dich dort förderlicher war?

Adina Popescu: Ja, absolut.

Paula Cipierre: Vielleicht kurz zum Thema Kreativität: Weil alle Bereiche, in denen du arbeitest, unglaublich viel Kreativität erfordern. Wie würdest du Kreativität definieren, und denkst du, dass Maschinen kreativ sein können?

Adina Popescu: Ich denke, dass letztlich alles kreativ ist. »Kreativ sein« kommt von kreieren, davon, etwas zu erschaffen. Es gibt nichts, was nicht etwas erschafft, also kreativ ist. Wenn du Code schreibst, wird daraus auf einmal eine Funktion, die von anderen bedient werden kann. Es gibt nichts, was nicht kreativ ist. Wir kreieren unsere Umwelt. Wir kreieren die ganze Zeit. Wir kreieren diesen Text. Wir setzen etwas in die Welt, was vorher noch nicht da war.

Paula Cipierre: Also man kann eigentlich nicht *nicht* kreieren [lacht].

Adina Popescu: Genau [lacht]. Man kann nicht *nicht* kreieren. Wenn ich einen Sprachakt vollziehe und diesen in die Welt setze, wenn ich eine Situation erschaffe, habe ich kreiert. Aber mit Kreation kommt Verantwortung. Es ist eine Tatsache, dass alles, was wir in die Welt setzen, eine Kreation ist, eine andere, dass jede Kreation Konsequenzen hat, für die wir Verantwortung übernehmen müssen. Dieser Sinn von Verantwortung ist mir unglaublich wichtig in ÆRTH und in dem was wir als Tech Tools in die Welt setzen werden.

Fun Fact nebenbei: In der Kunst habe ich gelernt, dass Kreation oftmals aus Fehlern oder Missverständnissen entsteht. Oftmals ist das, was in der Kunst kreativ ist, genau das, was außerhalb der etablierten Regeln passiert. Für meine allererste Arbeit, die in der Marlborough Gallery in Chelsea gezeigt wurde, hatte ich überhaupt kein Budget, und das Video war voller Fehler, einfach weil ich nicht das Geld hatte, es besser zu machen. Doch es war letztlich genau das Fehlerhafte an dem Video, diese Merkwürdigkeit, die dadurch entstanden ist, die das Video so erfolgreich gemacht hat. Aber das kann eine Maschine auch. Offene KI kann per Zufallsprinzip eine Kreation erschaffen, die dann im Auge des Betrachters als kreativ erfahren wird. Aber es ist natürlich immer noch der Mensch, der das letztlich als einen kreativen oder innovativen Akt ansieht. Schließlich ist KI auch nur ein Tool für die Menschheit. Und kein Selbstzweck. Ohne den Betrachter gibt es keine Erfahrung in der Kunst.

Deswegen habe ich mich irgendwann auch Blockchains und der Open-Source-Bewegung zugewandt, weil ich glaube, in dem Moment, in dem wir sagen »Nein, das ist proprietär« oder »Wir haben hier eine Wundermaschine entwickelt, aber wir zeigen euch nicht wie diese Wundermaschine funktioniert«, dass die Innovation und Skalierung eigentlich schon überholt, wenn nicht gestorben ist. Innovation fließt uns aus den Händen und ist rhizomatisch. Daran kann man bei aller Kontrolllust nichts ändern.

Jeder Algorithmus und jede Anwendung, die wir in die Welt setzen, kreiert und definiert eine Realität für unendlich viele Menschen. In dem Moment, in dem diese weltstiftende Applikation als Blackbox gestaltet sind, wird ein Machtverhältnis geschaffen, und das ist genau das, wogegen sich meine Arbeit richtet. Denn wenn Software unser Leben bestimmt, müssen wir anfangen, Zweiwegstraßen zu bauen und Co-Kreation zu erlauben. Tech muss viel inklusiver gestaltet werden. Open Source erlaubt eine ungeahnte Ebene von Innovation. Und wir sind, denke ich, spirituell auf diesem Planeten, um zu kreieren, nicht um zu kontrollieren. Denn sonst kreieren wir eine Lawine an Macht und Kontrolle, die uns überrollen wird. Das erleben wir heute in Teilen schon. Es gibt eine Masse an Menschen, die abhängig sind von Tools, die sie nicht begreifen. Digitale Kompetenzen sind daher unglaublich wichtig.

Paula Cipierre: Das wäre meine nächste Frage gewesen: Wie muss Technologie denn gestaltet sein, um menschliche Kreativität, Weiterentwicklung und Innovation zu fördern?

Adina Popescu: Erstmal sollte sie immer offen sein [lacht]. Es ist durchaus möglich, Open-Source-Tools zu monetisieren, vor allem die Teile, die relevant für die breitere Gesellschaft, Innovation und Wissenschaft sind. Das ist erwiesen. Dabei muss man achtsam sein: DALL-E von OpenAI[72] ist natürlich überhaupt nicht offen und transparent. Auch nicht Deep Mind von Google, obwohl die Tools sich »open« nennen. Da ist viel PR im Spiel. Aber diese mangelnde Transparenz steht Innovation und Wissenschaft letztlich nur im Wege.[73] Wenn Software offen zugänglich ist, passiert Innovation unglaublich schnell. Es ist beeindruckend, wie smart die junge Generation heute ist, die sogenannten Digital Natives. Ich habe 14-jährige Kids getroffen, die jetzt schon kompetenter sind in KI-Programmierung als viele Erwachsene. Das kann man nicht aufhalten.

Was man aber machen kann, ist diese Intelligenz der jüngeren Generation zu fördern und miteinzubeziehen, um Tools weiter zu skalieren und ihnen über die Kreation solcher Tools auch Ownership zu geben. Das ist unglaublich wichtig. Es ist gut für die Software und die Produkte selbst, weil man mehr Intelligenz reinlässt. Aber ich glaube, es ist auch wichtig, Menschen das Gefühl von Partizipation in der gesellschaftlichen Mitgestaltung dieser Tools zu geben. Wir müssten eigentlich schon 5-Jährigen beibringen, wie man programmiert.

Paula Cipierre: Wie muss Bildung denn gestaltet sein, damit Menschen mit dieser Entwicklung umgehen können? Programmieren ist eine Sache, aber dazu gehören noch andere Kompetenzen. Wo siehst du momentan Bereiche, in denen wir gesellschaftlich Fortschritte machen müssen, vielleicht vor allem in Deutschland?

Adina Popescu: Also erst einmal müssen alle Philosophie studieren [lacht]. Das meine ich ernst. Es muss ein Fundament an Werten, Kontextkompetenz und eine Mustererkennung von bestimmten Denkformen und »Denkformeln« geschaffen werden. Sonst denken alle gleich wieder, sie hätten das Rad neu erfunden. Die Kurzlebigkeit und Konsequenzlosigkeit der heutigen Diskurse ist echt nervenaufreibend.

Das Interessante an Berlin dabei ist, dass die Stadt einerseits einen hohen Bildungsstand hat und andererseits immer schon die international kreativsten Menschen angezogen hat. Dennoch ist die offizielle Innovation und Entrepreneurship hier aber außerordentlich schleichend. Im Untergrund wurde hier echte Innovation betrieben. Sogar Ethereum[74] wurde eigentlich mehr oder weniger hier kreiert. So sind milliardenschwere Geschäfte entstanden, die dann aber in der Schweiz oder in Singapur inkorporiert wurden. Einfach weil man sie hierzulande nicht verstanden hat.

Das hat teilweise mit Arroganz zu tun. Es gibt einen unglaublichen Respekt vor alteingesessener Autorität hier bei gleichzeitigem Nicht-Ernstnehmen der jüngeren Generation. Vielleicht auch eine gewisse Angst, dass diese jüngere Generation etwas macht, was die ältere Generation nicht mehr versteht. Doch da müssen wir, denke ich, mit der Gesetzgebung hinterherkommen. Wenn die Leute hier alle nur noch DAOs[75] kreieren und mit Digital Wallets traden und die Regierung keine Steuern mehr einnehmen kann, dann sind die Vorbehalte gegenüber dieser Organisationsstruktur völlig verständlich. Aber dann ist es auch Aufgabe der Regierung eine Struktur zu schaffen, die diesen DAOs gerecht wird. Diese Flexibilität braucht es, denn aufhalten wird man diese Entwicklung mit Bestrafung oder Ausschluss nicht. Wenn man es Menschen unverhältnismäßig schwer macht, wandert die Innovation einfach aus. Aber dieses Verständnis fehlt in Deutschland: der Wille flexibler zu sein, sich der Zeit anzupassen und schon ganz früh diese smarten jungen Leute miteinzubeziehen.

Darüber hinaus müssen wir Technologie entmystifizieren. Oft präsentiert sich die Tech-Welt selbst so: »Ach, das ist alles so kompliziert, das versteht ihr gar nicht.« Aber Computerprogramme, Software, KI sind letztlich alles nur Tools. Es gibt keine »sentient« KI, die irgendwann die Welt zerstört. Wer die Welt zerstören wird, sind immer noch wir Menschen. Da müssen wir uns nichts vormachen. Aber es bedarf hier besserer Kommunikation, Integration, und ausgeglichenerer Wettbewerbsbedingungen.

Paula Cipierre: Erzähl mir ein wenig mehr über dein neuestes Projekt, ÆRTH.

Adina Popescu: ÆRTH ist eine Plattform, die skalierbare Lösungen für den Planeten simuliert. Das Ganze basiert auf der Analyse von komplexen Umwelt- und Klimadatensätzen.

Paula Cipierre: Woher bekommt ihr die Daten?

Adina Popescu: Die sind zum größten Teil offen. Viele Satellitendaten sind auch offen, wobei wir jetzt auch noch ein Tool bauen, das uns erlaubt, große Mengen an in-situ-Daten zu Biodiversität teilen zu können. So können wir vertikale Datenanalysen beispielsweise zu »Blauen Zonen«[76] im Ozean erstellen.

Die Frage, die ich mir immer gestellt habe, ist: Wie incentiviert man all diese smarten Leute, auf offene Daten aufzubauen, diese zu standardisieren und darauf progressive KI-Modelle zu entwickeln, um immer relevantere Analysen und Vorhersagen über die Zukunft treffen zu können? Das ist letztlich, was wir bei ÆRTH machen: Vorhersagen vom menschlichen Einfluss auf die Umwelt, und wie wir dessen Auswirkungen durch skalierbare Lösungen eindämmen können. Es gibt aktuell nicht viele Wissenschaftler, die Vorhersagen modellieren. Darüber hinaus sind die meisten Vorhersagen CO2-basiert und decken Zeiträume von 100 Jahren ab. Was wir aber verstehen müssen ist, wie beispielsweise die Klima- und Umweltpolitik der EU Europa in den kommenden 30 Jahren verändern wird. Wir müssen mehr geo-lokalisieren und kürzere Zeiträume vorhersagen können. Und wir müssen Lösungen auf der Basis dieser Modellierungen durch das Protokoll laufen lassen. Darum geht es eigentlich. Deswegen setzen wir uns bei ÆRTH das Ziel, diese Modelle öffentlich zugänglich zu machen, um die Kollaboration darauf massiv zu skalieren. Dabei spielt Visualisierung eine unglaublich wichtige Rolle: Transparenz, Kreativität, Visualisierung und eine intuitive Gestaltung der Nutzeroberfläche sind unglaublich wichtig, um Menschen nicht abzuschrecken und es ihnen zu ermöglichen, mit diesen Daten umzugehen.

Paula Cipierre: Wie ist die Idee von ÆRTH entstanden? Wer war daran beteiligt? Und wer benutzt eigentlich ÆRTH?

Adina Popescu: Momentan ausschließlich die Wissenschaftsgemeinschaft, weil ÆRTH bislang nur intern zugänglich ist und wir die Plattform noch weiterentwickeln.

Paula Cipierre: Wann kam euch denn die Idee? Wann habt ihr angefangen?

Adina Popescu: Ich habe vor 5 Jahren allein damit angefangen. Das wollte ich eigentlich gar nicht laut sagen, jetzt habe ich es öffentlich gesagt [lacht]. Ich habe mich 2017 bei der TOA[77] hingestellt und über die Idee von ÆRTH gesprochen, weil ich dachte, dass, wenn ich darüber spreche, die Vision dann irgendwann auch Realität werden wird. Ich hätte niemals gedacht, dass es dann noch 5 Jahre bis dahin dauern würde. Aber ich hatte einfach nicht die Tools, um meine Idee umzusetzen, und habe lange gedacht, das wäre meine Limitation. Bis ich irgendwann gemerkt habe: Das ist nicht meine Limitation. Es gibt die technischen Tools einfach noch nicht. Ich war einfach ein bisschen zu früh dran. Wir können große Klimamodelle nicht dezentralisieren und parallelisieren. Nicht möglich. Wusste ich damals alles nicht. Du hast die Daten immer auf einem Zentralserver. Dasselbe gilt für das Metaversum – auch Big Data. Das Einzige, was »dezentral« gespeichert ist, ist ein NFT – wenn überhaupt. Dezentral ist das noch lange nicht. Und daher auch lange noch nicht Web3 fähig.

Ich habe ÆRTH deswegen gegründet, weil ich mich damals bei Conservation International gefragt habe: Was ist der Impact dieser NGO? Warum kann ich den Impact nicht sehen? Einsehen? Berechnen? Ich weiß gar nicht, wann ich so eine Datenfundamentalistin geworden bin [lacht]! Show me the data! Warum kann ich das nicht berechnen, und warum geben wir so viel Geld für Umweltschutz aus, und der Zerstörungsgrad wird dennoch immer schlimmer? Wie ist das möglich? Also, wenn die Erde eine Firma wäre, würden wir sehr schlecht damit wirtschaften. Dann habe ich ein bisschen recherchiert und festgestellt, dass die meisten Organisationen ihre Daten gar nicht miteinander teilen. Weder sind die Daten transparent, noch werden sie geteilt, noch gibt es einen einheitlichen Standard, um Daten zu teilen. Dann habe ich verstanden: Die Art und Weise, wie wir investieren, basiert nicht auf öffentlich verifizierten Datenmodellen und Annahmen. Wir investieren auch nicht geostrategisch. Ich wünschte, die Bundesregierung hätte schon vor 15 Jahren mit offenen und geostrategischen Modellen gearbeitet, was die Investition in die Energiewende betrifft. Es geht darum, größere Zusammenhänge zu begreifen. Diese Modelle müssen offen und einsehbar sein. Sonst sind sie nichts wert. Die Realisierung von ÆRTH hat dabei erst vor 8 oder 9 Monaten begonnen als J.T Reager mit ins Team kam, der zugleich auch der Earth Scientist beim NASA Jet Propulsion Laboratory (JPL) in Pasadena ist.

Paula Cipierre: Ihr habt euch bei Conservation International kennengelernt?

Adina Popescu: Nein. Er hat mich einfach angerufen [lacht]. Das war ja das Verrückte: ÆRTH ist letztlich dadurch entstanden, dass mich die Menschen irgendwann einfach angerufen haben und zu mir gekommen sind. Da haben sich all die öffentlichen Auftritte doch gelohnt. Ich wäre niemals auf die Idee gekommen, bei der NASA anzurufen. Ich saß damals in Washington, D.C. bei einem meiner Board Members, Jack Healy[78], und auf einmal hat mein Telefon geklingelt: »Hi, this is JT Reager. (…) Jemand hat mir dein Deck weitergeleitet, und ich finde das superspannend. Es gibt so viele offene Daten, die uns helfen, die Erde zu verstehen. Wir müssen diese Daten so aufbereiten, dass die menschliche Kreativität darauf basierend Wissen weiterentwickeln kann. How can we help?« Und so ist JT mit reingekommen. Dann kamen weitere wirkungsorientierte Menschen in Washington, D.C. auf mich zu, die mit ihrer Arbeit einen Unterschied machen wollten und irgendwann gemerkt haben: Kohlenstoffzertifikate und -kompensationen bedürfen zunehmend transparenter Datenanalysen. ESG-Zertifikate bedürfen transparenter Datenanalysen. Impact Investing bedarf transparenter Datenanalysen. Dem Vorwurf des Greenwashings kann man sich nicht mehr lange entziehen, und Firmen möchten auch selbst wissen, wo die Bäume eigentlich stehen, die sie gepflanzt haben, und wie sie ihre Lieferketten dekarbonisieren können. Das geht nur mit transparenten, branchenübergreifenden offenen Analysen.

Paula Cipierre: Wie arbeitet ihr denn konkret im Team zusammen? Vor allem wenn das Team hochgradig interdisziplinär ist? Ich weiß aus meiner eigenen Arbeit, dass das unglaublich schwierig sein kann, weil verschiedene Leute manchmal dieselben Begriffe völlig anders verstehen.

Adina Popescu: Ja, das hat lange gedauert. Wir haben unglaublich viel Zeit damit verbracht, Vokabulare und Visionen anzupassen. Das war vielleicht sogar der größte Teil der Arbeit. Wir machen das alles via Zoom. Ich bin, ehrlich gesagt, total baff, dass alle noch mit dabei sind [lacht]. Denn ÆRTH ist sehr ambitioniert und bedarf hoher Vorabinvestitionen an eigener Energie.

Paula Cipierre: Ihr macht das also komplett pro bono?

Adina Popescu: Genau. Wir machen alles auf Tokenbasis. Dabei herrscht so ein tiefes Vertrauen, dass jeder nach dem Launch einen fairen Prozentsatz für seine Arbeit bekommt. Das war's. Also die intrinsische Motivation an ÆRTH mitzuarbeiten ist hoch, und ich bin einfach dankbar und baff, das miterleben zu dürfen.

Paula Cipierre: Ja, das ist toll. Was wären denn eure Wunschnutzer? Wie lautet eure Vision für die praktische Verwendung von ÆRTH?

Adina Popescu: Potenzielle Nutzer sind unter anderem Regierungen, Impact-Investoren und Firmen, die datenbasierte Entscheidungen darüber treffen möchten, in welche Lösungen sie strategisch am besten investieren. Ein paar Bäume zu pflanzen und dafür Kohlenstoffgutschriften zu beziehen, tut es nun wirklich nicht. Die idealen Nutzer sind für mich Menschen der Gen-Z, also jener jungen Generation, die sich intensiv mit ihrer Umwelt und der digitalen Welt auseinandersetzt. Mein Ziel ist, die Intelligenz dieser jungen Generation auf die Plattform zu holen. Denn diese Intelligenz kann dabei helfen, komplett neue Lösungen zu entwickeln. Aber es ist natürlich auch mein Wunsch, eine öffentlich zugängliche Plattform zu schaffen, die visualisiert, welche Lösungen beispielsweise im Bereich des Erhalts von Biodiversität auf der Basis von transparent offengelegten Daten sinnvoll sind und damit auch Druck ausübt auf die Entscheidungsfindung in Behörden und Unternehmen. Auf der anderen Seite führt dies zu einem effizienteren Zertifikatshandel.

Paula Cipierre: Habt ihr denn auch schon einen Austausch mit politischen Entscheidungsträgern gesucht, sei es auf nationaler oder europäischer Ebene?

Adina Popescu: Das würde ich gerne. Aber es ist anscheinend unglaublich schwierig, in Deutschland und selbst auf der europäischen Ebene diese Brücke zu schlagen. Was ich sehr schade finde, da ich mir diesen Austausch wünschen würde. Gleichzeitig habe ich aber auch keine Lust, irgendwo rumzusitzen und alles von A nach B zu erklären und immer nur auf Widerstand zu stoßen.

Paula Cipierre: Ja, ich glaube, dass es eine große Herausforderung vor allem an dieser Schnittstelle zwischen Umweltwissenschaften und Softwareengineering sein wird, die richtige Gesprächsebene zu finden, vor allem mit politischen Entscheidungsträgern, die zumeist eher einen politikwissenschaftlichen oder juristischen Hintergrund haben.

Adina Popescu: Genau. Nach dem Motto: »Ach, ich dachte, Blockchain wäre voll schlecht für die Umwelt.«

Paula Cipierre: [lacht] Wie reagierst du denn auf den Vorwurf?

Adina Popescu: Ganz einfach. Erstens ist Digitalisierung per se der größte Feind für unsere Umwelt.

Paula Cipierre: Wie definierst du in dem Fall Digitalisierung?

Adina Popescu: Also erstens auf der Hardwareseite: Alle Batterien in unseren Telefonen, Laptops, Solarpanelen und elektrischen Autos benötigen in der Produktion seltenen Erdmineralien. Dafür werden große Minen gebaut, und es wird massiv Wald abgeholzt. Das ist aus Perspektive der Menschenrechte und Umwelt eine Vollkatastrophe. Der wachsende Bedarf an Hardware steigert die Destruktion des Kongos und des Amazonas ins Unermessliche.

Zweitens kommt dann noch der Energieverbrauch selbst hinzu. Elektrizität kommt eben nicht zu 100 Prozent aus Wind- oder Solarenergie. Ganz in Gegenteil. Und um jetzt zur Blockchain zu kommen: Die Bitcoin-Blockchain ist eine unglaublich alte Blockchain. Die wurde nicht mit dem Gedanken gebaut, wie viel Energie sie verbrauchen würde. Sie wurde gebaut, um sicher zu sein und um die Transaktionen zu schützen. Deswegen verbrennt die Bitcoin-Blockchain auch horrend viel Energie. Aber der Grund, aus dem wir das wissen, ist, dass die Bitcoin-Blockchain komplett offen ist. Gleichzeitig haben wir überhaupt keine Ahnung, wie viel Energie alle Visa-Abrechnungssysteme, Investitionen in Erdöl und Gas des Bankensektors, Bankautomaten, Geldtransporter, Gelddruckmaschinen und so weiter gemeinsam verbrauchen und welche CO2-Bilanz sie haben. Das berechnet keiner, da das alles auf Selbstauskunft basiert. Wie hoch ist der Energieverbrauch all unserer geteilten Katzenvideos auf YouTube? Das wird nicht berechnet, weil das einfach nicht transparent und offen dargelegt wird. Während die Blockchain komplett offen und somit leicht angreifbar ist.

Gleichzeitig hat genau diese Offenheit und Transparenz dazu geführt, dass ein Druck auf das Ökosystem ausgeübt wurde, der mitunter dazu führt, dass Ethereum den Energieverbrauch radikal reduziert hat. Das heißt, in der kurzen Zeit, in der Blockchains existieren, haben wir schon unglaublich viel Innovation betrieben. Eine Blockchain wie Solana hat jetzt nur noch einen Bruchteil des Energieverbrauchs von einer Bitcoin-Blockchain. Und bei ÆRTH arbeiten wir natürlich auch bewusst mit einem Blockchain-Algorithmus, der deutlich weniger Energie verbraucht.

Nichtsdestotrotz muss man sagen, dass die Kalkulationen von so enorm großen Datensätzen wie bei Klimamodellen unglaublich viel Energie verbrauchen. Das hat dann nichts mehr mit Blockchain zu tun. Aber die Frage ist nach wie vor: Wie können wir transparent damit umgehen? Wie können wir Innovationen in dem Bereich vorantreiben? Und wie können wir den Energiewandel wirklich hinbekommen? Wenn wir vor 15 Jahren schon Modelle gehabt hätten, die uns gezeigt hätten, dass unsere Investitionen in Solar- und Windenergie nicht reichen, dann hätten wir vielleicht anders investiert. Und das ist dann meine Antwort. Damit kann ich nachts gut schlafen. Wir verbrauchen zwar Energie, genau wie alle anderen, aber wir verbrauchen sie, um genau die Modelle zu schaffen, die uns zeigen, wie wir in der Zukunft auf Basis von Transparenz und Kollaboration möglichst schnell bessere und energieeffizientere Lösungen finden. Besser geht es leider gerade nicht.

Paula Cipierre: Ein spannender Nebeneffekt dabei ist, dass ihr dann wiederum eure Erfahrungen darüber teilen könnt, was es bedeutet Nachhaltigkeit von Anfang an in die Entwicklung neuer Produkte miteinzubeziehen.

Adina Popescu: Absolut. Aber das geht eben nur auf Basis von Kommunikation und Transparenz. Wenn ich sage, dass ich erstmal ein Produkt baue, das hauptsächlich monetarisiert werden soll und mich danach frage, wie ich das nachhaltig gestalten kann, dann ist das natürlich schwierig. Also muss man Nachhaltigkeit von vornerein bedenken, und man muss sich öffnen, um verifizierbar zu sein, denn nur das erlaubt es, langfristig besser zu werden.

Paula Cipierre: Das braucht natürlich eine große Ehrlichkeit und den Willen, sich konstant zu hinterfragen, was einen verwundbar macht. Gleichzeitig kann man mithilfe eurer Technologien viel besser beurteilen, welchen Impact verschiedene Produkte und politische Interventionen auf die Umwelt tatsächlich haben. Was vor allem heute unglaublich relevant ist, wo wieder viele Fragen gestellt werden, auf welche Technologien wir setzen sollten, um langfristig mit Herausforderungen wie dem Klimawandel, aber beispielsweise auch den Auswirkungen des russischen Angriffskriegs umzugehen.

Adina Popescu: Ich frage mich immer, auf welcher Basis politische Entscheidungen getroffen werden. Auf der Basis von Beratern? Ich frage mich oft, wie gut durchdacht viele dieser Entscheidungen eigentlich sind, die die ganze Menschheit betreffen. Gleichzeitig kann man 17-Jährigen heute nicht mehr sagen: Vertraue unseren Analysen, die wir bei irgendeiner Firma eingekauft haben und nicht öffentlich machen. Die antworten dann: »Show me your code.« Wir sind zu dieser oder jener Entscheidung auf der Basis dieser oder jener Modelle gekommen, und hier ist das Modell. Und ich glaube, da kommt man nicht herum, weil die neue Generation das so nicht akzeptieren wird. Diese interessengeleitete Geheimniskrämerei führt zu gesellschaftlichen Spaltungen und untergräbt Vertrauen.

Paula Cipierre: Vielleicht eine letzte Frage noch: Du bezeichnest dich selbst als Futurist. Siehst du der Zukunft positiv entgegen?

Adina Popescu: Unbedingt! Sonst würde ich ÆRTH nicht machen. Ich sitze oft mit Menschen zusammen, die komplett pessimistisch sind. Alle haben irgendwie Klimakrisendepression. Ich bin immer die Einzige im Raum, die sagt: Eigentlich können wir das doch kollektiv ändern. Ich glaube, wie gesagt, sehr stark an diese neue Generation. Ich bin davon überzeugt, dass, wenn man ihnen den Raum gibt, sich auszudrücken, um etwas Neues zu kreieren, wir unglaublich viel bewirken können. Ich bin eigentlich sehr hoffnungsvoll. Gleichzeitig glaube ich aber, dass es wirklich wichtig ist, bestehende Machstrukturen zu ändern, und dass wir die Intelligenz dieser jungen Menschen unbedingt mit einbeziehen müssen, um die großen Probleme unserer Welt zu lösen.

Wir müssen eine Generation von Firmen, Wirtschaftssystemen und Gesellschaften entwickeln, die mit der Intelligenz des Planeten arbeiten, und nicht dagegen. 50 Prozent aller von der FDA[79] zugelassenen medizinischen Patente beruhen auf Pflanzen aus dem Amazonas Regenwald. Der Rest kommt aus der Tiefsee. Wir zerstören also durch kurzsichtiges Abholzen und Tiefseebergbau die Zukunft unserer Pharmakologie, eine milliardenschwere Industrie. Das ist einfach schlechtes planetarisches Wirtschaften. Dabei setzen wir das Überleben unserer Spezies aufs Spiel. Die nächste Generation von Antibiotika beispielsweise basiert auf der Bioprospektion von Mikroorganismen in der Tiefsee. Wir brauchen diese neue Generation von Antibiotika, um der Resistenz, die wir gegen gängige Antibiotika gerade entwickeln, entgegenzuwirken. Stattdessen zerstören wir diese unendlich wertvolle Datenbank für den Lithiumabbau. Solange unsere Wirtschaft lediglich Partikularinteressen verfolgt, ohne jegliches geo-strategische Denken, werden wir nicht weit kommen. Wir müssen kollektiv einfach intelligenter werden.

Paula Cipierre: Adina, vielen Dank für das Gespräch.

KI HAT (NOCH) KEINE FREIHEIT

MATTHIAS RÖDER

Zum Zeitpunkt unserer virtuellen Verabredung mit Dr. Matthias Röder zeigen sich bereits die ersten Vorboten des Herbstes und unsere Reise neigt sich dem Ende zu. Das Gespräch mit Matthias zu suchen, war uns aber wichtig, weil Matthias ganz besondere Erfahrungen im Zusammenspiel zwischen Mensch und Maschine gemacht hat: Unter seiner Leitung ist es einem Team von Musikwissenschaftlern und Computerwissenschaftlern gelungen, in einem von der Deutschen Telekom gesponsorten Projekt Beethovens unvollendete 10. Symphonie zu Ende zu schreiben.[80] Die Symphonie wurde dann im Rahmen der Festivitäten anlässlich des 250. Geburtstags des Komponisten in Bonn aufgeführt. Das Besondere dabei: Die Impulse für die Fertigstellung der Symphonie hat kein Mensch, sondern eine KI gegeben. Warum die KI in dem Fall sogar besser dazu in der Lage war als ein Mensch und warum wir sie trotzdem als Komplementär, nicht als Konkurrenz zu uns wahrnehmen sollten, lernen wir in diesem aufschlussreichen Gespräch. Im gemeinsamen Einvernehmen duzen wir uns.

Jan Hiesserich: Matthias, du bist Musikwissenschaftler, hast Klassische Gitarre am Mozarteum studiert und in Harvard in Musik promoviert. Gleichzeitig begeisterst du dich für Digitalisierung und KI. Wie kam es dazu? Was hat klassische Musik mit KI zu tun?

Matthias Röder: Ich habe eigentlich erst spät damit angefangen, mich mit Computern auseinanderzusetzen, da war ich schon 20 Jahre alt. Das war 1997 und das Internet steckte noch in seinen Kinderschuhen. Ich habe mir damals Programmieren beigebracht. Das war ein besonders kreativer Moment für mich. Zwar war mein Leben schon von Kunst und Kreativität geprägt – Musik, Theater, Film, Literatur, in alldem hatte ich mich schon versucht. Aber als so richtig kreativ habe ich mich erst empfunden, als ich das erste Mal ein **Computerprogramm** zum Laufen gebracht habe.

Was mich dabei besonders interessiert hat, war, wie man aus dem eher verfahrenstechnisch orientierten Programmieren rauskommt und die Maschine stattdessen als Gegenüber verstehen kann. Dadurch bekam ich relativ schnell Zugang zu einer Szene, die sich mit neuronalen Netzwerken auseinandergesetzt hat. Das war etwa Anfang der 2000er Jahre, als mir alle noch gesagt haben: »Mensch, da wird eh nie was draus. Das ist doch total verrückt.« Trotzdem sind wir damals in Harvard in einer kleinen Gruppe zusammengekommen, Computerwissenschaftler einerseits und ich als Musikwissenschaftler andererseits, um verschiedene Ansätze auszuprobieren, wie man Informatik und Musik zusammenbringen kann. Und obwohl die Ergebnisse damals noch bescheiden waren, war mir schon zu der Zeit bewusst, dass die Lernnetzwerke immer stärker werden würden, je besser die Daten sind und je mehr Daten uns zur Verfügung stehen. Das war also der Anfang. Ich würde meinen Ansatz also als interdisziplinär betrachten. Ich fand immer alles super spannend, was sich an der Schnittstelle von Computerwissenschaft und Musik bewegte.

Jan Hiesserich: Eine wundervolle Überleitung zu einem Projekt, dass durchaus für einige Furore gesorgt hat. Du warst Leiter des Projekts zur Vollendung der bis dato unvollendeten 10. Sinfonie von Beethoven. Mit Unterstützung der Deutschen Telekom habt ihr die Symphonie anlässlich des 250. Geburtstags des Komponisten in Bonn uraufgeführt. Wie kommt man auf die Idee, sich an ein solches Thema heranzuwagen?

Matthias Röder: Tatsächlich hatte ich einige Jahre zuvor eher zufällig einen Vortrag bei der Deutschen Telekom gehalten. In dem Vortrag ging es darum, dass man Musik nicht nur als eine emotional bewegende Erfahrung, sondern auch als ein datenbasiertes Muster verstehen kann. Kompositionen bestehen aus Tönen, diese Töne stehen in einem gewissen Verhältnis zueinander, das sich über die Länge der Komposition hinweg verändert, und so kommt man schließlich auf ein Muster, das man auf seine individuellen Komponenten herunterbrechen kann. Das wiederum kann ich in Daten abbilden. Die Musik ist dabei wie ein komprimiertes Gefühl. Ich kann als Komponist ein gewisses Gefühl in eine Komposition hineinbringen. Mehrere Momente aus meinem Leben kulminieren in diesem einen Moment. Und wenn du das Ergebnis hörst, dann entstehen in dir vielleicht ähnliche Gefühle wie die, die ich als Komponist intendiert habe. Die Musik funktioniert also quasi wie ein Kompressionsalgorithmus. In meinem Vortrag habe ich dann darüber spekuliert, was man alles machen könnte, wenn man über die Daten der gesamten Musikgeschichte verfügen würde. Wenn man also besser verstehen könnte, was alles in diesen Werken steckt, und welche Gefühle sie hervorrufen. Das waren einige der Fragen, mit denen ich mich in diesem Vortrag beschäftigt habe.

18 Monate später klingelte das Telefon, und Michael Schuld, einer der Organisatoren der Veranstaltung bei der Telekom, war am Apparat und fragte mich,

ob man mit der Technologie, die ich in meinem Vortrag beschrieben hatte, nicht theoretisch auch unvollendete Werke zu Ende schreiben könne. Könnte man beispielsweise Beethovens 10. Symphonie anhand der Skizzen, die er uns hinterlassen hat, mithilfe von KI vollenden? Und meine Antwort darauf war, dass wir das natürlich versuchen können, aber dass es nicht einfach werden wird. Sowohl aus Perspektive der Musikwissenschaft als auch aus Perspektive der Computerwissenschaft ist das eine enorme Herausforderung. Aber die Telekom wollte, dass wir es zumindest versuchen. So haben wir uns zunächst in Harvard und später im Beethovenhaus in Bonn mit Experten zusammengesetzt und sind letztlich zu dem Schluss gekommen, dass es zwar schwierig sein und am Ende sicherlich nicht so klingen würde, als ob ein Mensch das Werk zu Ende komponiert hätte, aber dass es auf jeden Fall einen Versuch wert ist und wir den Versuch wagen wollen. Und so ist das Projekt entstanden.

Jan Hiesserich: Nun schrieb Goethe über Beethoven, dass dieser von ganz unbändiger Natur gewesen sei. Gleichzeitig meint der Musikwissenschaftler Otto Jahn, dass man doch staunen müsse, über seine Art, immer wieder die kleinsten Elemente einer Komposition hin und her zu wenden und zu rücken und aus allen denkbaren Variationen die beste Form hervorzulocken. Es sei schwer zu begreifen, wie aus solchem »musikalischen Bröckelwerk« ein organisches Ganzes werden könne. All das spricht für eine komplexe Persönlichkeit. Wie viel von diesem kreativen Schaffensprozess kann eine KI einfangen? Wie groß ist der Respekt davor, diesem Schaffensprozess gerecht werden zu können?

Matthias Röder: Man muss so ein Thema zwangsläufig mit großem Respekt angehen, sowohl gegenüber dem Stoff als auch der Person und dem, was diese Person in unserer Gesellschaft repräsentiert. Deswegen war es uns wichtig, diese Arbeit wissenschaftlich fundiert anzugehen. Auf der anderen Seite braucht es manchmal einfach den Mut, Dinge auszuprobieren, egal wie groß die Fallhöhe letztlich ist. Glücklicherweise hatte ich mich im Rahmen eines Postdocs in Harvard schon viel mit den Skizzen von Beethoven und seinem kreativen Schaffensprozess auseinandergesetzt, das heißt, das war aus wissenschaftlicher Perspektive schon mein zweites Spezialgebiet. Von daher wusste ich auch, dass Beethoven sich bei der Komposition extrem schwergetan hat. Beethoven war nicht wie Mozart, der sehr schnell und sehr leicht aus einer Idee eine Komposition gemacht hat, sondern hat immer viel Mühe gehabt, aus verschiedenen Themen eine stimmige Komposition anzufertigen. Und deswegen war unser erster Ansatz der, zu fragen, ob wir die Skizzen, die er benutzt hat, um diese Symphonie zu Ende zu komponieren, nehmen und zeigen können, wie sie sich über die Zeit hinweg verändern. Ursprünglich wollten wir also den Lernprozess über die Transformation der Skizzen bis hin zur fertigen Komposition nachbilden. Das ist auch nach wie vor ein spannender Weg. Nur ist es leider fast unmöglich, die nötigen Daten für einen solchen Lernprozess zusammenzubekommen. Man bräuchte schon ein gutes Jahrzehnt, um die Daten zu annotieren, um dann irgendwann das Modell trainieren zu können. Deswegen haben wir uns letztlich dazu entschlossen, es anders anzugehen. Wir haben die Skizzen so genommen, wie sie sind, und eine KI entwickelt, die die Skizzen im Stil Beethovens weiterschreibt. Das ist nicht ganz dasselbe, aber war letztlich der zweitbeste und einzig mögliche Weg. Und dem sind wir gefolgt.

Die Rollenverteilung war dabei die folgende: Auf der einen Seite gibt es die KI, die eine hochspezialisierte Aufgabe übernimmt, nämlich die Fortentwicklung der Skizzen, die zu Beethovens 10. Symphonie existieren. Auf der anderen Seite gibt es die menschlichen Experten, die eine wissenschaftlich plausible Auswahl des Materials treffen, das die KI produziert hat. Denn obwohl alles, was von der KI vorgeschlagen wird, im Stil Beethovens ist, funktionieren bestimmte Dinge aus strukturellen Gründen nicht, andere funktionieren nicht, weil musikalische Fehler enthalten sind und so weiter. Die Menschen übernehmen also nach wie vor die kreativere Arbeit, nämlich die größere Form zu bestimmen. Doch ohne die KI hätten wir das Projekt nie geschafft. Denn die Skizzen von Beethoven sind teilweise so klein und so kurz, dass alles, was wir Menschen damit hätten machen können, unweigerlich unseren eigenen Stil reflektiert hätte. Und da kann der Computer eben Dinge vollbringen, die wir nicht können, nämlich die Musik unvoreingenommen und uneigennützig im Stil Beethovens weiter komponieren. Und insofern war unser Projekt von sehr viel Respekt dem Originalmaterial gegenüber geprägt, aber eben auch einer Offenheit gegenüber der KI, die unserer menschlichen Kreativität die nötigen Impulse gegeben hat, um das Projekt zu Ende zu bringen. Ich glaube, wenn man offen an das Projekt herangeht, hört man auch, dass es wirklich eine kritische Auseinandersetzung sowohl mit Beethoven als auch mit unserer eigenen Kreativität darstellt.

Jan Hiesserich: Dass es Beethoven ist, das hört man tatsächlich. Jetzt hätte ich aber eine Anschlussfrage, da du gerade die Daten erwähnt hast. Ihr hattet nur Skizzen und Notizen zur 10. Symphonie und davon auch nicht viele. Gefüttert wurde der Algorithmus zudem mit Beethovens Lebenswerk, aber auch mit Daten von seinem Lehrer Haydn – jenem Lehrer also, von dem Beethoven sagte, er habe nichts von ihm gelernt [lacht]. Eure Kritiker führen an, dass dies einer der Gründe dafür ist, dass in der 10. Sinfonie vieles so gefällig und beliebig erscheint. Kann eine KI die Entwicklung des Menschen Beethoven über die vielen unterschiedlichen Schaffensphasen hinweg also tatsächlich fortführen? Oder nur zusammenfassen? Wenn ich eine Maschine mit dem Lebenswerk eines Künstlers trainiere, inwiefern kann ich gerade dem späten Lebenswerk des Künstlers gerecht werden?

Matthias Röder: Das löst man, indem man unterschiedliche Gewichtungen vornimmt. Du hast also eine gewisse Menge an Kompositionen, die einerseits von Beethoven selbst, andererseits von seinen Zeitgenossen stammen. Ich kann die KI dann aber auf verschiedene Art und Weise trainieren. Entweder ich gewichte alles gleich, dann kommt dabei tatsächlich eine Art Einheitsbrei im Stil der Zeit heraus. Oder ich gebe den Daten von Beethoven im Allgemeinen mehr Gewicht, dann ist das Endresultat stärker im Stil von Beethoven, aber aus keiner bestimmten Phase. Oder ich suche mir einige wenige Werke aus dem Lebenswerk heraus und gebe diesen die größte Gewichtung. Und das ist letztendlich, vereinfacht gesprochen, auch der Prozess, mit dem wir experimentiert haben, nämlich mit der Zusammenstellung der Trainingsdatensätze sowie ihrer jeweiligen Gewichtung und welche Algorithmen man nimmt, um die KI zu trainieren. Das sind in sich schon alles kreative Prozesse, für die man Erfahrung braucht. Oft ist man aber nach wie vor auch noch überrascht, was dabei am Ende rauskommt. In unserem Fall war es so, dass wir natürlich den Beethovenwerken im Allgemeinen und den späteren Beethovenwerken im Speziellen eine größere Gewichtung beigemessen haben. Das Werk hat aber trotzdem, und das ist gut zu beobachten, einen Rückgriff auf klassizistische Elemente und klingt deswegen ein bisschen traditioneller oder, um es in deinen Worten zu formulieren, gefälliger. Beethoven bezieht sich in seinen Skizzen aber auch auf seine frühen Werke, möchte also bewusst einen Gegenentwurf zu der Vision des späten Beethoven schaffen, was einer der Gründe dafür ist, aus dem die Symphonie erst einmal überrascht. Wenn man die Symphonien 1 bis 9 durchhört, dann erwartet man für die 10. Symphonie keine, die wie eine Mischung aus der 1., 5. oder 7. Symphonie klingt, sondern man erwartet den nächsten Schritt.

Da zeigt sich aber auch genau unser Problem mit dem Geniegedanken – also der Idee, in genialer Musik müsse auch immer ein Fortschrittsgedanke stecken, eine teleologische Entwicklung hin zu immer größerer Komplexität. Dem ist aber nicht immer so. Bei der Kritik hat mich besonders amüsiert, dass gerade die Dinge, von denen behauptet wurde, dass sie Beethoven wohl kaum je so komponiert haben würde, tatsächlich oft direkt den Skizzen entnommen waren. Diese Rückmeldung gab es häufig: »Beethoven hätte nie dieses Thema aus der 5. Symphonie so aufgegriffen.« Aber genau das hat er getan. Das kommt nicht von der KI, sondern direkt von ihm.

Jan Hiesserich: Ihr sprecht bewusst von der Vollendung der 10. Symphonie. Gleichzeitig setzt ihr die Orgel ein, was erkennbar zurückführt an den Beginn von Beethovens Karriere in Bonn. Mit der Vollendung seiner Symphonie schließt ihr somit also nicht nur ein Kapitel, das Beethoven selbst nicht schließen konnte. Ihr schließt gewissermaßen auch den Kreis. Warum dieser Schritt zurück zum Anfang seines Lebenswerks? Und warum aufhören? Ihr hättet mit der KI doch noch eine 11. oder 12. Symphonie schreiben können?

Matthias Röder: Einerseits wollten wir das Projekt, wie gesagt, bewusst auf einer wissenschaftlichen Basis verortet wissen. Andererseits hatten wir das Problem, dass Beethoven den Choral *Herrgott, dich loben wir* vertonen wollte, was einen Chor impliziert. Leider war unsere KI aber schlichtweg nicht dazu in der Lage, für einen Chor zu komponieren. Das hätten wir in der Zeit nie hinbekommen. Deswegen haben wir uns gefragt, was wir stattdessen machen können. Und dann hatte Walter Werzowa, einer unserer Experten, die Idee mit der Orgel. Schließlich ist die Orgel ein spirituelles Instrument, das jeder mit dem Sakralen verbindet. Gleichzeitig ist die Orgel auch ein Instrument, das unsere KI beherrscht. Von unseren Wissenschaftlern haben wir dabei gelernt, dass Beethoven selbst tatsächlich nie für eine Orgel komponiert hat. Diese Tatsache hat uns in dem Fall aber zusätzlich gereizt, weil wir zumindest eine Komponente mit in das Projekt hineinbringen wollten, die für Beethoven selbst ein komplettes Novum gewesen wäre. Also haben wir uns mit der Orgel gewissermaßen einen kleinen Trick erlaubt, um das Sakrale mit hineinzubringen, was ansonsten ziemlich schwierig gewesen wäre. Das, was du anfangs gesagt hast – dass das vielleicht auch einen Bezug zu Beethovens Zeit in Bonn darstellen könnte –, daran habe ich, ehrlich gesagt, gar nicht gedacht, ist aber auch ein schöner Gedanke.

Paula Cipierre: Ich finde den Grund spannend, aus dem ihr die Orgel integriert habt, weil das eine kreative Entscheidung des Teams reflektiert. Inwiefern würdest du den Algorithmus denn als kreativ bezeichnen? Eine Angst, die oft mit KI in Verbindung gebracht wird, vor allem mit KI, die in den Künsten eingesetzt wird, ist schließlich, dass dadurch der Künstler selbst vielleicht irgendwann obsolet werden könnte. Das ist vielleicht einer der Gründe, warum viele Zuhörer negativ auf KI-kreierte Kunst reagieren, weil damit auf einmal ihre Einzigartigkeit als Person selbst infrage gestellt wird. Wie habt ihr, als die Menschen in diesem Projekt, die Zusammenarbeit mit der KI erlebt?

Matthias Röder: Das ist eine komplexe Frage. Kreativität ist zunächst ein Prozess, der nicht in allen Fällen etwas mit Kunst zu tun hat. Ich kann kreativ sein, ohne eine künstlerische Absicht zu haben. Für mich ist die KI definitiv kreativ. Sie schafft etwas Neues, das vorher nicht da war, was in einem gewissen Kontext als sinnvoll erachtet werden kann. Das entspricht ganz klar einer akzeptierten Definition von Kreativität. Die Zusammenarbeit mit der KI war auch wirklich iterativ: Man gibt bestimmte Informationen in die KI ein, die dadurch initialisiert wird. Die KI spuckt dann bestimmte, weiterführende Varianten aus, die wir Menschen wiederum überprüfen und gegebenenfalls verbessern. Und irgendwann kommen dann von der KI richtig gute Sachen und, das ist natürlich ein bedeutender Aha-Moment. Weil wir in diesem Moment die KI wirklich als Kooperationspartner, als kreativen Sparringpartner wahrnehmen, den man mehr als ernst nimmt. Die KI ist dann also nicht mehr nur irgendein Tool, das ich beherrsche, sondern etwas, das mir wirklich eigenständig kreative Vorschläge macht.

Jan Hiesserich: Trotzdem weiß die KI nicht, dass sie kreativ ist. Der iterative Prozess wird nicht von der KI angestoßen, sondern von euch. Kreativ, im Sinne von etwas Neues schaffen, ja. Aber mit Absicht etwas Neues schaffen, nein. Welche Rollenverteilung siehst du da beim Menschen und bei der Maschine?

Matthias Röder: Ja, da sprichst du einen wichtigen Punkt an. Für mich hat Kunst auch immer mit Intention zu tun: Intention im Ausdruck, in der Kommunikation. Aber Intention braucht Freiheit. Und Freiheit hängt ganz eng damit zusammen, dass ich über die Ressourcen, die mir zur Verfügung stehen, frei verfügen kann. Diese Freiheit hat die KI aber nicht. Die KI kann weder frei entscheiden über das Material, das für das Training benutzt wurde, noch über die Ressourcen, die sie braucht. Letztendlich läuft die KI auf irgendeinem Computer oder in der Cloud, aber die Kontrolle über diese Ressourcen haben wir Menschen. Die KI hat also keine Freiheit und kann demnach auch keine Kunst machen. Kreativ ist sie. Aber künstlerisch tätig ist sie nicht. Zumindest bisher.

Man kann sich natürlich die Frage stellen, unter welchen Bedingungen sich dies ändern könnte. Ich könnte mir vorstellen, dass eine KI beispielsweise auf der Ethereum Blockchain läuft und dieser Smart Contract über seinen eigenen Ether verfügt. Und die Erlöse der Werke, die produziert und verkauft werden, dazu benutzt werden, den Smart Contract wieder zu erneuern. In dem Fall könnte man sicher von einer gewissen Freiheit sprechen. Aber erstens ist das momentan noch nicht der Fall. Und zweitens bleibt dann immer noch die Frage, ob diese Kunst für uns Menschen überhaupt relevant ist. Und diese Frage nach der Relevanz für uns Menschen ist außerordentlich wichtig. Kunst entsteht schließlich nicht allein im Denken und Handeln eines einzelnen schaffenden Menschen, sondern braucht auch immer ein interessiertes Publikum. Das ist jetzt natürlich ein hochphilosophisches Thema. Aber es ist einer der Gründe, aus dem ich bei dem Thema selbst ziemlich entspannt bin. Ich bin davon überzeugt, dass selbst ein Algorithmus, der frei wäre, Kunst produzierte, diese Kunst für den Menschen nach wie vor nicht so interessant wäre, wie die Kunst, die von unseren Mitmenschen kommt. Natürlich sollte man niemals nie sagen. Aber ich denke, das wird eine Konstante bleiben, die uns begleitet, und das ist letztlich der entscheidende Punkt. Wenn man es unter dem Aspekt betrachtet, wird KI auf absehbare Zeit »nur« ein Werkzeug für uns bleiben. Dall-E von OpenAI benutze ich zum Beispiel fast jeden Tag als Werkzeug. Ich würde aber nicht sagen, dass Dall-E Kunst produziert.

Paula Cipierre: Ich finde spannend, dass du anfangs gesagt hast, dass das Weiterschreiben der Symphonie zwangsläufig von einer Maschine erledigt werden musste, weil man als Mensch nicht umhinkommt, seine eigene Persönlichkeit mit in ein Kunstwerk fließen zu lassen. Und auch die Reaktion des Publikums auf Passagen, die tatsächlich von Beethoven stammten, aber nicht ihren eigenen Erwartungen entsprachen, fand ich interessant: Ist es nicht das Schöne am Menschen, dass man etwas ganz Unerwartetes oder gar Irrationales machen kann, zumindest aus Perspektive des Publikums?

Matthias Röder: Wenn ich als Komponist 10 bis 15 Jahre lang mein Metier erlerne und komponiere, dann bin ich oft mit dem Ausarbeiten von Details befasst, also etwa dem Kontrapunkt, der harmonischen Progression, der Stimmführung. Und das braucht viel Zeit und Energie, bis es gut wird. Wenn ich mir aber anschaue, wie viele Komponisten heute arbeiten, dann ist es oft so, dass sie viele dieser langwierigen Tätigkeiten eher Spezialisten überlassen. Ich denke dabei beispielsweise an den Bereich Filmmusik, wo ganze Teams an einem Score zusammenarbeiten. Aber was macht das mit meiner Arbeit als Komponist, wenn ich plötzlich diese Detailarbeiten nicht mehr selbst vornehmen muss? Dann habe ich mehr Zeit, mich mit kreativeren Fragen zu beschäftigen, und bringe meine eigene Kreativität vielleicht auf ein ganz anderes Level. Ich persönlich glaube, dass wir durch diese Entwicklung produktiver werden, und dass wir dadurch eine völlig andere Kreativität entwickeln werden. Nämlich eine, die nicht so stark auf das Handwerkliche ausgerichtet ist, sondern eher auf das Konzeptionelle, auf die Ideen, auf das, was letztendlich das Spannende an der ganzen Sache ist. Und das ist, glaube ich, etwas, das vielen Menschen Angst macht, die sich auf das Handwerkliche spezialisiert haben. Weil sie plötzlich unter dem Druck stehen, regelmäßig etwas Neues zu produzieren, was mit dem Handwerklichen an sich nichts mehr zu tun hat.

Paula Cipierre: Ich finde den Gedanken schön, die Erkenntnisse, die wir aus dem kreativen Schaffensprozess zwischen Mensch und Maschine gewinnen, auf andere Bereiche zu übertragen. Dass man wieder lernt, dass Kreativität nicht im stillen Kämmerchen geschieht, sondern im Austausch mit anderen Menschen und in dem Fall auch Maschinen. Was mich zu einem anderen Thema bringt, weil du dich mit Kreativität und Technologie nicht nur im Bereich der Musik auseinandersetzt, sondern auch in der Unternehmensberatung. Du hast zusammen mit deiner Frau die Unternehmensberatung The Mindshift gegründet, mit der du an der Schnittstelle zwischen Mensch und Maschine versuchst, neue kreative Kräfte zu entfesseln. Wie seid ihr auf die Idee gekommen, und wie macht ihr das in der Praxis?

Matthias Röder: Zunächst haben wir uns mit dem Thema Kreativität lange Jahre aus der Non-Profit-Perspektive beschäftigt. Wir haben beispielsweise die gemeinnützige Gesellschaft Sonophilia Foundation mit Sitz in München gegründet, bei der wir viel Zeit und Energie in die Erforschung von Kreativität investiert haben: Wie funktioniert Kreativität neurowissenschaftlich? Vor allem Kreativität außerhalb der Kunst. Wir haben dabei gemerkt, dass viele Unternehmen und Organisationen damit kämpfen, dass letztendlich die eigenen Mitarbeiter im Laufe der Zeit durch Schulungen und Prozesse gegangen sind, die ihnen die Kreativität eigentlich wieder ausgetrieben haben. Jetzt stehen diese Unternehmen aber vor einer transformativen Herausforderung, die es erfordert, dass sich alle Mitarbeiter kreativ einbringen. Und das ist schwer. Wie können wir diesen Unternehmen dabei helfen? Und aus diesem Gedanken sind diese beiden Entitäten entstanden. Einerseits die Stiftung, die sich mit der Forschung und den gemeinnützigen Themen befasst, und andererseits The Mindshift, wo konkret mit Unternehmerinnen und Unternehmern gearbeitet wird.

Ich persönlich bin davon überzeugt, dass viele unserer Probleme daher rühren, dass unsere Ausbildungssysteme nach wie vor stark im Denken des Industriezeitalters verhaftet sind. Demnach gibt es nur wenige, die kreativ sind. Die anderen müssen ausführen. Deswegen pauken wir Wissen und spezialisieren uns immer mehr, obwohl wir doch Erfindungsreichtum, Fantasie und gute Kommunikation dringender brauchen denn je.

Paula Cipierre: Aber wie kommen wir denn als Gesellschaft aus diesem Denkmodus wieder heraus? Kreativität wird schließlich als Schlüsselfähigkeit des 21. Jahrhunderts bezeichnet, vor allem in Anbetracht der Tatsache, dass wir immer mehr Maschinen für repetitive Tätigkeiten einsetzen werden, die sich automatisieren lassen. Wo müssen wir ansetzen, um Menschen wieder dazu zu ermutigen, kreativ zu sein? Wie können wir Menschen besser zeigen, dass sie die Fähigkeit dazu haben, kreativ zu sein? Viele Menschen schränken ihre eigenen Entfaltungsmöglichkeiten schon im Voraus in dem fehlgeleiteten Glauben ein, dass nur wenige andere Menschen überhaupt dazu in der Lage sind, kreativ zu sein.

Matthias Röder: Das ist eine schwierige Frage. Ich glaube, dazu braucht es einen völlig anderen Mindset, als den, den wir heute haben. Deswegen haben wir unsere Firma The Mindshift genannt. Weil du irgendwie wegkommen musst von diesem Denken, es gäbe richtig oder falsch, und hinkommen zu dem Denken, was wäre wenn? Warum nicht? Es gibt ein ganz berühmtes Buch mit dem Titel *Start with Why*. Und wir sagen immer, »Nein, start with why not?«! Das ist viel mächtiger.

Wir müssen in unserem Denken und in unserem Tun die Möglichkeiten, die vor uns liegen, in den Mittelpunkt stellen. Denn das ist eine unternehmerische Herangehensweise an Probleme. Das Gute ist, dass digitale Technologien, die in den vergangenen Jahren wirklich immense Fortschritte gemacht haben, genau dabei helfen. Sie halten uns quasi den Rücken frei, indem sie uns repetitive Aufgaben abnehmen und es uns ermöglichen, uns stattdessen auf die kreativen Möglichkeiten, die vor uns liegen, zu konzentrieren. Letztendlich ist ein Unternehmen eine freiwillige Ansammlung von Individuen, die gemeinsam an einem Purpose arbeiten. Das sehen wir besonders stark, wenn wir mit jungen Leuten zusammenarbeiten. Die wollen nur noch in Unternehmen arbeiten, bei denen der Purpose passt. Und wenn der nicht klar kommuniziert und nicht klar verfolgt wird, dann sind die jungen Leute nicht mehr dabei.

Jan Hiesserich: Jetzt reden wir über zwei verschiedene Zwecke, die digitale Technologien erfüllen können: Einerseits können uns digitale Technologien lästige Arbeit abnehmen und uns somit die Möglichkeit geben, uns stattdessen auf kreativere Tätigkeiten zu konzentrieren. Andererseits können digitale Technologien auch als Impulsgeber dienen, was ihr in eurer Zusammenarbeit mit KI in der Vollendung von Beethovens 10. Symphonie eindrucksvoll gezeigt habt. Letzterer ist der für uns spannendere Aspekt, da wir uns in diesem Buch für das Konzept der Augmented Intelligence starkmachen wollen. Wir denken, dass genau an dieser produktiven Schnittstelle zwischen Mensch und Maschine die größte Wertschöpfung entstehen kann, weil wir dann den Freiraum, der sich da ergibt, kreativ nutzen können. Wir beobachten häufig jedoch, dass der Respekt sowohl vor Kunst als auch vor Technologie enorm ist. Beides erscheint zwar in der populären Diskussion omnipräsent, aber doch für viele unerreichbar. Verstehe ich dich also richtig, dass wir ein Stück weit die Angst sowohl vor Technologen als auch vor Kunstschaffenden verlieren sollten?

Matthias Röder: Wir begehen einen Fehler, wenn wir Künstler und Technologen auf ein Podest stellen. Weil wir damit suggerieren, dass Künstler und Technologen Dinge erreichen, zu denen wir selbst nie in der Lage sein werden. Das ist grauenhaft für die Motivation und entspricht nicht der Wahrheit. Viele Leute, die auf einem Sockel stehen, sind da hingekommen, weil sie dafür hart gearbeitet, aber oft auch einfach Glück gehabt haben, und letztlich wäre dasselbe auch für viele andere Menschen erreichbar. Viel wichtiger als die Glorifizierung von vermeintlichen Genies ist, dass die ganzen komplexen Probleme, mit denen wir heute als Gesellschaft konfrontiert sind, nicht von Einzelpersonen gelöst werden können, sondern nur in der Gemeinschaft. Und digitale Technologien können uns dabei helfen. Erstens durch Automatisierung, wie ich eben beschrieben habe. Zweitens aber auch dadurch, dass sie die Komplexität der Daten, die uns umgeben, erschließen und es uns ermöglichen, damit leichter zu arbeiten. Zu guter Letzt können digitale Technologien aber auch als Inspirationsquelle dienen, wenn wir vor einer Denkblockade stehen und nicht weiterkommen. Das sind die drei Bereiche, in denen uns digitale Technologien enorm helfen können. Was wir dabei vermeiden müssen, ist das, was wir schon seit hunderten Jahren mit einzelnen kreativen Menschen gemacht haben, nämlich neue Technologien auf ein Podest stellen: »Die Blockchain ist die Lösung für alles. Die KI wird's schon richten.« Dem ist natürlich nicht so. Von diesem Gedanken müssen wir uns unbedingt lösen. Ich bin davon überzeugt, dass die Lösung unserer Probleme in der Vernetzung kreativen Potenzials liegt, sei es zwischen den Menschen oder auch zwischen Mensch und Maschine. In diese Richtung müssen wir weiter hinarbeiten.

Paula Cipierre: Vielleicht noch eine letzte Frage zum Thema Bildung: Du hast wie viele unserer Gesprächspartner einen Teil deiner Ausbildung in Europa genossen, den anderen Teil in Amerika. Vor allem in Deutschland haben wir oft das Gefühl, dass wir durch unser tendenziell eher verkopftes Bildungssystem und die hierarchischen Strukturen in Unternehmen eher eingeschränkt werden, während man in Amerika viel pragmatischer und freier ist, über verschiedene Disziplinen hinweg zu denken und sich innovativ zu bewegen. Gleichzeitig sehen wir momentan gerade in den USA, wo man mit der Technologieentwicklung außerordentlich schnell vorangeprescht ist, dass dabei große gesellschaftliche Fragen aufgeworfen wurden, auf die wir noch keine guten Antworten haben. Wie kann man das Beste beider Welten, des europäischen und amerikanischen Ansatzes zu

Technologieentwicklung, miteinander verbinden, um Innovation im Einklang mit unseren Werten voranzutreiben?

Matthias Röder: Was mir am amerikanischen System gut gefallen hat, ist seine ausgeprägte Praxisorientierung. Das heißt, ich habe immer sofort an echten Problemen gearbeitet. Natürlich war ich zu dem Zeitpunkt schon Doktorand, aber selbst als wir am College unterrichtet haben, haben wir die Studenten immer mit konkreten Problemen konfrontiert. Die Studenten mussten nicht nur die Theorie pauken und wiederkäuen. Es gibt im amerikanischen System allerdings auch eine gewisse Zielstrebigkeit, die leicht in Scheuklappen kippt, wenn man nicht aufpasst. Im europäischen System, oder in meinem Fall genauer im deutschen und österreichischen, hingegen gab es immer eine gewisse Freiheit in der Herangehensweise. Früher zumindest hat man das Konzept des rundum umfassend gebildeten Menschen noch sehr ernst genommen. Und das fördert natürlich das Denken in Analogien und die Fähigkeit, sich in verschiedene Disziplinen hineinzudenken. Ich weiß nicht, ob das heute noch so ist, aber damals war es so. Und so konnte man also auch Querverbindungen beispielsweise zwischen Musikwissenschaft und der Computerwissenschaften finden. Die Verbindung ist das Spannende. Und Verbindungen zu schaffen, ist etwas, das heute leichter möglich ist denn je, da wir über das Internet und die Datenbanken, auf die wir heute Zugriff haben, schon über sehr viel Wissen verfügen, das wir jetzt zusammenbringen müssen. Das ist übrigens auch etwas, das uns in Europa auszeichnet, nämlich dass wir häufig neue Technologien als Erste erfinden. Die Technologie, die hinter neuronalen Netzwerken steckt, ist zum Beispiel eine europäische Erfindung. Die Frage ist dann nur, wie man das, was man geschaffen hat, kultiviert und zu einer Marktreife bringt. Und damit haben wir uns in Europa immer ein wenig schwergetan. Ich habe dafür auch keine Patentlösung. Ich glaube aber, dass, wenn man in der Ausbildung die Möglichkeit hat, beide Herangehensweisen kennenzulernen, man diese Chance unbedingt nutzen sollte. Es sollte in unserer globalisierten Welt sowieso keine Rolle mehr spielen, ob man in Europa, den USA, in Afrika oder in Asien ist. Letztendlich leben wir alle auf demselben Planeten, wir gehören alle zu derselben Gemeinschaft. Die Vernetzung globalen Wissens zur Lösung globaler Probleme sollte heute im Mittelpunkt stehen.

Paula Cipierre: Ein schönes Schlusswort, Matthias. Vielen Dank für das Gespräch.

SCHLUSSWORT – EIN JEDER ROMANDICHTER SEINER SELBST

Wir sind in diesem Buch auf eine Reise gegangen. Unser Ziel war es dabei nicht so sehr, das Unverkennbare festzustellen: Die Welt wandelt sich. Aufgewühlt befindet sie sich im Fluss, angetrieben unter anderem durch die Kräfte der Digitalisierung.

Unser Ziel war vielmehr, vor diesem Hintergrund einen »Aspektwechsel« zu vollziehen – einen Aspektwechsel, der nicht so sehr die Dinge, die sich ändern, in den Blick nimmt. Auch ging es uns nicht primär um die Technologien – von Blockchain bis KI –, die neue Möglichkeitsräume in atemberaubender Geschwindigkeit eröffnen. Vielmehr wollten wir uns selbst, den Menschen, in den Blick nehmen. Und so sind wir im Laufe dieser Reise bewusst auf Distanz zu uns selbst gegangen. Denn nur so können wir jene deterministischen – wenngleich äußerst populären – Erzählungen über eine Digitalisierung, die passiert und somit hingenommen werden muss, als das entlarven, was sie sind: unkonstruktiv, entmündigend, ermattend. Und nur so können wir den Platz einnehmen, den wir, die wir uns als vernunftbegabte und verantwortungsvolle Menschen in Zeiten von Unruhe und Krise begreifen, einnehmen können und sollten: gestaltend, kreativ, lernend, strebend, umdenkend.

Damit uns dies gelingt, wollten wir im Laufe unserer Reise zunächst einmal ergründen, inwiefern jener Trennstrich zwischen Mensch und Maschine, von dem schon Weizenbaum sprach, gezogen werden kann. Gibt es ihn? Wenn ja, wo? Oder hat sich der Gedanke eines Trennstrichs überlebt?

Unsere Antwort darauf ist: Ja, den Trennstrich gibt es. In nahezu allen Gesprächen war dieser, selbst wenn er nicht explizit erwähnt wurde, zumindest präsent. Das ist eine gute Nachricht, der ein wenig mehr Beachtung geschenkt werden sollte. Mit Hilfe unserer Gesprächspartner konnten wir eine Reihe von Eigenschaften dingfest machen, die uns Menschen *eigen* sind. Die folgende Aufstellung ist dabei der Versuch einer ersten Zusammenfassung, dabei aber keineswegs abschließend gedacht.

Kontextkompetenz (»Ich kann Komplexität erschließen«) hat in vielen unserer Gespräche eine große Rolle gespielt. Tim Höttges beispielsweise verweist auf ein weitverbreitetes Gefühl zunehmender Komplexität. Zwar könnte und sollte Software uns dabei helfen, die Informationen, die dieser Komplexität innewohnen, leichter zu analysieren. Diese Meinung vertritt auch Adina Popescu, die mithilfe von Software vorausschauende Klimaanalysen ermöglichen will. Aber beide geben zu bedenken, dass wir uns allein durch Software nicht der Komplexität entledigen können. Da Algorithmen nicht zwischen Korrelation und Kausalität unterscheiden können, müssen relationale Zusammenhänge, wie es uns auch Alexander Pretschner bestätigt, nach wie vor von Menschen hergestellt werden. Auch haben Daten, anders als häufig an- und hingenommen, keinen inhärenten Wert. Es braucht immer jemanden, der diesen Wert verleiht, sie in Beziehung setzt, modelliert und zu nutzen weiß. Und damit man in diesem Prozess, wie Tim Höttges anmahnt, nicht der eigenen Bestätigungstendenz auf den Leim geht, müssen Unternehmen und andere Organisationen verstärkt in die Diversität ihrer Arbeitskräfte investieren. Diversität kann in diesem Zusammenhang verschiedene Bedeutungen annehmen. Einerseits eine Diversität an Hintergründen: In Simone Mennes Erfahrung gibt es einen deutlichen Zusammenhang zwischen Vielfalt und Innovationsfähigkeit in Unternehmen. Aus diesem Grund setzt sie sich unter anderem für die Frauenquote ein. Sebastian Dettmers hingegen stellt bei Stepstone bewusst Menschen aus verschieden Bildungsschichten ein. Mathias Döpfner sieht in Diversität nicht nur eine Quelle der Innovation, sondern auch einen Garanten für gesellschaftlichen wie auch unternehmerischen Diskurs: Einheit durch Vielfalt.

»Ideale zu schaffen, neue und ewige, in und von der Welt, alte und vergängliche, ist eine Aufgabe, die Roboter nicht leisten können. Dafür hat mich meine Mutter zur Welt gebracht«, schrieb in seiner unverkennbaren Art der Neurowissenschaftler Warren McCulloch.[81]

Antrieb (»Ich habe Lust etwas zu machen«) ist eine urmenschliche Eigenschaft, an der wir jedoch laut vieler unserer Gesprächspartner ein wenig die Lust verloren haben. Gemäß Simone Menne und Chris Boos haben wir es uns in Deutschland ein wenig zu bequem gemacht. Zumindest diejenigen, denen schon alle Türen offenstehen. Wenn das auch ein Umstand ist, der noch lange nicht auf viele, geschweige denn auf alle zutrifft. Uns den sich bietenden Chancen zu verweigern, können wir, wie Sebastian Dettmers betont, uns aber nicht mehr leisten, wenn wir unseren Wohlstand erhalten wollen. Denn auch wir sind mit konkreten Herausforderungen von Arbeiterlosigkeit bis Klimakrise und Ukrainekrieg konfrontiert, die eigentlich einen gesamtgesellschaftlichen Krafteinsatz erfordern. Mathias Döpfner bemängelt in diesem Zusammenhang die fehlende Lust in Deutschland, wieder führend auf der globalen Ebene zu sein. Sebastian Dettmers plädiert daher für eine Moonshot-Initiative, oder gar einen »German Traum«, der Menschen verschiedenster Hintergründe hinter sich vereint.

Autonomie (»Ich treffe unabhängig Entscheidungen und kann bestehende Regeln hinterfragen«) ist in uns allen angelegt. Wir müssten uns ihrer nur häufiger bewusst werden, sagt Chris Boos, und verweist auf die Kunst, die gerne unbequem sei und gegen den Strom schwimme. Laut Tim Höttges braucht es Querulanten auch in Unternehmen. Denn Innovation erfordert Menschen, die gewillt sind, anders zu denken und dafür die Verantwortung zu übernehmen. Gerade letzteres sei jedoch häufig ein Problem, beobachten Simone Menne und Sebastian Dettmers. Es gebe eine Tendenz in Großkonzernen zum Mikromanagement einerseits und zu der Tendenz nach oben zu delegieren, um damit Verantwortung zu vermeiden, andererseits. Was ihrer Meinung nach nötig ist, ist Klarheit in der Zielsetzung bei gleichzeitiger Freiheit in der Umsetzung.

Intention (»Ich mache etwas mit Absicht«) spielt in der Kunst eine große Rolle, weil Künstler ihr Handwerk nicht wahllos ausüben. Kai Franz lieferte uns in diesem Zusammenhang ein spannendes Beispiel mit seinem Plopper, in dem er bewusst einen 3D-Drucker dahingehend umgebaut hat, dass der Druckvorgang eben nicht mehr nach vorhersehbaren Regeln verläuft. Software hingegen hat keine Hintergedanken. Zwar kann Software auch gesellschaftlich transformative Entwicklungen befördern – Miriam Meckel, Mathias Döpfner und Chris Boos erinnern in diesem Zusammenhang an die destruktive Seite sozialer Medien –, letztlich hat aber immer ein Mensch die Software so gebaut, wie sie heute zum Einsatz kommt. Deswegen ist Intention eine Eigenschaft, die uns laut Matthias Röder von der Maschine unterscheidet. KI könne zwar bis zu einem gewissen Grad kreativ sein. Kunst machen könne sie aber nicht, denn Kunst benötigt Freiheit und die fehlt der Maschine.

Die Fähigkeit zur **Improvisation** (»Ich mache etwas spontan anders als geplant«) wurde von mehreren Gesprächspartnern als eine menschliche Eigenschaft identifiziert, die sie in ihrer Auseinandersetzung mit der Kunst gelernt und auf ihre unternehmerischen Tätigkeiten übertragen haben. Mathias Döpfner und Tim Höttges beispielsweise machen leidenschaftlich gerne Musik und haben beide betont, dass Manager von Musikern mehr lernen können, als man gemeinhin denkt. Spielen im Allgemeinen wird von Erwachsenen unterschätzt. Simone Menne befürchtet, dass wir heute schon Kindern die Lust am Experimentieren austreiben und ihnen nicht mehr beibringen, dass Wissen nicht nur auf Wahrheit, sondern auch auf Experimenten und insofern auf dem Fehlermachen beruht. Léa Steinacker und Miriam Meckel plädieren in Anlehnung an ihr Gespräch mit der belgischen Psychologin Esther Perel demnach dafür, dass wir auch als Erwachsene wieder lernen müssen, verspielt zu sein. Denn wie uns auch Simone Menne bestätigt, gebe es noch zu häufig eine unbegründete (und unergründbare) Angst vor Lego und Knete.

Irrationalität (»Ich bin unvernünftig«) ist normalerweise keine Eigenschaft, die wir schätzen. Doch im menschlichen Zusammenleben ist Irrationalität eng mit Kreativität verwandt. Es ist die Suche nach dem irritierenden Moment, das bewusst mit einer Norm bricht, die Künstler häufig auszeichnet. Sie sind dabei Innovationstreibern nicht unähnlich, wird doch Disruption häufig als Bruch mit Konventionen verstanden. Auch ist Rationalität nicht in jedem Fall das einzig erstrebenswerte Gut. Wie Alexander Pretschner im Zusammenhang mit dem Softwareengineering beschreibt, kann Software beispielsweise darauf programmiert werden, Sicherheit zu maximieren. Dies folgt aber einer Abwägung und Depriorisierung anderer Entwicklungsziele wie beispielsweise Bedienbarkeit und Effizienz. Auch in Unternehmen, wie Simone Menne beschreibt, werden Prozesse oft darauf ausgerichtet, immer effizienter zu sein, weil es aus Unternehmensperspektive rational ist, Arbeitskosten zu minimieren, um den Profit zu maximieren. Was dabei aber ironischerweise auf der Strecke bleibt, ist der Raum für Innovation, der für Unternehmen überlebenswichtig ist. Auch Kai Franz und Chris Boos mahnen an, dass wir dem Optimierungswahn widerstehen müssen, wenn wir es den Menschen noch ermöglichen wollen, Menschen zu sein. Muße, wie uns Miriam Meckel erinnert, bedeutet schließlich nicht Nichtstun, sondern Zeit zu haben, zu reflektieren.

Zusammenfassend lässt sich feststellen: Der Trennstrich kann gezogen werden. Alle diese Eigenschaften sind in uns angelegt. Sie machen uns einzigartig. Das ist die gute Nachricht. Einzig: Wir nutzen sie zu wenig. Für einen produktiveren und gestalterischen Umgang mit der Digitalisierung braucht es ein Denkmodell, das die Möglichkeitsräume, die sich aus der Software ergeben, ebenso fest in den Blick nimmt, wie unsere Fähigkeiten, diese Räume zu füllen. Wir brauchen ein Denkmodell, das uns befähigen soll, über uns hinauszuwachsen, nicht uns überflüssig zu machen. Die Idee der **Augmented Intelligence** erweist sich hier als nützlicher Ausgangspunkt. Indem wir den Menschen als verantwortungsbewussten und handelnden Akteur unmissverständlich ins Zentrum stellen, schafft sie einen »normativen Orientierungsrahmen«, an dem sich Softwareentwicklung orientieren kann. So gilt in dieser Denkschule eben nicht mehr als erstrebenswert, was machbar ist. Eng verwoben mit dem sozialen Kontext, in dem Softwareentwicklung stattfindet, plädiert die Idee der Augmented Intelligence für eine neue digitale Aufklärung. Sie gesteht uns Autonomie zu, verlangt aber im Gegenzug, dass wir die Verantwortung für unser Handeln übernehmen. Sie erkennt an, dass sich Möglichkeitsräume nicht nur über ihre Ausdehnung, sondern auch über ihre Grenzen definieren. Und diese sind keineswegs nur technische, sondern zudem gesellschaftliche, politische, soziale und individuelle Grenzen.

Seit jeher sind mit dem Fortschritt – ob digital oder analog – Erwartungen verbunden. Manche sind übertrieben positiv, manche äußern sich in Ängsten und Sorgen. Schon im England der frühen Industrialisierung zerstörten die Ludditen aus Angst vor Statusverlust und drohender Verelendung die neuartigen Textilmaschinen als sichtbarster Ausdruck von Fortschritt und Automatisierung. Seitdem kennt jede Generation ihre Maschinenstürmer. Künstler wie Charles Sheeler griffen diese Themen Anfang des 20. Jahrhunderts in ihrer Kunst auf. Menschenleere Fabriken und Straßenzüge schufen den Rahmen innerhalb dessen allerlei Dystopien wuchern konnten. Und auch heute erwecken Statistiken über die fortschreitende Automatisierung, getrieben durch KI und Digitalisierung, den Eindruck, gewisse Berufe würden kurz-, manche mittel- bis langfristig, ersetzt werden. Solche Statistiken wecken zurecht Ängste – und greifen doch viel zu kurz, da sie die Effekte der Digitalisierung zum einen vollkommen isoliert betrachten und zum anderen suggerieren, wir wären diesen Entwicklungen machtlos ausgeliefert. Aus dem Blickwinkel der Augmented Intelligence betrachtet ergibt sich ein neues Bild.

Zunächst einmal bietet sie die Chance, die Automatisierung, zumindest in mancherlei Hinsicht, als gesellschaftliche Bereicherung zu betrachten. Sowohl Sebastian Dettmers als auch Chris Boos weisen darauf hin, dass vor allem in Zeiten der Arbeiterlosigkeit neue Technologien eine Lösung sein können, um dem Mangel an Arbeitskraft entgegenzuwirken. Darüber hinaus solle es nicht Aufgabe der maßgeblich durch Software getriebenen Automatisierung sein, den Menschen zu ersetzen, sondern diesen vielmehr von Aufgaben zu befreien, die Software ebenso gut übernehmen kann. Dadurch wird der Mensch nicht überflüssig. Vielmehr wird er dazu aufgerufen, seine Rolle neu zu definieren und den sich daraus ergebenden Raum sinnvoller zu füllen. Außerdem kann Software uns dabei helfen, die großen Krisen unserer Zeit wie beispielsweise den Klimawandel besser zu begreifen, wie Adina Popescu mit ihrem Softwareprojekt ÆRTH eindrucksvoll beweist. In diesem Zusammenhang ermöglicht uns Software, große Datenmengen auf eine verständliche Art und Weise zusammenzubringen, die es wiederum uns Menschen ermöglicht, Hypothesen darüber aufzustellen und zu testen, wie menschliches Handeln den Klimawandel positiv beeinflussen kann.

Nicht nur in der Theorie kann es dadurch gelingen, »den Kopf freizubekommen«. Denn die Idee der Augmented Intelligence hört hier noch nicht auf. Ganz im Gegenteil: Ist der Kopf erst frei, kann Augmented Intelligence ihren wahren symbiotischen Beitrag dadurch leisten, in dem sie es uns ermöglicht, die neu eröffneten Möglichkeitsräume unseres Denkens mit Ideen und Ansatzpunkten zu füllen.

Und so rückt mit der **Kreativität** (»Ich kann etwas überraschend neu denken«) eine weitere entscheidende menschliche Eigenschaft in den Vordergrund, die sich dabei als größte Ressource der Augmented Intelligence zu erkennen gibt. Zwar können auch Algorithmen Kreativität zumindest simulieren – die Debatte um »artificial creativity« erweist sich als durchaus aufschlussreich.[82] Entscheidend dabei ist jedoch nicht das »Ob«, sondern das »Wie« oder »Inwiefern« der Frage. Nach der Definition der britischen Kognitionswissenschaftlerin Margaret Boden ist Software heute durchaus zu kombinatorischer und explorativer Kreativität fähig. Ein Beispiel kombinatorischer Kreativität sind die Kreationen von **Dall-E**, einem neuronalen Netzwerk, das Textbeschreibungen in Bilder übersetzt. Auch die vermeintlich von KI geschaffenen Kunstwerke, die auf Basis existierender Kunstwerke beispielsweise im Stil Rembrandts neue Portraits schaffen und auf dem Kunstmarkt astronomische Preise erzielen, verkörpern kombinatorische Kreativität. Letztere definiert sich also maßgeblich darüber, dass es ihr gelingt, bereits existierende Dinge auf kreative und überraschende Art und Weise neu zu kombinieren.

Explorative Kreativität hingegen geht noch einen Schritt weiter und erweitert existierende Vorstellungen davon, was möglich ist. Ein Beispiel explorativer Kreativität ist das, was AlphaGo, einer von dem Unternehmen DeepMind entwickelten KI, im Go-Spiel gegen Lee Sodol gelang. Wurde bereits 1996 mittels Rechenleistung ein Mensch in der Schachpartie Deep Blue gegen Gary Kasparov geschlagen – bis dahin Ausweis höchster »Intelligenz« –, so galt das chinesische Brettspiel Go aufgrund seiner Komplexität lange Zeit als unbeherrschbar für den Computer. Der Astrophysiker Piet Hut ließ nach dem Erfolg von Deep Blue im Interview mit der *New York Times* keinen Zweifel daran, dass es noch 100 Jahre oder länger dauern werde, bis ein Computer den Menschen im Go-Spiel schlagen werde.[83] Es sollten nur 20 Jahre werden. 2016 trat AlphaGo gegen den 18-maligen Weltmeister Lee Sodol an und entschied das Spiel in der 37. Runde mit einem Spielzug für sich, der für menschliche Spieler bis dato unverstellbar war. Die KI AlphaGo hat damit nicht die Grenzen des Spiels gesprengt, sie aufgrund der fundamental höheren Rechenleistung der KI aber deutlich erweitert.[84]

Auch in unseren Gesprächen wurde auf mannigfaltige Art und Weise darauf verwiesen, wie die durch das Zusammenspiel von Mensch und Software getriebene kombinatorische sowie explorative Kreativität konkreten Mehrwert schafft. So sprachen wir mit Achim Daub über die Software Philyra. Ganz im Sinne der Augmented Intelligence macht diese den Parfümeuren Vorschläge, wie verschiedene Duftstoffe auf Basis von tausenden bestehenden Rezepten und Duftstoffanalysen zusammenpassen könnten. Die Entscheidung darüber, welche Kombinationen letztlich zum produktiven Einsatz kommen, verbleibt jedoch bei den Parfümeuren. Auch kann Philyra lästige Routinearbeiten übernehmen, wenn es beispielsweise darum geht, bestehende Rezepte gemäß neuen Sicherheitsstandards zu aktualisieren. Ein weiteres Beispiel der Augmented Intelligence ist die KI, die Matthias Röder genutzt hat, um Beethovens unvollendete 10. Symphonie 250 Jahre nach der Geburt des Komponisten zum Abschluss zu bringen. Die KI konnte anhand der Skizzen, die uns Beethoven hinterließ, sowie eines Trainingsdatensatzes aus der Musik der Epoche im Allgemeinen und Beethovens Lebenswerk im Speziellen im Stil des Komponisten Vorschläge für mögliche neue Kompositionen entwickeln. Dabei haben letztlich aber immer die Musikwissenschaftler die Vorschläge der KI kuratiert und mit ungewöhnlichen Komponenten, wie beispielsweise einem Orgelteil, bereichert. Im Ergebnis fand man so zu einer stilgerechten, aber gleichzeitig originellen und kreativen Interpretation einer vollendeten 10. Symphonie.

Ein großer Nachteil der Software erweist sich dabei häufig als ihr größter Vorteil für diejenigen, die diesen zu nutzen wissen. Denn es ist schließlich nicht die Software, die kreativ ist. Sie weiß und wird wahrscheinlich nie wissen, was sie tut. Kreativ, unerwartet und beizeiten irritierend sind die Ergebnisse, die die Software im Sinne der Augmented Intelligence liefert, einzig, weil sie mit unseren bestehenden Denkmodellen und Konventionen bricht und wir diese als solche wahrnehmen. Der Schöpfer von AlphaGo, Demis Hassabis, verglich sein **Computerprogramm** vor diesem Hintergrund mit dem Hubble-Teleskop. Dieses erlaube den Menschen tiefer, weiter und breiter zu sehen und den Blick zu weiten für Möglichkeiten, die bisher als undenkbar galten. Aber ähnlich wie das Hubble-Teleskop sei das Programm eben nicht entworfen worden, um die menschliche Kreativität zu ersetzen, sondern um diese zu erweitern.[85] Vor diesem Hintergrund sprach der chinesische Go-Champion Ke Jie gar von einer neuen Ära. Erst in der Symbiose zwischen Mensch und Maschine sei es gelungen, sich der etablierten Konventionen des Spiels bewusst zu werden und sich dieser zu entledigen: »Die Menschheit spielt seit Tausenden von Jahren Go, und doch haben wir, wie die KI uns gezeigt hat, noch nicht einmal an der Oberfläche gekratzt.«[86]

Neben der kombinatorischen und explorativen Kreativität benennt Margaret Boden jedoch noch eine dritte Form der Kreativität, die dem Menschen vorbehalten sei: die transformative Kreativität. Einzig sie sei in der Lage, unsere Welt komplett aus den Angeln zu heben. Dies stelle hohe Anforderungen an viele der oben skizzierten menschlichen Eigenschaften. Werner Heisenbergs Formulierung der Unschärferelation ist ein solches Beispiel. In Anlehnung an Heisenberg, nur mit umgekehrten Vorzeichen, ist es der Computer, der hier *prinzipiell* an seine Grenzen kommt. Der Grund dafür ist, wie Chris Boos uns erklärt hat, dass Software, um zu transformativer Kreativität in der Lage zu sein, ihren eigenen Erfahrungsraum sprengen müsste, was sie aber per Definition nicht kann.

Wir konnten also feststellen, dass es genügend Gründe gibt, die Digitalisierung nicht nur als Bedrohung, sondern auch als ganz konkrete Bereicherung zu begreifen. Software im Sinne der Augmented Intelligence, begreifen wir dabei als *hinreichende* Bedingung für eine positivere Zukunftsvision technologischen Fortschritts.

Wir hingegen sind die einzig *notwendige* Bedingung.

Es kann ein Leben ohne Software und Technologie geben, so unvorstellbar uns dies mittlerweile sein mag. Aber es kann – oder besser: sollte – keinen technologischen Fortschritt ohne uns geben. Deshalb schauen wir zuversichtlich auf die Zukunft. Sie wird schon heute von uns gedacht und gemacht. Und alles, was es dafür braucht, ist in uns von Natur aus angelegt. Doch wir werden die Möglichkeitsräume, die sich durch Augmented Intelligence eröffnen, nicht füllen, wenn wir nicht anfangen umzudenken, umzulernen. Die Idee der Augmented Intelligence bildet nur ein Fundament, ein Rahmenwerk, eine Struktur. Leitplanken gleich, kann sie uns in eine Richtung weisen in unserem Umgang mit und unserer Ausgestaltung von digitalen Technologien. Es ergibt sich aber aus ihr kein Automatismus. Diese Struktur mit Leben zu füllen, will gelernt sein. Und so kommen wir nicht umhin, ein Thema anzusprechen, dass in allen auf dieser Reise geführten Gespräche präsent war: digitale Bildung.

Für ein neues Verständnis von Bildung

Wenn im öffentlichen Diskurs der Ruf nach mehr digitaler Bildung ertönt, dann wird kaum jemand widersprechen: Wir brauchen digitale Bildung, damit nicht nur unsere Kinder in der Lage sind, die Möglichkeiten der Digitalisierung voll auszuschöpfen. Sofern sich die Idee der digitalen Bildung nicht ausschließlich auf die Ausstattung mit digitalen Endgeräten verkürzt, dreht sich die Debatte dabei häufig um zusätzliche Lerninhalte und die Vermittlung von spezifisch technischem Fachwissen oder beispielsweise darum, programmieren zu lernen. Auch stehen MINT-Fächer wieder besonders im Fokus. Glücklich, so scheint es, sind die, die ihr Denken nur nah genug an jene kühle Logik der Algorithmen heranführen. Der Gedanke ist nicht notwendigerweise falsch. Es wird nicht schaden, ein besseres Verständnis über die Arbeits- und Wirkweise von Algorithmen zu erlangen. Und doch geht es um weit mehr als das Wissen darüber, wie Dinge funktionieren und die digitale Welt aufgebaut ist. Wir plädieren vor diesem Hintergrund für ein vollkommen anderen, geradezu kontraintuitiven Ansatz. Digitale Bildung sollte den Menschen als Komplementär, nicht als defizitäres Duplikat der Maschine ertüchtigen. Es ist schon fraglich genug, ob der Zusatz »digital« überhaupt taugt, aber sollte sie adäquat mit Leben gefüllt werden, dann würde die digitale Bildung ihren Blick weiten auf das humanistische, ethische und kreative, dass in unserer heutigen Ausbildung leider mittlerweile nur mehr ein Schattendasein fristet. Eine solche Sichtweise, die dem geläufigen Diskurs entgegensteht, läuft Gefahr, sich unbeliebt zu machen. Deshalb verdient sie ein wenig mehr Aufmerksamkeit.

1+1=11?

»Wir *müssen* wissen, wir *werden* wissen!«, rief noch 1930 der bedeutende Mathematiker David Hilbert der Welt zu. Er verkörperte damit jenes Ideal, das ganze Generationen von Wissenschaftlern, die die Industrialisierung im ausgehenden 19. Jahrhundert und 20. Jahrhundert maßgeblich gestalteten, prägen sollte. Immer weiter wurde vorgedrungen in die Tiefen der Disziplinen, immer feingliedriger wurden die Verästelungen der Forschungsrichtungen. Noch heute zeichnet unser Bildungssystem jene Wege in die Tiefe nach. Man beginnt in jungen Jahren geradezu oberflächlich und gräbt sich über die Jahre weiter in die Tiefe. Es ist dieses strukturierte Vorstoßen in die Welt der Ontologie, jener Lehre vom Sein, die ihre Aufgabe darin sieht, die Beschaffenheit der Welt so zu erklären, wie sie ist. Der Vorstoß setzt dabei nicht nur eine solide Kenntnis der »Schaufelinstrumente« und der bisher zurückgelegten Strecke voraus. Auch die Welt, die es zu ergründen gilt, wird in vielerlei Hinsicht als beständig und autonom vorausgesetzt. Das Erkenntnisinteresse gilt »dem« Wissen. Gefragt sind Entdecker, die jene Winkel der Welt ausleuchten, die wir noch nicht kennen (aber denen wir unterstellen, bereits zu existieren).

Gemäß einer solchen Weltsicht ist es nachvollziehbar, von richtig und falschen Antworten zu sprechen. Denn der Gegenstand, den es zu wissen gilt, existiert schließlich unabhängig von uns, er ist autonom. Die Antwort auf »Was ist 1+1?« wird immer 2 sein, nie jedoch 11 –, was sicher keine mathematisch richtige, zweifelsohne aber eine kreativere Interpretation der Gleichung wäre. Dabei soll die mathematisch nachweislich korrekte Antwort in dem Fall nicht infrage gestellt werden. Wie Mathias Döpfner erklärt, brauchen wir einen gemeinhin akzeptierten Grundschatz an Wahrheiten, auf dem wir als Gesellschaft weiter aufbauen können. Trotzdem sollten wir es uns wieder öfter erlauben, die Perspektive, vor allem auch zwischen den Disziplinen, zu wechseln und kreativere Sichtweisen in den Blick zu nehmen. Die Grundschwingung einer monodisziplinären Betrachtung ist jedenfalls immer jene der Vereindeutigung der Welt. Und Eindeutigkeit wird einer zunehmend vielfältigen, mehrdeutigen Welt nicht nur nicht gerecht. Sie beraubt uns zudem einer Vielzahl an Möglichkeiten.

Es wäre dabei zweifelsohne ungerechtfertigt, unser Bildungssystem pauschal abzulehnen. Es braucht auch heute noch Entdecker, die sich in den tiefen und dunklen Schächten ihrer Disziplinen weiter vorkämpfen. Deutschland genießt zu Recht einen hervorragenden Ruf in der Grundlagenforschung. Und anders als die pseudowissenschaftliche Lesart des späten Silicon Valley es vermuten ließe, ist letztere ihrer Anlage nach durchaus offen und dem Unbekannten zugewandt. In seinem Buch *The Usefulness of Useless Knowledge* schreibt der Gründer des Institute for Advanced Studies in Princeton, Abraham Flexner, dass es gerade das ungehinderte Streben nach vermeintlich nutzlosem Wissen sei, das zu den größten technologischen Durchbrüchen der Menschheit führe.[87]

Wie anders verhält es sich da bei der Diskussion um digitale Bildung. Anstatt die Mehrdeutigkeit, Vielfalt und Neugier in den Blick zu nehmen, wird die Debatte um digitale Bildung von einer verkürzten Vorstellung eines Bildungsbegriffs dominiert, der sich nicht nur maßgeblich über die Normen und Ideale der Industrialisierung definiert. Ebenso wie seit Jahren Bildungsreisen ins Silicon Valley zum guten Ton im gehobenen Management gehören, scheint der unbestreitbare ökonomische Erfolg einzelner Silicon-Valley-Unternehmen die Bildungsagenda zu bestimmen und all jenen Recht zu geben, die die Ansicht vertreten, alle Probleme ließen sich mittels Technologie und der ihr zugrunde liegenden Ideologie des kühlen, formelhaften Rationalismus lösen. Eine solche Sicht auf Bildung greift nicht nur deshalb viel zu kurz, weil sie den nachgelagerten Erfolg, nicht jedoch die ihm vorgelagerten Bedingungen, zum Maßstab guter Bildung nimmt. Vielmehr wird eine Bildungspolitik konserviert und fortgeschrieben, die den Wert unserer urmenschlichen Eigenschaften aus dem Blick verliert. Dies sollten wir nicht länger dulden. Warum?

Zunächst einmal ist Wissen, mit dem Menschen primär auf die Erfordernisse der Industrialisierung vorbereitet wurden und werden, zwangsläufig statisch.

Wer die Welt in falsch und richtig aufteilt, bekommt dabei im besten Fall fleißige und effiziente Arbeitskräfte, verkennt aber den Wert des Mehrdeutigen, Ambivalenten. Erzogen zur Kurzsichtigkeit bewegen wir uns in eindeutigen Bahnen, unwillig und unfähig, jenem produktiven Chaos, das wir vielleicht erahnen, aber nicht begreifen können, einen Wert zuzusprechen. Im Vordergrund der Ausbildung steht das Pauken und Auswendiglernen. Es ist jene Vorstellung von Bildung, die Heinz von Foerster als »Trivialisierung« bezeichnete. Diese sei die »Amputation interner Zustände, Blockierung der Entwicklung unabhängigen Denkens und Belohnung von vorschriftsmäßigem, also voraussagebarem Verhalten«.[88] In einer solchen Vorstellung von Bildung gehe es nicht primär um das spielerische Erlernen, sondern darum, Tests zu bestehen, und diese zeichnen sich schließlich dadurch aus, dass sie nur Fragen zulassen, auf die es eindeutige Antworten gibt. In einer solchen Welt können Maschinen intelligent sein, da sich selbst so dynamische Dinge wie Sprache von ihrer Syntax her begreifen lassen. Sätze werden nach Verknüpfungsregeln geformt; diese kann man erlernen und damit sprachliche Kompetenz simulieren. Das Ergebnis ist erstaunlich. Und doch kann auch ein so ausgereiftes System wie LaMDA nicht darüber hinwegtäuschen, dass es einen Dialog nur simuliert. LaMDA *versteht* schließlich nicht, was es sagt, sondern agiert nach Vorhersagen, wonach die Antwort die vermeintlich wahrscheinlichste ist, die das Gegenüber hören will. Es mag sich wie ein Dialog anfühlen – und ist doch nur ein Selbstgespräch, ein Täuschungsversuch, der nicht zu verbergen vermag, dass es in solchen Dialogen kaum je um Austausch oder Erkenntnisgewinn gehen kann. Es geht darum, wie schon John R. Searle in seinem »Chinese Room Experiment« vermutete, Erwartungen möglichst richtig und genau vorherzusagen und deren Erfüllung zu simulieren. Nur weil man ein Schriftzeichen mit einem Wörterbuch abgleicht, heißt es noch lange nicht, dass man eine Sprache versteht.[89]

Verständnis simulieren kann man mit Hilfe von Künstlicher Intelligenz aber bereits sehr gut – so gut, dass der Turing-Test, benannt nach dem englischen Mathematiker Alan Turing, manchen als bestanden gilt. Dieser erachtete die Intelligenz einer Maschine dann für erwiesen, wenn ein Mensch im Dialog mit einer Maschine nicht mehr sagen könne, ob die Antworten von einem Menschen oder einer Maschine gegeben wurden.[90] Häufig wird in der Auseinandersetzung auf eben jenen Test verwiesen, wenn die Simulation uns weismachen soll, dass Maschinen intelligent und womöglich intelligenter wären als wir. Wir bekommen nur zu sehen und zu hören, was wir sehen und hören wollen, und erkennen darin die Intelligenz der Maschine.

In der Folge – und darin manifestiert sich das zweite Problem dieser verkürzten Vorstellung von Bildung – kommen wir zwangsläufig an die Grenzen unserer Autonomie. Gefangen in der Welt dessen, was »ist«, und gemessen am selbstgesteckten Maßstab der Intelligenz, beobachten wir, wie die Maschine plötzlich mehr weiß als wir je wissen könnten. Sie spricht mehr Sprachen, sie braucht keinen Schlaf und keine Muße. Die Geister, die wir riefen, holen uns nun ein. Denn man müsste schon im wahrsten Sinne des Wortes »verrückt« sein, um auf die Idee zu kommen, sich der eigenen Autonomie allein dadurch zu versichern, dass man sich dem Turing-Test verweigert oder gar die Definition des Wortes »Intelligenz« verändert. Dann läge freilich auch der unverschämte Gedanke nahe, dass vielleicht nicht die Maschine den Turing-Test bestanden hat, sondern wir – die Prüfer – durchgefallen sind. »Der Mensch ist kein Ding, sondern ein Drama«, schrieb der spanische Philosoph und Soziologe José Ortega y Gasset einst. Und nichts an seinen Worten hat seine Gültigkeit verloren:

> »Man vergisst allzu oft, dass der Mensch undenkbar ist ohne Phantasie, ohne die Fähigkeit, sich ein Lebensbild zu erfinden, die Persönlichkeit, die er sein will, ›auszudenken‹. Ob Plagiator oder Original, der Mensch ist der Romandichter seiner selbst.«[91]

Es gibt aber noch einen weiteren Grund, die gängige Vorstellung von Bildung zu hinterfragen. Der Fokus auf »das Wissen« lehrt keine Distanz, keinen Überblick. Einmal eingestiegen in die Stollen der Disziplinen – und wohlgemerkt, dieser Prozess beginnt nicht erst mit der Fachwahl an der Universität – erkennen wir die Welt nur noch als faden Lichtschein am Ende des Tunnels. Und wer aufsteigt, um sich als Experte seiner Zunft mitzuteilen, mag vielleicht noch in der Ferne hören, aber nicht notwendigerweise verstehen, was die anderen Experten da sagen. Unfähig zwischen den Disziplinen zu vermitteln, suchen wir die Schuld für die babylonische Sprachverwirrung bei den anderen, kaum jedoch bei uns selbst.

Nun ist es mittlerweile durchaus anerkannt, dass unsere Vorstellung von Bildung keine ewige Gültigkeit beanspruchen kann. Sie ist, wie so vieles, Kind ihrer Zeit und hat in den Jahren der Industrialisierung ihren Wert bewiesen. Allerorten vernehmen wir nun also den Ruf nach digitaler Bildung, die vorbereiten soll auf die Bedürfnisse einer neuen Zeit. Aber gefangen in unserem Denkmodell, unfähig Abstand zu nehmen, können wir nicht anders als Digitalisierung in den uns bekannten Kategorien als eine weitere Disziplin zu begreifen und uns ihr mit den bekannten Methoden zu nähern. »Digital« heißt nun einmal wortwörtlich binär. 1 oder 0. Das hat die Folge, dass wir meinen, programmieren zu lernen alleine würde unsere Kinder schon adäquat auf die Herausforderungen unserer Zukunft vorbereiten. Das aber ist ein Trugschluss. Die wahre Tragödie ereignet sich dort, wo wir die Möglichkeiten der Digitalisierung nutzen, um das

Pauken noch intuitiver und effizienter zu gestalten. Im guten Glauben und Vorsatz werden somit auch noch die letzten Schmerz- und Reibungspunkte aus dem Bildungssystem entfernt, die Anlass geben könnten, am Widerstand zu wachsen oder kreative Wege aus der selbstverschuldeten Misere zu finden.

Digitale Bildung kann nicht einfach als Erweiterung des bestehenden Bildungssystem gedacht werden. Es ist unverkennbar, dass die in weiten Teilen der Gesellschaft vorherrschende statische Sicht auf das Thema Bildung mit seiner fetischartigen Fixierung auf Wissen und eine überholte Definition von Intelligenz einer dynamischen Welt nicht mehr gerecht wird. Wir begeben uns in eine Welt, die – zumindest ihren Anlagen nach – bunt, ambivalent, mehrdeutig und komplex sein wird. Um die Möglichkeiten und Möglichkeitsräume, die sich daraus ergeben, zu nutzen, müssen wir umlernen. Das bedeutet, wie gesagt, ausdrücklich nicht, dass es zukünftig keine Entdecker fachspezifischen Wissens mehr braucht – Wissen ist und bleibt eine Ressource. Aber selig ist der, der diese Ressource zu nutzen und auf andere Disziplinen zu übertragen vermag. Denn Wissen hat – ebenso wenig wie Daten – keinen inhärenten Wert.

Wenn wir die Welt von heute verstehen und die Welt von morgen gestalten wollen, dann muss Bildung mehr sein als pauken. Die Frage, die Sebastian Dettmers im gemeinsamen Gespräch stellt, ist ja berechtigt: »Wie bereite ich meine Kinder auf einen Job vor, den es höchstwahrscheinlich heute noch gar nicht gibt?« Wir gehen noch einen Schritt weiter: Wie bereiten wir unsere Kinder auf eine Welt vor, in der es den Arbeitsmarkt, so wie wir ihn heute kennen, vielleicht gar nicht mehr gibt? (Das muss nichts Schlechtes sein!)

Unsere Antwort: Indem wir uns von der Vorstellung verabschieden, die Welt ließe sich als in Stein gemeißelte Straßenkarte begreifen. Auch eine Karte ist eine unvollständige Repräsentation der Welt. Sie kann nützlich sein, bereitet uns aber nicht auf den Flohzirkus vor, den wir auf und abseits der Straßen finden und der uns manchmal zu Umwegen und schwierigen Entscheidungen zwingt. Wir müssen den Sprung machen, weg von der statischen Konzeption der Ontologie – der Lehre vom Sein – hin zur dynamischen, übergeordneten Epistemologie – der Lehre vom Verstehen. Oder anders gesagt: Der Fokus muss sich weiten vom Wissen, wie es »ist«, hin zur Frage, wie wir uns Wissen aneignen und wie wir Wissen bereichern in einer diversen und dynamischen Welt.

Schon von Foerster weist darauf hin, dass der Unterschied zwischen dem ontologischen »Verstehen von irgendwas« zum epistemologischen »Verstehen des Verstehens« gewaltig ist. Ersteres betrachtet den Prozess des Verstehens als etwas *Selbstverständliches*. Bei Letzterem ist der Prozess des Verstehens hingegen auf sich selbst bezogen. Es geht also um *Selbst-Verständnis*, um die Fähigkeit, die eigene Rolle im Beziehungsgeflecht der Welt zu erkennen und zu hinterfragen.

Wir müssen in dem Fall also vielleicht nicht digital (»1 oder 0«), sondern multidimensional denken. Eine solch ganzheitliche Bildung, ganz im Sinne Humboldts, lehrt die Fähigkeit, bewusst einen höheren Standpunkt einzunehmen, der es uns erlaubt, weiter und tiefer zu blicken und somit die größeren Zusammenhänge zu offenbaren, die sich der bisherigen Betrachtungsweise entzogen haben. Und ein solches Bildungsverständnis lehrt uns auch, die eigene Rolle im sozialen Gefüge zu erkennen und zu reflektieren. Nicht die Einzelteile geraten ins Blickfeld, sondern deren Beziehungen zueinander. Erkenntnis ist hier nicht binär, sondern findet entlang eines Spektrums statt. Aus dieser Perspektive betrachtet definiert sich Sprache nicht mehr nur über ihre Syntax, sondern über die Bedeutung der Worte – eine Bedeutung, die ohne ein Gegenüber nicht auskommt. Sprache ist ein zutiefst dynamischer Zustand, in dem Missverständnisse ebenso an der Tagesordnung sind wie Verständnis, Mitgefühl und der (Un-)Wille zur Kooperation. Bis heute gelangen auch die elaboriertesten KI-Algorithmen an ihre Grenzen, wenn sie mit mehrdeutigen oder kontext- sowie erfahrungsbasierten Inhalten konfrontiert werden. Viele von uns, die wir schmerzhafte Erfahrungen mit nunmehr zwangsläufig irrationalen Gefühlen gemacht haben, verstehen die folgende Sequenz. Es bedarf keinerlei Nachfragen.

Er: »Ich verlasse dich!«
Sie: »Wer ist sie?«

Algorithmen hingegen können mit dieser Aussage wenig anfangen. Alexander Pretschner weist zurecht darauf hin, dass jede Vorstellung, mittels Software ließen sich alle Probleme lösen und menschliche Dilemmata überkommen, falsch sei. Die Welt bestehe nicht nur aus Software, sondern erfordere auch von Softwareentwicklern Kontextkompetenz: »Man muss auch die logischen Zusammenhänge verstehen, die politischen Zusammenhänge, die ökonomischen, juristischen, soziologischen und philosophischen Zusammenhänge. Das ist geradezu überwältigend.«

Wer also von digitaler Bildung spricht, sollte vielmehr multidimensional denken und die Beziehungen und Interaktionen, die Rückkoppelungen und Dilemmata mit in den Blick nehmen. Es ist diese Form der Kontextkompetenz, die man in den Stollen individuell abgeschotteter Disziplinen nicht lernt. Doch lohnt es nicht auch, einmal aufzutauchen anstatt nur die Schatten anderer Welten an der Wand zu betrachten? Alle Gesprächspartner, die wir getroffen haben, sind auf ihre Art und Weise Wanderer zwischen den Welten. Achim Daub ist gelernter Koch und revolutionierte als Manager die Parfümindustrie. Matthias

Döpfner ist ausgebildeter Musikwissenschaftler und heute Manager eines internationalen Medienkonzerns. Kai Franz hat Architektur studiert, ist heute Künstler und hat die Grenzen zwischen diesen Disziplinen schon an der Universität nicht akzeptiert. Es ist dort, an den Schnittstellen der Disziplinen, wo sich die spannendsten Innovationen ereignen. Oder wie es Chris Boos formuliert: Mit »Vollfachidioten« allein werden wir die großen Probleme dieser Welt nicht lösen. Als Interessierte und Meister der Kommunikation entzaubern die Wanderer zwischen den Welten das babylonische Sprachgewirr, indem sie sich auf neues Terrain wagen, Fragen stellen und die Möglichkeiten der Software zu nutzen wissen. Es ist diese Einladung zum Dialog, die gelernt sein will, wenn ihr Ziel nicht bloßes Senden, sondern interessierter Erkenntnisgewinn sein soll. Damit sind wir den Entdeckern in der Tiefe nicht unähnlich. Unsere Richtung ist nur eine andere.

Aber digitale Bildung, im Sinne einer multidimensionalen Bildung, sollte sich nicht nur darauf fokussieren, Zusammenhänge zu offenbaren und deren Möglichkeiten in den Blick zu nehmen. Es braucht auch Regelbrecher und Erfinder. Bildung lehrt somit auch den kreativen, kunstvollen Blick auf die Welt und sich selbst. Kunst kann provozieren, irritieren. Kunst hinterfragt, schafft Anlässe und Ideen zum Austausch, verrückt Ansichten und hebt das Potenzial von Mehrdeutigkeit, von Ambivalenz, um Möglichkeitsräume zu füllen. Dabei sollte der Versuchung widerstanden werden, »die Kunst« als etwas Exklusives zu betrachten. Weder definiert sich Kunst über einen Kunstmarkt, der nur wenigen offen steht, wie Simone Menne richtigerweise betont. Noch ist ihr Zugang einigen wenigen Genies und Kunstexperten vorbehalten. Kunst ist inklusiv und immer auch ein sozialer Akt, von dem man viel lernen kann. Miriam Meckel und Léa Steinacker sagen zu Recht: »Growth rarely happens alone.«

Ganz im Sinne dieses ganzheitlichen Bildungsansatzes definiert der Berliner Professor für philosophische Ästhetik, George W. Bertram, Kunst vor diesem Hintergrund als eine produktive »Reflexionspraxis«, die uns Menschen helfen könne, das, was wir sind und sein werden, immer wieder neu zu bestimmen:

> »Kunst ist kein partikulares Element innerhalb der menschlichen Praxis, sondern einer ihrer Brennpunkte. Die menschliche Praxis ist von Kunst geprägt. Menschen gestalten, was sie sind, auch durch Kunst. Sie entwickeln durch ihre Auseinandersetzung mit Kunstwerken Verständnisse von sich und bestimmen damit, was sie als Menschen sind.«[92]

Doch die Auseinandersetzung mit der Kunst schafft nicht nur ein Bewusstsein für unser *Selbst-Verständnis* und die neuen Möglichkeiten, die sich daraus ergeben. Sie schärft auch den Blick dafür, dass sich Räume gleichermaßen über Grenzen definieren, dass gute Ideen auch mal aus Reibung, Schmerz und persönlicher Niederlage geboren werden. Es sind die Künstler und Kreativen, die Zeugnis darüber ablegen, dass Widerstand auch eine produktive Erfahrung sein kann. Oder wie es Matthias Döpfner formulierte: Wenn sich Kunst als etwas Eindeutiges zu erkennen gibt, dann ist es keine Kunst.

Das Streben nach Glück

In Rahmen der AMS Einstein Lecture hielt der britisch-US-amerikanischer Physiker und Mathematiker Freeman Dyson 2008 eine bemerkenswerte Rede, die – wenngleich bezogen auf die Disziplin der Mathematik – ein flammender und höchstpersönlicher Appell an die Zusammenarbeit über Grenzen und Disziplinen hinweg war. Am Ende seines langen und ereignisreichen Lebens beschreibt er das »kollektive Unbewusstsein« als größte Gefahr, die häufig genug in seinem Leben zu Verlust von Freiheit, Leben und Hoffnung geführt habe. Seine Schlussfolgerung:

> »Our only way of escape from the insanity of the collective unconscious is a collective consciousness of sanity, based upon hope and reason. The great task that faces our contemporary civilization is to create such a collective consciousness.«[93]

Konfrontiert mit den großen Herausforderungen unserer Zeit beobachten wir hingegen eine abnehmende Bereitschaft, Dyson zu folgen. Fragmentierung, Abschottung und Rückzug führen zu Fluchtbewegungen in eine romantisierende Vorstellung davon, was einst »die Vergangenheit« war. Unter dem Deckmantel der digitalen Souveränität verbirgt sich beispielsweise nicht selten der Wunsch nach Autarkie, auch wenn dies massive Wissens- und Wohlstandverluste mit sich bringen würde. Wir plädieren für einen positiveren Blick nach vorn, der in der Debatte über die digitale Souveränität gleichermaßen den Wunsch nach Zusammenarbeit sowie die selbstbestimmte Suche nach Möglichkeiten und Optionen vereint.

In seinem Appell an die Zusammenarbeit – auch und vor allem über verschiedene Disziplinen hinweg – spricht Dyson von Fröschen und Vögeln. Da die Passage viele Ideen unseres Buches aufgreift, wollen wir sie hier vollständig wiedergeben:

»Some mathematicians are birds, others are frogs. Birds fly high in the air and survey broad vistas of mathematics out to the far horizon. They delight in concepts that unify our thinking and bring together diverse problems from different parts of the landscape. Frogs live in the mud below and see only the flowers that grow nearby. They delight in the details of particular objects, and they solve problems one at a time. I happen to be a frog, but many of my best friends are birds. Mathematics is rich and beautiful because birds give it broad visions and frogs give it intricate details. Mathematics is both great art and important science, because it combines generality of concepts with depth of structures. It is stupid to claim that birds are better than frogs because they see farther, or that frogs are better than birds because they see deeper. The world of mathematics is both broad and deep, and we need birds and frogs working together to explore it.«[94]

Es ist immer eine Frage der Perspektive. Und auch wenn unsere Reise weitergehen wird, so wollen wir doch an dieser Stelle den Kreis schließen zum zentralen Gedanken des Vorworts: Wir brauchen mehr, nicht weniger Zusammenarbeit – nicht nur bezogen auf Kunst und Software und viele andere Disziplinen, sondern auch auf die Frage, inwiefern sich die USA und Europa im Allgemeinen und Deutschland im Besonderen in Zeiten digitalen Wandels ergänzen können.

Hierzulande ist der feste Glaube, der in Artikel 1 unseres Grundgesetzes verankert ist, zentral für unser Denken: »Die Würde des Menschen ist unantastbar.« Diese Erkenntnis ist hart erfochten und ist Zeugnis einer Zeit bis dahin unvorstellbarer menschlicher Abgründe. Artikel 1 des Grundgesetzes ist auch für unsere Betrachtung der digitalen Transformation sowie der Augmented Intelligence hochaktuell. Denn in dem Moment, in dem wir den Menschen und seine Würde aus den Augen verlieren, drohen gefährliche soziale und gesellschaftliche Verwerfungen – die anhaltenden politischen Spannungen in den USA geben davon Zeugnis. Freiheit, so paradox es klingen mag, darf niemals grenzenlos sein. Das ist eine Lektion, die im Silicon Valley noch gelernt werden muss.

Und doch fehlt es uns beizeiten an Mut, die Freiheit, die wir haben, zu nutzen und der Verantwortung, die aus ihr erwächst, gerecht zu werden. In dieser Hinsicht lohnt es sich den Blick zu weiten, auch über den Atlantik hinaus. Denn in den USA, wo das Streben nach Glück in der Verfassung als Menschenrecht verankert ist, ist vielen die Hoffnung auf ein besseres Leben Antrieb und Motivation zugleich. Die Lust, sich seiner eigenen Autonomie zu bedienen, ist ungebrochen.

Die Definitionen von Freiheit mögen dies- und jenseits des Atlantiks andere sein. Doch sie schließen sich nicht aus, sondern bereichern sich im besten Fall gegenseitig. Am Ende gewinnt die Freiheit, in jeder Hinsicht.

GLOSSAR

Algorithmus Einzelanweisung an einen Computer. Siehe auch Computerprogramm.

Augmented Intelligence Computerprogramme, die darauf ausgerichtet sind, menschliche Fähigkeiten zu unterstützen, nicht zu ersetzen. Siehe auch Computerprogramm.

Augmented Reality Interaktive Erfahrung, die Elemente der realen Welt mit computergenerierten Inhalten kombiniert. Siehe auch Virtual Reality.

Artificial Intelligence (AI) Siehe Künstliche Intelligenz.

Bitcoin Kryptowährung. Siehe auch Kryptowährung.

Blockchain Summe an Datensätzen, die hintereinander abgespeichert werden, um Transaktionen transparent und kryptografisch abgesichert festzuhalten. Auf ihr basieren u.a. Kryptowährungen, die mithilfe von Blockchains als dezentrale Zahlungssysteme angelegt sind. Siehe auch Kryptowährungen.

Blockchain Oracles Blockchain Oracles bringen Informationen außerhalb der Blockchain in die Blockchain, um sie zu verifizieren, beispielsweise für die Erfüllung von Smart Contracts. Siehe auch Blockchain und Smart Contracts.

Computerprogramm In sich abgeschlossene Anleitung für einen Computer, die aus einer Serie an Algorithmen besteht und es dem Computer ermöglicht, eine Aufgabe auszuführen. Siehe auch Algorithmus.

Dall-E Eine KI, die basierend auf einem neuronalen Netzwerk Bilder aus Textbeschreibungen generieren kann. Siehe auch Künstliche Intelligenz.

DAOs Steht für Digital Autonomous Organizations. Organisationen, die anhand in einem Computerprogramm dezentral und transparent gespeicherter Regeln strukturiert sind. Darüber können beispielsweise finanzielle Transaktionen außerhalb des regulären Finanzsystems getätigt werden. Siehe auch Blockchain und Kryptowährung.

Distributed Ledgers Auch Digital Ledger Technology (DLT) genannt. Datenbanken, die über mehrere Institutionen und Geografien hinweg geteilt und synchronisiert werden und in denen Transaktionen für alle Beteiligten transparent und kryptografisch abgesichert festgehalten werden. Siehe auch Blockchain und Kryptowährung.

Ethereum Kryptowährung. Siehe auch Kryptowährung.

GPS-Daten GPS steht für Global Positioning System. Es handelt sich hierbei um Geolokalisierungsdaten.

Kryptowährung Digitale Währung, die auf dezentralen, kryptografisch abgesicherten Zahlungssystemen basiert. Siehe auch Blockchain.

Künstliche Intelligenz (KI) Computerprogramme, die darauf ausgerichtet sind, eigenständig komplexe kognitive Aufgaben zu lösen, die bisher Menschen vorbehalten waren. Siehe auch Schwache KI und Starke KI.

Maschinelles Lernen Auch Machine Learning oder Maschinenlernen genannt. Computerprogramm, bei dem die »Anleitung« nicht aus Algorithmen, sondern aus vermeintlich repräsentativen Beispielen besteht, auf deren Basis das Programm Modelle entwirft. Siehe auch Computerprogramm.

Metaversum Angestrebte Iteration des Internets, die auf Augmented und Virtual Reality spezialisiert ist. Siehe auch Augmented Reality und Virtual Reality.

NFT Steht für Non-Fungible Token. Ein auf der Blockchain abgebildeter, kryptografisch eindeutiger und nicht-übertragbarer Vermögenswert. Siehe auch Token.

Open Source Auch als Open-Source Software (OSS) bekannt. Software, bei der der Quellcode öffentlich verfügbar und modifizierbar ist. Siehe auch Software.

Schwache KI KI, die klar definierte, ehemals Menschen vorbehaltene kognitive Aufgaben übernehmen kann. Siehe auch Künstliche Intelligenz.

Smart Contract Auch Intelligenter Vertrag genannt. Digitaler Vertrag, der auf Computerprogrammen basiert. Siehe auch Computerprogramm.

Software Computerprogramme, die auf einem oder mehreren Computern ausgeführt werden. Siehe auch Computerprogramm.

Starke KI KI, die zu menschenähnlicher komplexer kognitiver Problemlösung befähigt ist. Eine solche KI gibt es noch nicht.

Token Ein auf der Blockchain gespeicherter Vermögenswert. Siehe auch Blockchain.

Virtual Reality Immersive und interaktive 3D-Computersimulierung realer oder imaginärer Welten. Siehe auch Augmented Reality.

Web3 Angestrebte Iteration des Internets, die auf dezentralisierten Transaktionen basiert.

ANMERKUNGEN

Mehr Zukunft wagen

1 Schroeer (1984), 70.
2 Wagner (2015), 131.
3 Lotter (2020), 144.
4 Gibson (2012).
5 Dreyfus (1992), 280.
6 Dreyfus (1992)
7 Einzig und allein um die Lesbarkeit zu erleichtern, verzichten wir in diesem Buch weitgehend auf gendergerechte Sprache. Wir bitten unsere Leserinnen und Leser hierfür um Nachsicht. Die Intention hinter dieser Sprachregelung ist dabei weder wertend noch diskriminierend. Selbstverständlich sind mit dem generischen Maskulinum grundsätzlich alle Geschlechter gleichermaßen gemeint.

Eine Standortbestimmung

8 Watzlawick (2009), 27.
9 Kuhn (1970), 67.
10 Geier (2022).
11 Ibid.
12 Kuhn (1970), 67.
13 McLuhan (1967), 8.
14 Ibid.
15 Ballard (1971)
16 Forrest (2021).
17 World Economic Forum (2016).
18 Zwar versuchen alle Beratungen Antworten zu geben, diese erschöpfen sich jedoch in bekannten und abstrakten Wortschöpfungen, die wohlklingend alles und nichts bedeuten können – vielleicht ist auch dies ein Grund, warum sich die 100 Billionen US-Dollar 8 Jahre später kaum in dem Maß materialisiert haben.
19 Andersen (2008).
20 Wir sind der Überzeugung, dass sich das frühere Silicon Valley durchaus durch Innovationen auszeichnete, die einen größeren gesellschaftlichen Nutzen im Blick hatte, während die jüngst vergangenen Jahre durch Geschäftsmodellinnovationen geprägt wurden, die den breiteren gesellschaftspolitischen und sozialen Nutzen und/oder deren Implikationen aus dem Auge verloren haben.
21 Wenn wir uns in der Folge auf Wissenschaft beziehen, dann beziehen wir uns auf diese vom späten Silicon Valley instrumentalisierte mechanistische und verkürzte Vorstellung von Wissenschaft.

22 Schwenker und Dauner-Lieb (2017), 89.
23 Kaiser (2011)
24 Lotter (2020).
25 Huxley (1981), 1.
26 Rohbeck (1993). Die Philosophin Niina Zuber bezeichnet das gleiche Phänomen als »Überschuss an Zwecken«, siehe Zuber et al. (2022), 34.
27 Für einen umfassenden Überblick über das transformative Potenzial, dass sich insbesondere aus dem Zusammenwirken von Cloud, IoT, KI und dem Internet ergibt, siehe Siebel (2019).
28 Zuber et al. (2022).
29 Ibid., 34.
30 Zuber (2022), 34.
31 Hagel (2009).
32 Zuber (2022), 34.
33 Weizenbaum (1977).
34 Weizenbaum (1977), 23.
35 Lemoine (2022).
36 Johnson (2022).
37 Johnson (2022).
38 Arendt (1972), 11.
39 Zitiert in Weizenbaum (1978), 317.
40 Baecker (1994), 87.
41 Von Foerster (1993), 110.
42 Hemel (2020).

Wegbeschreibung

43 Licklider (1960), 6.
44 Ibid., 5.
45 Engelbart (1962), 1.
46 Licklider (1960), 5.
47 Licklider (1960), 5.
48 Boden (2012), 53.
49 Boden (2003), 3 f.
50 Mainusch (1991), 111.
51 Saehrendt und Kittl (2016), 232.
52 Taleb (2018), 217.
53 Nancy (2019), 12.
54 Bildunterschrift, gesehen bei der Ausstellung »Louise Bourgeois: The Woven Child« im Gropius Bau Berlin, 22. Juli bis 23. Oktober 2022.
55 Duchamp (1966), 47.
56 Ballard (1985).

Wir müssen wieder lernen, Menschen zu sein – Chris Boos

57 S. Hoffberger-Pippan, Elisabeth, Vanessa Vohs und Paula Köhler (2022) UN-Verhandlungen zu autonomen Waffensystemen: Wo bleibt Deutschland? https://www.swp-berlin.org/publikation/un-verhandlungen-zu-autonomen-waffensystemen-wo-bleibt-deutschland.

Erst die Symbiose zwischen Mensch und Maschine schafft Mehrwert – Timotheus Höttges

58 Hannah Arendt (1971), Thinking and Moral Considerations: A Lecture. Social Research. 38(3): 417–446.

Immer schön geschmeidig bleiben – Miriam Meckel und Léa Steinacker

59 Schulze (2022).
60 Eine Open-Source KI-Community.
61 Deutsches Forschungszentrum für Künstliche Intelligenz.
62 Meckel (2022).
63 Kift (2019).

Mit der Kunst die Gegenwart aus der Zukunft sehen – Sebastian Dettmers

64 Ifo (2022).
65 Krolle (2022).
66 Dürrenmatt (1998), 91.
67 Hesse (1974), 111 f.
68 Dettmers (2022), 183.

Der Weg zu einer nachhaltigeren Gesellschaft führt über das Entwickeln von kollektiver Intelligenz – Adina Popescu

69 Kanadischer Filmemacher, u. a. bekannt für Filme wie *The Terminator.*
70 Eine US-amerikanische Firma mit Sitz in Los Angeles, die Spezialeffekte für Filme und Videoclips macht.
71 Renommiertes Museum für zeitgenössische Kunst in Long Island, New York.
72 Eine KI, die basierend auf einem neuronalen Netzwerk Bilder aus Textbeschreibungen generieren kann.
73 Wiggers (2022).
74 Eine dezentralisierte Open-Source Blockchain-Technologie.
75 Digital Autonomous Organizations sind Organisationen, die dezentralisiert gemäß transparent in einem Computerprogramm codierter Regeln strukturiert sind. Darüber können beispielsweise finanzielle Transaktionen außerhalb des regulären Finanzsystems getätigt werden.
76 Regionen der Welt, in denen Menschen überdurchschnittlich lang leben.
77 Tech Open Air, eine Konferenz.
78 Menschenrechtsaktivist und ehemaliger Direktor von Amnesty International USA.
79 US-amerikanische Behörde zuständig für Lebens- und Arzneimittelüberwachung.

KI hat (noch) keine Freiheit – Matthias Röder

80 Weitere Teammitglieder waren unter anderem Ahmed Elgammal, Walter Werzowa und Mark Gotham.

Schlusswort – Ein jeder Romandichter seiner Selbst

81 McCulloch zitiert in: von Foerster (1993), 120.
82 Für einen umfassenden Überblick empfiehlt sich die Lektüre von du Sautoy (2019).
83 Du Satoy (2019), 38.
84 Laaf (2017).
85 Du Satoy (2019), 57.
86 Du Satoy (2019), 51.
87 Flexner (2017)
88 Foerster (1993), 145.
89 Siehe Searle (1980).
90 Siehe Turing (1950).
91 Ortega y Gasset, Jose, in: Hoffmann (2013), 117.
92 Bertram (2022), 19.
93 Dyson (2009).
94 Dyson (2009).

LITERATURVERZEICHNIS

Andersen, Chris (2008) The End of Theory: The Data Deluge Makes the Scientific Method Obsolete. https://www.wired.com/2008/06/pb-theory/ (abgerufen 27.08.2022).

Arendt, Hannah (1972) *Crisis of the Republic*. Eugene, OR: Harvest Books.

Baecker, Dirk (1994) *Postheroisches Management*. Berlin: Merve Verlag.

Ballard, James Graham (1985) *Mythen der nahen Zukunft*. Frankfurt a.M.: Suhrkamp.

Ballard, James Graham (1971) Fictions of Every Kind, https://www.jgballard.ca/non_fiction/jgb_fictions.html (abgerufen am 24.09.2022).

Bauer, Thomas (2018) *Die Vereindeutigung der Welt: Über den Verlust der Mehrdeutigkeit und Vielfalt*. Stuttgart: Reclam.

Bertam, Georg W. (2014) *Kunst als menschliche Praxis*. Berlin: Suhrkamp.

Boden, Margaret A. (2012) *Creativity & Art: Three Roads to Surprise*. London: Oxford University Press.

Boden, Margaret A. (2003) *The Creative Mind: Myths and Mechanisms*. London: Routledge.

Dettmers, Sebastian (2022) *Die Große Arbeiterlosigkeit*. München: FinanzBuch Verlag.

Dreyfus, Hubert (1992) *What Computers Still Can't Do: A Critique of Artificial Reason*. Cambridge, MA: MIT Press.

Duchamp, Marcel (1966) Apropos of »Readymades«, *Art and Artists*. 1 (4): 47.

Dürrenmatt, Friedrich (1998) *Die Physiker*. Zürich: Diogenes Verlag.

Du Sautoy, Marcus (2021) *Der Creativity Code: Wie künstliche Intelligenz schreibt, malt und denkt*, München: C.H.Beck.

Dyson, Freeman (2009) Birds and Frogs. *Notices of the AMS*. 56 (2): 212-223. https://www.ams.org/notices/200902/rtx090200212p.pdf (abgerufen: 08.10.2022).

Engelbart, Douglas (1962) *Augmenting Human Intellect: A Conceptual Framework*. Menlo Park, CA: Stanford Research Institute, 1-134.

Flexner, Abraham (2017) *The Usefulness of Useless Knowledge*. Princeton, NJ: Princeton University Press.

Forrest, Will et al. (2021) Cloud's trillion-dollar prize is up for grabs. https://www.mckinsey.com/business-functions/mckinsey-digital/our-insights/clouds-trillion-dollar-prize-is-up-for-grabs (abgerufen 24.09.2022).

Franz, Kai (2014) *Serial Nature*. Stuttgart: Akademie Schloss Solitude.

Geier, Stefan (2022) Werner Heisenberg – Scharfer Denke der Unschärfe. https://www.br.de/radio/bayern2/service/manuskripte/radiowissen/manuskript-radiowissen-werner-heisenberg-100.html (abgerufen 24.09.2022).

Gibson, William (2012) *Distrust That Particular Flavor*. New York, NY: Berkeley Books.

Hagel, John III et al. (2009) The New Reality: Constant Disruption, in: Harvard Business Review. https://hbr.org/2009/01/the-new-reality-constant-disru (abgerufen am 24.09.2022).

Hauskeller, Michael (2020) *Was ist Kunst? Positionen der Ästhetik von Platon bis Dante*. München: Beck.

Hemel, Ulrich (2020) *Kritik der digitalen Vernunft: Warum Humanität der Maßstab sein muss*. Herder: Freiburg.

Hesse, Hermann (1974) *Siddhartha*. Frankfurt a.M.: Suhrkamp.

Hoffmann, Thomas (2013) *Wille und Entwicklung: Problemfelder – Konzepte – Pädagogisch-psychologische Perspektiven*, Wiesbaden: Springer-Verlag.

Huxley, Aldous (1981) *Pforten der Wahrnehmung*. München: Piper.

Ifo (2022) Fachkräftemangel steigt auf Allzeithoch. https://www.ifo.de/pressemitteilung/2022-08-02/fachkraeftemangel-steigt-auf-allzeithoch (abgerufen 24.09.2022).

Johnson, Khari (2022) LaMDA and the Sentient AI Trap. https://www.wired.com/story/lamda-sentient-ai-bias-google-blake-lemoine/ (abgerufen 27.08.2022).

Kaiser, Tobias (2011) *Homo Oeconomicus oder Homer Simpson*, https://www.welt.de/print/wams/wirtschaft/article13663050/Homo-oeconomicus-oder-Homer-Simpson.html (abgerufen am 24.09.2022).

Kift, Paula (2019) Augmentation as artifice: a Palantir look at AI. https://aboutintel.eu/palantir-augmented-intelligence/ (abgerufen 24.09.2022).

Krolle, Hannah (2022) Handelsblatt Disrupt, Stepstone-CEO Sebastian Dettmers: »Wir diskutieren nicht mehr über Arbeitslosigkeit, sondern über Arbeiterlosigkeit«. https://www.handelsblatt.com/audio/disrupt-podcast/handelsblatt-disrupt-stepstone-ceo-sebastian-dettmers-wir-diskutieren-nicht-mehr-ueber-arbeitslosigkeit-sondern-ueber-arbeiterlosigkeit/28017322.html (abgerufen 24.09.2022).

Kuhn, Thomas (1970) *The Structure of Scientific Revolutions*, Chicago, IL: University of Chicago Press.

Laaf, Meike (2017) Maschinelle Superintelligenz: Problem für die Zukunft oder reine Fiktion? https://www.deutschlandfunkkultur.de/maschinelle-superintelligenz-problem-fuer-die-zukunft-oder-102.html (abgerufen am 09.10.2022).

Lemoine, Blake (2022) Is LaMDA sentient? – An Interview. https://cajundiscordian.medium.com/is-lamda-sentient-an-interview-ea64d916d917 (abgerufen 27.08.2022).

Licklider, J.C.R. (1960) Man-Computer Symbiosis. *IRE Transactions on Human Factors in Electronics*. 1 (1): 4–11.

Lotter, Wolf (2020) *Zusammenhänge: Wie wir lernen, die Welt wieder zu verstehen*. Hamburg: Edition Körber.

Mainusch, Herbert (1991) *Skeptische Ästhetik: Plädoyer für eine Gesellschaft von Künstlern*. Heidelberg und Berlin: J.B. Metzlerische Verlagsbuchhandlung.

McLuhan, Marshall (1967) *The Medium is the Massage*. London: Penguin Books.

Meckel, Miriam (2022) Gibt es den gesunden Computerverstand? Plädoyer für eine Zukunft der »augmented intelligence«. https://www.linkedin.com/pulse/gibt-es-den-gesunden-computerverstand-pl%C3%A4doyer-f%C3%BCr-eine-meckel/ (abgerufen 24.09.2022).

Nancy, Jean-Luc (2019) *Wozu braucht man Kunst?* Essen: Verlag der Buchhandlung Walther und Franz König.

Nida-Rümmelin, Julian und Nathalie Weidenfeld (2020) *Digitaler Humanismus: Eine Ethik für das Zeitalter der Künstlichen Intelligenz*. München: Piper.

Pretschner, Alexander (2021) Was ist Software? https://www.bidt.digital/was-ist-software/ (abgerufen 27.08.2022).

Rohbeck, Johannes (1993) *Technologische Urteilskraft: Zu einer Ethik technischen Handelns*. Frankfurt a.M.: Suhrkamp.

Saehrendt, Christian und Steen T. Kittl (2016) *Ist das Kunst oder kann das weg? Vom wahren Wert der Kunst*. Köln: DuMont Verlag.

Searle, John R. (1980) Minds, brains, and programs. *The Behavioral and Brain Sciences*. 3: 417-457.

Schroeer, Dietrich (1984) *Physik verändert die Welt?* Wiesbaden: Vieweg+Teubner Verlag.

Schulze, Lea (2022) Arbeitsverträge: Zurück ins Analoge. https://background.tagesspiegel.de/digitalisierung/arbeitsvertraege-zurueck-ins-analoge (abgerufen 24.09.2022).

Schwenker, Burkhard und Barbara Dauner-Lieb, Barbara (2017) *Gute Strategie: Der Ungewissheit offensiv begegnen. Eine neue Agenda strategischer Führung*. Frankfurt a.M.: Campus Verlag.

Siebel, Thomas M. (2019) *Digital Transformation: Survive and Thrive in an Era of Mass Extinction*. New York, NY: Rosetta Books.

Taleb, Nassim Nicholas (2018) *Skin in the Game, Hidden Asymmetries in Daily Life*. London: Penguin Books.
Turing, Alan M. (1950) Computing Machinery and Intelligence. *Mind*. 59 (236): 433–460.
Von Foerster, Heinz (1993) *Kybernethik*. Berlin: Merve Verlag.
Wagner, Frank (2015) *The Value of Design*. Mainz: Verlag Hermann Schmidt.
Watzlawick, Paul (2009) *Anleitung zum Unglücklichsein*. München: Piper.
Weiß, Yasmin (2022) *Weltbeste Bildung*. Frankfurt a.M.: Campus Verlag.
Weizenbaum, Joseph (1977) *Die Macht der Computer und die Ohnmacht der Vernunft*. Frankfurt a.M.: Suhrkamp.
Wiggers, Kyle (2022) When big AI labs refuse to open source their models, the community steps in. https://techcrunch.com/2022/05/19/when-big-ai-labs-refuse-to-open-source-their-models-the-community-steps-in/ (abgerufen 24.09.2022).
Winter, Dorothea (2021) *Warum kann KI keine schöne Kunst im kantischen Sinne hervorbringen?*, München: Springer.
World Economic Forum (2016) $100 Trillion by 2025: the Digital Dividend for Society and Business. https://www.weforum.org/press/2016/01/100-trillion-by-2025-the-digital-dividend-for-society-and-business/ (abgerufen 24.09.2022)
Zuber, Niina et al. (2022) Software ist ein ganz besonderer Saft. *Akademie Aktuell*. 3 (77): 33–34.
Zweig, Katharina (2019) *Ein Algorithmus hat kein Taktgefühl: Wo künstliche Intelligenz sich irrt, warum uns das betrifft und was wir dagegen tun können*. München: Heyne.

ÜBER DIE AUTOREN

© Daniel Biskup

Dr. Alexander C. Karp ist Mitgründer und CEO von Palantir Technologies Inc. Er promovierte an der Johann Wolfgang Goethe-Universität in Frankfurt am Main. In seiner Freizeit betreibt er Langlauf und praktiziert Tai Chi im Chen-Stil.

Jan Hiesserich ist Strategiechef Europa bei dem US-amerikanischen Softwarespezialist Palantir Technologies. Zuvor war er Head of CEO-Reputation & Strategic Positioning bei der SAP SE. Als Managing Director der führenden Strategieberatung FGS Global begleitete er in den Jahren 2006 bis 2019 zahlreiche Übernahmen und Fusionen sowie Vorstandswechsel, unter anderem im DAX40. Er ist Autor zweier weiterer Bücher zum Thema CEO-Reputation (*Der CEO im*

Fokus, Campus 2013, *Der CEO-Navigator*, Campus 2011) und leidenschaftlicher Pilot. Nach beruflichen Stationen in den USA, England und Spanien arbeitet und lebt er heute in Frankfurt.

Paula Cipierre leitet den Bereich EU Privacy and Public Policy bei Palantir Technologies. Sie arbeitet dort an der Schnittstelle zwischen Privacy Engineering, Legal Compliance und Public Affairs. Ihr Studium der Französischen Literatur-, Europäischen Kultur- und Nahostwissenschaften an der Princeton University schloss sie 2012 mit einem Bachelor summa cum laude ab. Danach erwarb sie an der Hertie School in Berlin einen Masterabschluss in Public Policy und anschließend an der New York University einen Masterabschluss in Medienwissenschaften. Momentan studiert sie berufsbegleitend Informationstechnologierecht an der University of Edinburgh.